성매매의 정치학

서울대 여성연구소 총서 3

성매매의 정치학

성매매특별법 제정 1년의 시점에서

서울대 여성연구소 기획 · 이재인 엮음

고정갑희 · 양현아 · 원미혜 · 조영숙 지음

한울
아카데미

국립중앙도서관 출판시도서목록(CIP)

성매매의 정치학 : 성매매특별법 제정 1년의 시점에서 / 엮은이 :
이재인. -- 파주 : 한울, 2006
   p. ;   cm. -- (한울아카데미 ; 876)

ISBN   89-460-3566-8 93330
ISBN   89-460-3587-0 93330(학생판)

334.222-KDC4
363.44-DDC21   CIP2006001800

엮은이의 글

이 책은 2005년 한 해에 걸쳐 서울대 여성연구소가 기획하고 진행한 집중집담회(集談會)의 결과물이다. 잘 알려져 있는 대로 성매매에 대한 사회적 관심은 '성매매특별법'[1] 제정 이후 오히려 폭발적으로 늘어났다. 이 법은 2004년 3월에 제정되어 9월부터 시행에 들어갔으므로, 2005년은 법 제정 후 1년이 되는 시점이었다. 아마도 이 기간은 우리 역사상 가장 뜨겁게 이 문제에 대한 토론이 이루어진 시기일 것이다.

---

1) 이 책에서 '성매매특별법'으로 통칭하는 법률은 「성매매 방지 및 피해자 보호 등에 관한 법률」과 「성매매 알선 등 행위의 처벌에 관한 법률」이라는 각기 다른 두 법률을 묶어 부르는 편의상의 명칭이며, 정확한 법률명은 아니다. 이 법은 두 개의 법률명에서 보듯 한편으로는 '성매매 여성들의 자활과 탈성매매를 지원'하는 내용을 다루며, 다른 한편으로는 '성매매의 중간매개자들에 대한 처벌'에 관한 내용을 다룬다. 이 책 전체에서 이 법률은 '성매매특별법'이라는 이름뿐만 아니라 '성매매방지법'으로 표기하기도 한다. 성매매방지법이라는 명칭은 여성가족부와 법무부 문서에서 주로 사용되며 일부 저자 및 토론자들이 이에 따르는 바, 각 진영의 입장을 존중한다는 의미에서 문맥에 따라 성매매방지법으로 표기하였음을 밝혀둔다.

이 법이 제정되는 과정에 깊숙이 개입한 여성운동단체 이하 주요 사회운동 세력들은 주요 국면마다 입장을 발표하며 법의 시행을 강력히 촉구하는 활동을 꾸준히 전개했다. 그러나 법이 제정되자 이해 당사자인 성매매 종사자들이 먼저 독자적인 목소리로 새롭게 결집하기 시작했다. 이 당사자들(또는 경우에 따라 일부 당사자들)은 법 제정에 강한 반발을 보이며 집단행동[2]에 돌입했다. 법에서 명명한 지원 대상자들이 오히려 그 법의 필요성을 부정하며 반발하고 나선 것이다. 그들은 이 법이 자신들의 삶에 장애물이 되며, 자신들은 이 법을 원치 않는다는 입장을 분명히 했다. 대신 '생존권 보장'을 요구하는 투쟁을 선언했고 그 결과 새로운 조직을 만들어내기에 이르렀다.

그런가 하면 오랫동안 성의 탈출구로 성매매를 이용해 오던 구매자나 잠정적 구매자 집단 역시 강하게 반발하며 발달된 개인 미디어 공간을 활용하여 여론 형성에 나섰다. 이들의 논리적 무장 근거는 성산업의 위축으로 인한 경기 침체와 세수 감소 같은 국가경쟁력 차원의 문제에서 남성들의 '행복추구권' 개념까지 다양했다.

이렇게 법의 시행을 둘러싸고 강력한 반발 세력들이 표면화되자 엄연히 불법이지만 암묵적으로 용인되어 오던 성매매를 과연 이번에는 잡을 수 있을 것인지, 공권력의 의지와 지속성 문제가 세간의 관심거리로 부상했다. 이런 배경하에 성매매에 관련된 연구물이나 집회가 전에 없이 열렬한 환영을 받으며 미디어의 취재 대상으로 등장하게 되었다. 게다가 어느 면에서 2005년 한 해는 법이 만들어지는 중이었다. 법을 현실에서 구체화하고 적용하는 시행세칙을 만들고 실제적인 사업의 윤곽을 잡는 일이 그 해에 진행되었기 때문이다. 이런 배경

---

2) 집단행동의 구체적인 역사에 대해서는 2부의 '제6장 성매매특별법 관련 활동 연표'를 참조할 것.

하에 법 제정을 근원적으로 부정하는 입장에서부터 발전적인 보완을 요구하는 입장까지 다양한 입장들이 좌충우돌하며 복잡하게 얽히는 국면이 연출되었다.

다른 한편 성매매방지법의 제정은 대중적 토론뿐만 아니라 여성주의자들의 토론을 활성화시키는 계기가 되었다. '성매매방지법의 최대 성과 중 하나는 여성주의자들 사이에서 이 문제가 본격적으로 토론되는 계기를 제공한 점'이라는 언급이 나올 정도로, 법 제정 이후 몇몇 저널들이 이 문제를 특집으로 다루었고 이 문제와 관련된 다양한 발표의 공간이 제공되었다. 이 문제를 다루는 여성주의자들은 대중적인 토론과 함께, 또는 그 토론들에 비켜서서 논의를 진행시켰다. 즉, 법에 대한 찬반이나 개정안의 내용을 제안하는 토론도 있었지만 그보다는 법의 전제와 정치적 효과 문제를 좀 더 깊이 토론하기 시작했고, 여성 주체의 행위성이나 여성들 간 차이의 문제 같은 더 이론적인 주제들을 이 문제 안에서 녹여내기 시작했다.

서울대 여성연구소에서는 이 다양한 논의의 흐름을 꿰뚫는 이론적 정리 작업의 필요성을 절감했으며, 이에 집중 연속 집담회를 기획했다. 이 책은 그 연속 집담회의 성과로 탄생한 것으로, 2005년 당시 성매매 논쟁의 흐름을 살펴볼 수 있는 좋은 자료가 될 것으로 확신한다. 연속 집담회는 크게 두 부분으로 나누어 진행되었다. 먼저 1학기에는 성매매방지법을 둘러싸고 서로 다르면서도 보완적인 입장에 있는 연구자들을 모시고 이야기를 듣고자 하였으며, 결과적으로 3차에 걸쳐 세 분의 페미니스트 학자들(고정갑희, 양현아, 원미혜)을 모시고 귀중한 발표와 토론의 시간을 가질 수 있었다. 2학기에는 현장에 계신 분들의 이야기를 통해 연구자들의 목소리에 채 스며들지 못한 어떤 생생한 목소리가 있는지를 알아보자는 계획을 세웠으며 11월과 12월에 걸쳐 두 분의 현장 활동가(조영숙, 이옥정) 선생님들을 모시고 경험을 나누었다. 총 다섯 분의 발표를 듣고 토론한 내용이 이 책의 뼈대인 셈이다.

연속 집담회를 기획할 당시부터 이 책에 포함시킬 저자의 기준을 뚜렷하고 명확하게 정한 것은 아니었지만, 가급적 다양한 입장을 균형 있게 담으려는 노력을 기울였다. 또한 꼭 모시고 싶었으나 섭외가 안 되어 빠진 분들도 있었다. 그 중에는 성매매 현장 활동가이자 성매매 종사자인 분도 포함되는데, 섭외가 되어 발표를 수락했으나 개인 사정으로 불발이 되었던 경우이다. 그러나 결과적으로 2005년 현재의 성매매 토론의 지형에서 빠뜨릴 수 없는 중요한 위치를 점하신 다섯 분의 선생님들이 각기 꼭 필요한 논점을 지적해 주셨다.

가급적 다양한 논점과 입장을 다루려 했으나 다양한 입장에 대한 산술적 중립이 우리의 의도나 목적은 아니었다. 그러므로 이 책에 제시된 입장들이 현재의 토론 지형을 적절하게 대변한다고 주장하고 싶지는 않다. 이를테면 성매매를 전적으로 개인의 자유에 맡겨야 한다는 극단적인 자유주의자들이나, 국가의 적절한 관리하에 성매매를 합법화해야 한다는 공창제론자 등이 한국 사회에도 존재한다는 점을 우리는 알고 있다. 그뿐만 아니라 토론이 진행되면서 우리는 이 문제에 대해 더욱 풍부한 정보를 얻고 토론의 외연을 확대하기 위해 더 많은 연구자와 현장 활동가들을 초대해야 할 필요와 욕구를 느꼈다. 이를테면 이 문제의 해법을 찾기 위해서는 각국의 입법 사례와 정책 대안과 프로그램들에 대한 연구가 필요하며, 한국에서 이 법의 현재를 알기 위해서는 법의 집행과 적용에 관한 판례들을 검색할 필요가 있고, 이 문제를 여성학 연구의 여러 쟁점에 적용하는 더 많은 연구들을 알기 위해서는 여성학자들의 관련 논문을 더 폭넓게 검토하는 일이 요구되었다. 그러나 주어진 시간과 자원의 제약 때문에 그 꿈을 다 이루지 못했고 그것이 이 책의 한계로 남았다.

5회에 걸친 집담회를 토대로 이 책의 1부를 구성하며, 2부는 2005년의 성매매 논의 지형을 더 잘 읽어내기 위해 반드시 필요하다고 생각되는 읽을거리들로 구성했다. 모든 집담회는 발표와 토론으로 진행되었고, 그 과정을 빠짐없이 녹음하여 녹취록으로 만들었다. 애초에 이 책은 발표문 녹취록을 가다듬어 만든 원고로 각 장을 구성하려 했으나, 발표자 선생님들과 수차례 의논한 끝에 기왕의 출간 원고가 있는 선생님들의 경우에는 발표문보다 논문을 싣는 것이 더 독자들의 이해를 도울 수 있다는 데 의견의 일치를 보았다. 그리하여 이미 발표된 원고가 있는 선생님들의 경우 그 원고로 발표문을 대신하기로 했다(그럼에도 원고를 보내신 선생님들 중에는 이 책을 위해 따로 몇 가지 수정을 하시는 등 보완 노력을 해주셨다).

　1장은 고정갑희 선생님의 "성매매특별법과 여성주의자들의 방향 감각"이라는 발표와 토론을 중심으로 엮었다. 그녀는 성매매방지법의 근거가 된 '피해 여성'이라는 개념이 단일한 여성의 이해를 가정하는 개념이고 다양한 개별 여성들의 행위성을 위축시키고 여성들 간의 위계화를 초래하기 때문에 반대한다. 그리고 과제로서 성매매 여성들에게 자활과 사회 복귀 일변도의 논리를 강요하기보다 성매매 여성들의 주체성을 인정하고 그들의 자치조직을 지원하는 등 자체 생존력을 믿고 높이 평가할 것을 제안한다. 그녀는 이런 점에서 성매매방지법 제정을 여성들 간 차이의 문제에 민감해질 수 있는 계기로 의제화한다.

　2장은 양현아 선생님의 "성매매방지법 읽기: 매개자 처벌과 여성의 피해 규명을 중심으로" 발표와 토론 내용이다. 그녀는 제도적 입장에서 현실의 다층성을 동시에 수용하는 데 한계가 있다는 전제하에 현행 법률은 성매매 행위의 당사자가 아닌 제3자, 즉 성산업의 중간매개자에 초점을 맞춤으로써 거대한 성산업의 해체를 촉진할 길을 열어놓았다는 점을 평가할 필요가 있다고 지적한다. 또한 이 법률의 더욱 정확한 성격은 경찰·사법 당국의 해석과 집행 과정에 따라 그 평가가 달라진다는 점을 적시하면서, 성판매 여성의 피해자 규명을 당사자에게 맡겨놓는 현재의 법 운용 방식과 탈성매매를 위한 프로그램의 완비 없이 법 제정을 서두른 점을 문제로 지적한다.

3장은 "여성주의 성정치: 성매매 '근절' 운동을 넘어서서"라는 원미혜 선생님의 발표와 토론으로 엮었다. 일방적인 피해자화의 문제를 지적한 점에서는 고정갑희와 입장을 같이하지만, 그녀는 여기서 한걸음 더 나아가 성매매에 종사하는 여성들 사이에도 다양한 체험과 이해가 엇갈리며, 그런 이해가 생애기간을 통해 고정된 것도 아니라는 점에서 성매매 여성들의 주체성 역시 매우 다층적임을 주장한다. 따라서 그녀는 성매매방지법에 대해 특정한 방향의 폐지나 개정을 고집하기보다, 성판매 여성들의 체험과 이해를 과정적인 것으로 접근하는 방법론의 개발과 연구가 더 시급하다는 점을 지적해 성매매의 정치학에 방법론적 의제를 결합한다.

4장은 조영숙 선생님의 "성매매방지법 제정운동 평가와 이후 과제"라는 제목의 발표와 토론으로 구성하였다. 한국여성단체연합의 사무총장으로서 법 제정운동을 주도한 조영숙 선생님은 법 제정 이후 쏟아져나온 비난, 특히 여성주의 내부의 비판을 의식하면서 이 법이 얼마나 지난한 절충과 타협의 산물이었는지를 구체적인 예를 들어 설명함으로써 성매매방지법 제정 과정에 등장한 다양한 힘 사이의 역학을 읽을 수 있게 인도한다. 그녀는 여러 비판에도 불구하고 이 법의 취지와 맥락은 현재도 대략 유효하다는 입장을 제시한다. 법은 당대의 문제를 해결하는 하나의 수단일 뿐이며, 더 나은 대안의 창출은 운동 주체들의 역량에 달려있는 문제라는 입장에서 여성주의자들 간의 소모적 논쟁 대신 법 개선에 역량을 집중시켜 나가자고 제안한다.

참고로 이옥정 선생님의 "용산 성매매 지역에서 보낸 나의 20년"이라는 제목의 발표와 토론은 이 책에 함께 실리지 못하였다. 이옥정 선생님은 몸담아 활동하는 '막달레나의 집'과 함께 이 분야에서 일하는 사람들에게는 잘 알려진 분으로 성매매방지법의 제정 이전부터 다양한 민간 사업을 통해 성매매 여성들의 인권 향상에 기여해 오신 분이다. 그런 만큼 자신의 삶의 체험을 바탕으로 성매매에 대한 학술적·정책적 토론에서 자칫 놓치기 쉬운 대목을 섬세하게 짚어주시면서 청중들에게 많은 감동을 선사한 바 있다. 그러나 이옥정 선생님의 여러 사정으로 그 원고는 이 책에 함께 싣지 못하였음을 아쉽게 생각한다.

이 책의 2부는 이 문제에 관심 있는 독자들을 위한 다양한 자료와 참고문헌 목록으로 꾸몄다. 먼저 법률 전문을 실었고, 이어서 이 법이 제정되고 시행되는 과정에 이르기까지의 주요 사건 연보를 제시한다. 그런 다음 이 법과 관련하여 가장 두드러진 행보를 보이면서도 대조적인 두 입장, 이른바 '성매매 근절주의' 입장과 '성노동자'운동 입장에서 나온 각종 발표 문건들을 시간순으로 정리했다. 그리고 마지막으로 이 문제와 관련하여 출간된 그간의 논문, 연구보고서, 단행본들의 목록을 정리해 실었다.

사실, 집담회에서 이루어진 토론을 책으로 엮어내면서 여러 가지 고민을 했다. 그 중 하나는 집담회에서 이루어진 토론 내용을 책에 포함시킬 것인지, 포함시킨다면 어떤 형식으로 할 것인지에 대한 것이었다. 발표 때마다 청중과 발표자, 또는 발표자 상호 간에 이루어진 토론은 발표자의 의중을 더욱 정확하게 짚어내고 쟁점을 풍부하게 검토하게 하는 데 결정적인 기여를 했고, 그런 가치로 인해 이 책에 포함시키게 되었다. 이 자리를 빌어 연구소 집담회에 참가해 귀한 토론의 말씀을 해주신 여러 참가자 선생님, 학생들에게 감사를 표하고 싶다. 그러나 집담회 개최 당시 그들은 자신의 질의와 토론을 책으로 펴낸다는 데 대한 뚜렷한 의식을 가졌다고 보기 어렵고, 따라서 자신들의 발언이 실명으로 나가는 데 대해서는 부담이 있을 수 있다고 보아 이 책에서는 발언자의 신분과 이름을 익명으로 처리했음을 밝혀 둔다. 참고로 여성연구소 집담회의 청중으로 참가하는 사람들은 거의 대부분 여성학 협동과정 학생이고, 그 밖에 여성연구소 연구원, 여성학 협동과정 교수진, 기타 사회과학대학 대학원생들이 있다.

이 책은 여성학 협동과정의 석사과정 대학원생 김숙이와 위선주의 헌신적인 노력이 없었으면, 애초에 기획도 되지 않았을 것이다. 그만큼 이 책이 세상에 나오기까지 그들의 노력이 절대적이었다. 물론 이 책의 기획과 편집 과정에 여성연구소의 여러 연구원, 조교들의 조언과 협력이 있었지만, 이 두 사람은 집담회의 결과를 책으로 만들어내는 과정에서 저자들과 수차례에 걸쳐 원고를 가다듬기 위한 연락을 주고받으면서, 구어로 된 발표문과 토론문을 문어체 원고로 가다듬고 소제목을 붙이는 등 온갖 자잘한 실무를 도맡아 했다. 이들의 노고에 심심한 감사를 표한다. 또한 이 책의 출판을 선뜻 허락하고 연속 집담회의 산물이 한 권의 책으로 나올 수 있도록 격려하고 협조해 준 도서출판 한울에 감사를 드린다.

2006년 8월
서울대 여성연구소 부소장 이재인

차례

제1부
성매매특별법 제정 그 이후:
성매매를 바라보는 다양한 시각

제1장 성매매특별법과 여성주의자들의 방향 감각*

고정갑희(한신대 영문학과 교수)

1. 성매매특별법과 그 시행에 대해

필자는 과거 국가 제도적 차원에서 시행된 법에 대해 느끼지 못했던 불편함을 성매매 방지 특별법(이하 성특법)에서 느낀다. 그동안 남녀

---

* 이 글은 2004년 9월 23일 성매매특별법이 시행된 이후 4~5개월 정도 지나 쓰여진 글이다. 그리고 《여/성이론》 12호(2005.4.11)에 실렸던 글을 일부 삭제하고 수정한 글이다. 따라서 이 글은 현재 필자의 생각과는 약간의 거리가 있을 수도 있다. 그렇기 때문에 이 글에서는 기존의 글에서 사용되었던 '성매매'를 '성거래'로 바꾸고, '성매매 종사 여성'을 '성노동자 여성'으로 바꾸었다. 글이 쓰여진 때로부터 상당히 지난 시점에 발표되기 때문에 그 당시의 내용을 그대로 살리며 용어들을 바꾸는 일이 다소 어색하기도 하다. 하지만 현재 필자의 생각에 이 글을 쓰던 당시보다 진전된 지점들이 있기 때문에 최소한의 작업으로 용어들만 바꾸었다. 그리고 이 글은 성노동자들 중에서 특히 여성들을 중심으로 썼으며, 다른 성적 소수자들도 성노동을 하는 현실(집창촌의 경우는 거의 전부가 여성이지만)에 대해서는 언급하지 못하였음을 밝힌다. 그리고 이 글을 썼던 시점의 성노동자 운동과는 다소 다르지만 성노동자 운동은 계속되고 있음을 또한 밝힌다.

고용평등법, 성희롱방지법, 성폭력특별법, 호주제폐지와 같은 법들은 단일한 정체성으로 묶일 수 있는 '여성'을 위한다는 점에서 환영할 만한 것이었다. 그러나 성특법이 진정으로 '여성'을 위하는 것인지 의문이 들기 때문에 성적 서비스 노동을 하는 여성(이하 성거래 종사 여성 또는 성노동자)과 성특법에 대해 생각할 지점들이 존재한다. 성특법의 경우 법이라는 무게, 법이라는 덩치의 무거움이 다가오면서, 정작 법이 현장여성들을 어느 정도까지 도와 사회 속에서 정치·사회·경제적 주체로 살아갈 수 있게 할 것인지 의문이 든다. 이 글은 성특법과 성노동자들에 대해 한 여성주의자로서 쓰는 글이다. 성매매(이하 성거래)에 대한 생각을 표현하는 것이 어려운 이유는 그에 대한 말이나 행동이 정말 성노동을 하는 현장의 여성들에게 도움이 되는 것인지를 확신하기가 쉽지 않기 때문이다. 마스크와 모자로 얼굴을 가리고 국회 앞에서 생존권을 주장하는 성노동자들이 있는가 하면 군산 대명동과 개복동 화재에서처럼 감금당한 채 노동을 해야 했던 여성들이 있기 때문이다. 또한 성거래에 대해 글을 쓰기가 어려운 것은 이 문제를 설명할 언어들의 부정확함 때문이다. 정박하지 못하고, 이리 저리 떠도는 불편한 언어들의 세계가 성거래의 현실을 말해준다. 윤락, 매춘, 재활, 구제, 노예노동, 인신매매, 성판매, 성구매, 성거래, 성노동 등 다양한 언어들이 이 문제에 대한 정치적인 방향 선택과 연결되며 그 방향 선택이 결국 성노동자 여성들의 현실과 연결된다는 생각 때문에, 그에 대한 입장을 말하려면 어지러워지는 것이다. 한마디 잘못하면 거봐라, 여성들도 괜찮다고 그러지 않느냐고 할 남성들의 목소리가 귓가를 맴돌기 때문에 함부로 이야기할 수가 없게 된다. 이것이 현재 여성주의자들의 현실인 것이다. 그리고 자유롭게 이야기하지 못하는 상황 자체가 성노동 현장에 있는 여성들이 처한 어려움을 반증한다.

성특법이 시행되자 다양한 목소리들이 적나라하게 드러나기도 했다. '9·23 테러'라고 말하면서 남성의 인권을 유린한다는 목소리, 남자와 여자는 생리적으로 다르다고 주장하는 목소리, 성산업이 흔들리면서 국가경제가 흔들린다고 말하는 목소리 등이 성거래의 남성 중심성을 적나라하게 드러냈다. 그리고 다른 나라에서는 여성들이 장애인들에게 성적 서비스를 하기도 한다는 말까지 덧붙이는 남성들도 있었다. 그래서 정작 하고 싶은 말을 삼킬 수밖에 없는 많은 여성주의자들이 있을 것이다.

이런 남성 중심적인 남성들의 이야기는 그냥 일축할 수도 있다. 그것이 현실이고 이 가부장적 현실에 성노동자 여성들이 연루되어 있고 거기에 기대어 생존하기도 하기 때문에, 단순히 무시할 수는 없지만 말도 안 된다고 간단히 받아쳐도 된다. 그러나 정작 정말 불편해지는 이유는 다른 데 있다. 주변의 '여성학자'들이 '자매애'를 말하고 성특법 시행을 강력히 촉구하는 성명서를 내는 것에도 불편함을 느낀다. 한 여성단체 활동가가 "여성에 대해 가혹하게 이뤄지던 성적 착취 및 과도하게 팽창된 성산업을 손볼 수 있는 계기가 마련됐다"라고 평가하는 기사를 보아도 불편하다. 그리고 한 경찰청 관계자가 "법 시행 이후 성구매 남성 등을 처벌하자 기업 등에서 접대수단으로 공공연하게 성매매를 일삼던 풍경이 사라졌다"라고 하면서 '앞으로 신종업소 등에 대한 단속을 강화할 것'이라고 말했다는 기사도 불편하다. 여성학자들의 강력한 법 시행 촉구와 '손볼 수 있는 계기'와 '단속강화' 또는 '집창촌 폐쇄'가 성노동자 여성들에게 가져올 현실이 불편하다.

이 불편함은 성거래 현장이 성구매자만 있는 현장이 아니라는 사실에서 온다. 거기에는 여성들이 함께 엮여 있기 때문이다. 남성구매자들은 (불법을 감수하고) 오고 가면 되지만 단속강화의 현장은 여성들의 일터이고 숙소이기도 하다. 미아리 화재 사건 이후 언급되는 집창촌 폐쇄는 여성들의 근거지가 강제적으로 철거된다는 것을 의미한다. 이런 시점에서 여성주의자, 성노동자 여성, 성노동자 여성주의자의 관계를 생각해야 한다. 이는 이제 성거래가 본격적으로 공론화될 시기가 되었음을 의미한다. 그래서 이 시점에서 여성주의자와 성노동자 여성들의 관계 그리고 여성운동의 방향성을 다시 한 번 짚을 필요가 있다.

2. 법과 공권력에 의지한 근절의지는 문제 있다

성매매 방지 특별법은 '성매매'를 근절하겠다는 의지의 발로다. 법적 시행은 공권력이라는 힘을 동원할 수 있음을 의미하고 어느 정도 물질적인 것도 제공할 수 있음을 의미한다. 220억 원이라는 예산도 적은 액수가 아니다. 전 국가적 차원에서 보면 몇 명에게 돌아가면 끝나는 돈이지만 여성 NGO나 소규모 단체들이 만들어낼 수 있는 액수는 아니다. 성노동자 여성들이 국가의 지원으로 복지 차원의 직업훈련을 조금씩 꿈꾸어 볼 수도 있다는 강점이 있다. 그렇다고 이에 대한 문제점들에 침묵만 할 수는 없다. 지금 이 시점에서 문제점을 지적하는 것이 남성집단에게 공격을 받는 여성부와 몇몇 여성단체에 대한 힘빼기처럼 보일 수도 있지만, 장기적으로 이 문제의 해결책을 생각하기 위해서는 무엇이 문제인지 이야기해야 한다.

1) 근절의지와 여성의 피해자화

나는 현재의 매춘 노동은 성계급[1]적 모순의 양상이라고 본다. 기본

---

1) 필자가 성계급(gender-sexuality class)이라 함은 남성과 여성으로 나뉘는 성별화

적으로 성특법은 이런 시각을 담고 있다. 즉, 여성/남성으로 성별화된 계급이라는 구분에 입각한 성계급(젠더계급)의 시각에서 남성 구매자와 여성 피해자, 그리고 중간고리인 업주들로 성거래를 파악한다. 사실 이런 시각으로 보면 '남성 구매자', '여성 판매자'라는 말이나 '성매매'라는 말 자체가 자본주의적 언어라는 것을 알 수 있다. 사고파는 것이 별문제가 되지 않는 자본주의에서 구매자와 판매자의 관계는 지극히 정상적인 것처럼 보인다. 그러나 집단적으로 한 성이 다른 성을 산다는 것은 문제가 있다. 성노동자 여성을 성적 착취의 측면으로만 보면 피해자로 놓게 된다. 자본주의적 가부장제의 피해자로서 여성을 상정하게 되는 것이다. 근절의지를 가진 여성주의는 성노동하는 여성을 피해 여성 또는 구제의 대상으로 보고, 여성부와 일부 여성단체는 정부와 경찰의 공권력에 의지해서 이 여성들을 대상으로 구출, 구제, 재활정책을 편다. 남성은 구매자로서 처벌의 대상이 되고 여성은 피해자로서 구제의 대상이 된다.

　이런 입장과 시각은 문제점을 갖는다. 당사자들의 주체성, 다시 말해 행위자의 주체성을 간과하고 있기 때문이다. 큰 구조적 피해자와 현실의 행위자 사이에서 오는 간극을 간과하고 있는 것이다. 피해자로 놓으니까 그 피해자의 의사와 의지는 묻지 않고 근절을 말하게 된다. 따라서 근절은 누구의 의지인지 물어야 한다. 누구의 목소리가 들리는지 물어보아야 한다. 구제와 재활의 문제로 접근하는 것이 가부장제의 변혁을 위해 바람직한지를 물어야 한다. 그리고 구제와 재활정책이 당장의 생존을 담보해 주는지도 물어야 한다. 당장 생존을 담보해 주

된 계급이라는 의미(젠더 계급)와 아내와 매춘부라는 섹슈얼리티의 위계화에 토대를 둔 섹슈얼리티 계급 두 가지를 의미한다. 따라서 성계급(젠더-섹슈얼리티 계급)의 논의에는 기존 남성 중심의 마르크스주의의 계급과는 다른 이론 작업이 필요하다.

지 못한다면 당사자들은 근절이라는 가치와 목표를 자신의 것으로 할 수 없게 된다. 성노동자 여성들은 실제로 사회의 비난과 '윤락'이라는 오명을 뒤집어쓰고도 '성매매'의 길로 들어선 여성들이다. 성적 착취의 문제를 해결하기 위해서는 당사자 여성들의 의지가 중요하고, 그들의 목소리가 제대로 들리는 것이 무엇보다 중요하다.

성특법은 두 차례에 걸친 군산 화재사건을 기해서 여성계가 박차를 가한 결과로 제정되었다. 2000년과 2001년의 군산 화재 이후 성매매에 대한 더 본격적인 논의들이 진행되었다. 이 논의의 장도 여성학계나 여성단체들 중심이었다. 당사자들인 성노동자 여성들의 목소리가 사회적으로 수렴되지는 않았다. 이런 측면에서 당사자의 의지가 제대로 점검되지 않은 상황이었다고 말할 수 있다. 수렴의 과정만을 이야기하는 것은 아니다. 근절의 의지에 입각한 구제와 재활이라는 접근도 궁극적으로 문제가 있는 접근이다. 여성들이 불타 죽어가는 현장을 보고, 여성들의 몸이 남성들의 폭력에 노출되는 사례들을 보고 여성주의자들이 급한 마음이 생긴 것도 사실이다. 그러나 근절의지는 여성주의자들의 의지이지 성노동자 여성들의 직접적인 의지가 될 수 없는 상황이었다는 점, 그 점을 지금이라도 생각해야 한다. 현재의 성거래가 갖는 구조적 모순은 가부장적 모순이고 남성이 주로 구매자가 되는 구조의 모순이다. 이런 모순 속에서 특히 구조를 말하다 보면 자칫 행위자의 주체성은 간과되기 쉽다. 행위자의 주체성이 간과되면 일시적인 해결은 이루어지지만, 그것은 여전히 문제가 있는 해결이기 마련이다. 현실의 행위자가 사회구조적 모순에 눈뜨고, 그것을 스스로 생각하며 해결할 어떤 물적·정신적 공간이 주어지지 않기 때문이다. 실제로 여러 가지 사회적인 권리를 박탈당하고 음지에서 살아온 성노동자 여성들에게 이런 시간적 공간이 필요하다. 생각할 여력도 없이 정말 힘들게 코너로 몰린 피해자라는 논리는 인신매매와 감금의 현장에 적용될 수 있다. 그러나 좀 더 넓은 의미의 성거래에 적용될 때는 더 깊은 고려가 필요하다.

2) 생존권 주장과 여성들 사이의 위계화

정작 성노동 현장 여성들의 다른 목소리가 사회적으로 들린 것은 이번이 처음이다. 그 목소리는 생존권을 주장하는 목소리였다. 이 목소리를 업주와 유착관계에 있다고 처리해 버리면 그들의 목소리를 또 한번 죽이는 것이다. 그리고 탈성매매를 원하는 여성들의 목소리도 사회에는 들리지 않는다. 법 시행 이후 탈성매매 여성들이 쓴 수기는 자신들이 피해자였고, 구제받았음에 감사하는, 전형적인 피해자로 만들어진 목소리를 드러낸다. 피해 여성이 될 것을 요구받을 때, 이 여성들은 피해자에 머무르게 된다. 이런 피해자로 구제의 대상이 되는 것을 거부하며 생존권을 주장하는 목소리를 내기 시작한 여성들의 조직이 '한터여성종사자연맹(이하, 한여연)' 같은 조직이다.

이렇게 기존 여성주의자들과는 다른 목소리가 나오는 이유는 어디에 있는가? 이것은 성계급의 두 번째 속성인 섹슈얼리티의 위계화와 관련된다. 이것 또한 여성들의 책임만은 아니다. 가부장제는 오랜 세월 동안 여성들을 차등화하고 서열화했다. 여성들의 계급은 단지 남성들의 계급을 따라가는 것이 아니다. 문제는 아내로, 매춘부로 차등화하고 서열화하는 가부장적 의식을 여성들도 내재화하고 있다는 것이다. 여성주의자들도 여기에서 온전히 자유롭다고 하기 힘들다. 여성주의자들도 이 의식을 떨치지 못하고 있거나 이 차등화에 대해 근본적으로 문제를 제기해 본 적이 없기 때문이다.

성노동의 성계급적(섹슈얼리티 계급) 모순은 여성/남성 계급으로 나누어진 젠더 계급과는 다른 측면을 띤다. 섹슈얼리티의 위계화는 가부장적 성도덕에 기반을 두고 있다. 가부장적 사회의 도덕적 가치는 바로 물적인 조건과 결부되어 있다. 성인여성을 정숙한 여자와 정숙하지 못한 여자로 구분하는 이분법은 아내와 매춘부의 이분법으로 이어진다. 결혼제도 안에서 일부일처제를 지키는 여자와 결혼제도 바깥에서 많은 남자들에게 '몸'을 파는 여자를 극단적으로 이분화하는 이 잣대는 여성들 사이를 갈라놓고 여성들을 통제하는 역할을 한다.

윤리의 타락이라는 잣대는 여성들에게만 적용되었다. 이제까지 남성 중심적인 가부장제의 역사 속에서 사회는 남자들이 여러 여자들과 갖는 섹스에 대해서는 비교적 관용적이었다. 그러나 여자가 여러 남자와 섹스를 할 때는 '더러운' 여자가 되었다. 이러한 남성 중심적 잣대로 여성들을 재어온 가부장제에 대해서 여성주의자들은 아직 제대로 문제를 제기하지 않고 있다. 이것은 성노동자 여성들을 보는 우리 사회의 다른 여성들과 여성주의자들의 시선에서 드러난다. 성노동자 여성들을 더 이상 윤락여성으로 보지는 않는다 하더라도 매춘은 여성들이 해서는 안 되는 어떤 것으로 보는 시각의 바탕에 이러한 가부장제적 인식이 깔려 있다고 하면 너무 비약인가?

대만에서 1997년 타이베이시의 시장인 천수이볜이 48시간 안에 공창제를 폐지하겠다고 공표했을 때 공창여성 128명이 저항을 시작했다. 그때의 저항을 그린 다큐멘터리를 보면, 이 여성들은 거리 시위에서 다른 여성의 추궁에 직면한다. "체면도 생각하지 않느냐, 나라면 그런 더러운 짓은 안 한다"라고 말하는 여성에게 성매매 여성은 자신을 어떻게 설명해야 하는가? '그 짓을 안 한다'는 여성의 조건을 그 여성은 설명할 필요가 없이 당당하게 말하는데, 왜 성노동자 여성은 그것을 설명해야 되는 것일까? 우리는 왜 성매매 여성이 되지 않고 청소부가 되었는지를 묻지 않는 사회에 살고 있다. 역으로 흔히 왜 청소부나 공장노동자가 되지 않고 '매춘여성'이 되었는지를 묻는다.

주로 성노동자 여성을 위한 자활금 책정에 시비를 걸 때 하는 말이다. 공장노동자는 열심히 일해서 60만 원의 월급을 받는데, 어째서 성매매 여성들에게 3,000만 원의 자활금을 주느냐는 질문들이 제기된다.

성노동이 갖는 성계급적인 불평등 요소가 성매매를 금지하는 이유라면 결혼이라는 제도도 현재로서는 가부장적이고 성계급적인 불평등 요소를 담고 있다. 가정 폭력에 대해서는 쉼터가 제공되거나 개개의 가정들이 이혼과 같은 형식으로 폐쇄되는 경우가 있지만 집단적으로 그 터전을 폐쇄하자는 말은 나오지 않는다. 하지만 성거래 공간인 집창촌은 폐쇄와 감시와 처벌의 공간이 되는 이유가 무엇인가? 결혼은 '신성한 것'이고, 성매매는 '비천한 것'이기 때문인가? 대부분의 언론들이 성특법 이후 '성매매의 풍선효과'를 말하면서 '성매매가 주택가로 침투'하거나 잠입해 들어간다는 우려의 목소리를 낸다. '성매매'는 주택가로 침투해 들어가지 말아야 하고, 주택가는 그 위험으로부터 방어되어야 하는 공간인 이유는 어디에 있는가? 미성년, 청소년, 어린 아이들 때문인가? '성매매'가 '더러운' 짓이기 때문인가? 그들은 주택가는 보호되어야 한다고 생각한다. 그러나 주택가의 남성이나 남편은 집창촌을 드나든다.

여성주의자들은 이제 성거래가 윤락이기 때문에 근절되어야 한다고는 생각하지 않는다. 그러나 대부분이 성거래는 근절되어야 한다고 생각한다. 성거래가 가부장적인 폭력의 형태이기 때문에 근절되어야 한다면, 상당 부분 가부장적인 폭력성을 담고 있는 결혼제도는 왜 근절되어야 한다고 생각하지 않는가? 전문직 여성, 중산층 여성, 가정주부들은 성노동자 여성들과 자신들은 다르다고 생각한다. 사랑에 바탕을 둔 섹스와 돈에 바탕을 둔 섹스를 구별하고, 스스로를 돈에 바탕을 둔 섹스는 하지 않기 때문에 다르다고 하는 것인가? 아내와 매춘부는 어느 쪽이 더 가부장제에 의존하는가? 양쪽 모두 가부장제의 모순을 유지하는 역할을 한다. 아내, 성노동자 여성, 여성주의자는 어떤 관계인가? 여성주의자들 대부분은 여전히 결혼이 성매매보다 덜 가부장적이라고 보는가? 그래서 성매매는 근절되어야 한다고 보는가? 기존 사회의 위계화에 여성주의자들도 편승하고 있는 것은 아닌가? 여성주의자와 성노동자 여성의 위계화는 어떻게 일어났는가? 여성주의적 지식과 실천이 성노동자 여성의 현실과는 아주 다르기 때문에, 여성주의자는 성노동자들을 구제하고 재활정책을 펴야 하는가?

이 글을 쓰고 있는 사이에 중국에서 부인의 얼굴에 흉한 문신을 새기며 15년간 부인을 학대한 남편이 드디어 검거되었다는 인터넷 보도를 보았다. 결혼을 유지하며 살아온 아내에 대한 폭력을 보고 가정을 해체해야 한다고는 말하지 않듯이 성노동에만 유독 근절의 의지를 갖는 여성주의의 방향도 다시 설정해 보아야 하지 않을까? 성노동이 성계급적 불평등 구조가 아니라는 말이 아니다. 가정도 심각한 불평등의 장이라는 것을 새삼스럽게 말하려는 것도 아니다. 그러나 이 문제에 대해 더 깊이 생각할 필요가 있다는 말을 하려는 것이다. 여성은 하나의 동질적인 집단으로서 남성의 대상화를 경험한다. 이 점은 한국 사회에서 여성주의자들에게 민감하게 생각되었지만 여성들 사이의 차이, 섹슈얼리티를 위계화하는 부분은 소홀하게 생각되었다. 섹슈얼리티의 위계화는 성노동자 여성들을 음지로 들어가게 하는 데 결정적인 역할을 한다. 이는 자본주의적 가부장제가 구조적으로 여성들을 차등화하는 과정에서 섹슈얼리티가 작동하는 지점을 보여준다.

여성들 사이의 차이는 상당 부분 섹슈얼리티의 위계화와 차등화에서 온다. 이 위계화는 생존의 조건과 관련된다. 결혼시장과 노동시장에서 여성의 위치는 여성들마다 다르다. 이 부분에서 여성과 남성의 차이가 생긴다. 자본주의적 가부장제의 책략은 여성들 사이를 갈라놓고 여성들도 그것을 체득하도록 하여 여성들을 하나의 계급으로 묶고 또한 묶이게 한다. 가정주부, 정숙한 주부와 아내는 성노동자 여성들과 본인들이 다르다는 자부심을 갖고 스스로 가부장제가 제공한 그물에 걸려든다. 남자들은 남편이라는 이름과 돈이라는 매개로 자신들의 성욕을 당연시하며 아내와 매춘부에게 접근권을 갖는다. 그러나 역은 성립하지 않는다. 따라서 섹슈얼리티의 위계화가 꼭 돈과 관련된 것만은 아니다. 흔히 성노동자들은 게으르다거나 힘든 노동을 하지 않으려 한다고 말한다. 이런 말이 성노동자 여성들의 일은 노동이 아니라 윤락이라는 논리로 이어진다. 윤락이라는 이름의 대가를 치르며 성노동하는 여성들의 노동은 사회적으로 가치를 인정받지 못한다.

결혼이 성거래와 그렇게 멀지 않다는 것은 최근 한국 남성들이 외국 여성(캄보디아, 베트남, 필리핀)들을 구매하는 데서 볼 수 있다. 결혼여행은 모두 5박 6일에 끝난다. 돈이 많은 국가의 남성은 그곳에서 경쟁을 거쳐 선발된 여성들 중 '상위권' 여성들을 살 수 있다. 이에 비하면 연애의 과정을 거치는 감정노동을 통해 결혼하는 것이 그나마 나은 것같이 보인다.

이런 차이들 속에서 일부 성노동자 여성들은 생존권을 주장하며 자신들의 목소리를 내기 시작했다. 이런 행동은 이제 여성들 사이의 차이와 섹슈얼리티의 위계화에 대한 인식으로까지 이어질 가능성을 보인다. 법과 공권력에 의지한 근절 의지와 강력한 단속은 오히려 다른 목소리를 출현시켰다. 이제까지 그냥 침묵하던, 강요된 침묵 속에 있던 목소리들이 나오기 시작한 것이다. 이런 상황은 대만에서 1997년 공창제 폐지로 갑자기 갈 곳이 없어진 여성들이 2년의 유예기간을 달라고 시위·저항하면서 자신들의 목소리를 내기 시작한 것과 유사한 측면이 있다.

3. 성매매 종사 여성들의 일은 성노동이다

성특법 이후 정치적 경향을 띠고 등장한 단어가 '성노동'이다. 지금
까지 우리 사회에서는 성매매 종사 여성들의 일을 정의 내리는 언어
가 없었다. 과거에는 매춘이나 윤락행위로 불렸고 지금은 성판매라는
말까지 나오고 있다. 그리고 성특법 이후 성노동이라는 단어가 나왔
다. '성매매'는 노예노동이나 인신매매로 여겨지기도 하고, 범죄행위
로 여겨지기도 했다. 이러한 상황에서 '성매매'를 '성거래(sex trade)'로
부르고 그 일을 '성노동'이라고 부르는 것은 여러 가지 정치적 의미를
띠기 때문에, 특히 성특법 이후 더 문제 있는 단어가 되었다. 그러나
현재의 '성거래'를 성적 착취로 보거나 성계급적 측면에서 보았을 때
'성노동'이라는 단어가 잘못된 것은 아니다.[2]

왜 성노동이라는 단어나 개념은 이제까지 제대로 쓰이지 않았을까?
일단 '성매매', '매매춘'은 사회 일반이나 기존의 노동진영에서 노동
으로 인정하지 않는 분야다. 성거래가 윤락·범죄시되던 상황에서 성
적 서비스를 제공하는 여성이 하는 일을 노동으로 말하는 것은 상당

---

2) 필자는 2000년에 쓴 「여자의 시간과 자본 - 가사노동과 매춘노동의 은폐구조」
(≪여/성이론≫ 3호)에서 성매매 여성의 일을 노동으로 규정했다. 당시는 매매
춘이라는 단어를 사용할 때였기 때문에 매춘노동이라는 개념을 사용했다. 현재
성매매라는 단어를 사용하는 상황에서는 '성노동'이라는 개념을 쓸 수 있을 것
이다. 이 개념에 대해서는 더 진전된 이론화 과정이 필요하다. 현재 아시아 지역
에서 쓰는 'sex work', 'sex-worker'는 우리말로 번역할 경우 섹스 노동과 섹스
노동자가 더 정확할 것이다. 이때 'work'라는 단어는 일로도 번역될 수 있다.
필자는 '성'이라는 단어를 젠더와 섹슈얼리티를 다 포함하는 단어로 보기 때문
에, 성매매나 성노동은 더 광범위한 매매나 노동을 지칭해야 한다고 생각한다.
하지만 현재 '성매매'가 통용되고 있으므로 성노동도 성매매와 관련된 노동이나
일과 관련하여 사용할 수 있다고 본다.

한 비약으로 보일 수 있다. 그런데 필자는, 이 문제를 고민하는 것이 바로 가부장제에 대한 철저한 고민의 한 축이 된다고 본다. 성거래 여성들의 일에 '노동'이라는 이름을 붙이면 현재의 성거래를 긍정하는 길이라고 간주된다. 아직 이런 시각에 대해서도 제대로 공론화가 된 적이 없다. 필자가 몇몇 사적인 자리에서 '성매매'는 '노동'이라고 하면 거기에 대해 근절과 다른 이야기를 하는 것이며 큰일날 이야기를 한다는 반응이 나오기도 한다.

'매춘'은 성적 서비스 노동이다. 그러나 '노동'이라 명명한다고 해서 그것이 바로 현재의 성거래를 긍정적으로 보는 것을 의미하지는 않는다. 성적 서비스 또는 매춘을 '노동'이라 명명하는 것과 여성이 주로 성적 서비스를 하는 현재의 성거래를 긍정적으로 보는 것은 다른 문제이다. 이론적으로, 성거래에 종사하는 여성의 일을 '노동'이라 부르는 것과 그것을 긍정적으로 보는 것과는 다른 것이다. 성거래에 종사하는 여성들의 일을 노동이라고 하지 않는 것은 여성들이 하는 다른 일에도 노동이라는 단어가 붙지 않는 것과 통하는 면이 있다. 주부의 일은 가사노동이라는 말로 자리매김해 가고 있지만 아직도 이것을 일반적으로 노동이라고 생각하지 않는 경향이 있다. 그리고 출산의 경우, 영어로 'labor'가 되는 이 일에 대해 노동이라는 단어는 쓰지 않는다. 그래서 이 노동에 대한 직접적인 금전적 대가는 없다.

현재 한국 사회에서 '성거래'에 종사하는 여성의 일을 '성노동'이라 말하면 이는 바로 '노동권'이나 '노동자'로 연결될 여지가 있으며 근절보다는 유지 쪽을 향한 것으로 해석된다. 그러나 사회적으로 긍정적인 평가가 내려진 경우에만 '노동'으로 불리고 그렇지 않은 경우 '노동'이 안 되는 것은 아니다.

성거래에 종사하는 여성의 일을 노동이라 하는 것은 남자들이 생산의 영역에서 '노동'을 신비화해 왔던 것에 대한 반대의 성격도 갖는다.

현대사회에서 '사회노동'은 신성한 것으로 간주되어 왔다. 비록 그 안에 서열화가 이루어져 있고 정규직, 비정규직 등 다양한 차이와 차별들이 존재하지만 전체적으로 볼 때 자본주의 사회에서 노동은 신성한 그 무엇이다. 그러나 주부들의 일은 '노동'이 아니고 성거래 여성의 일은 '노동'이 아닐 만큼 노동은 신성한 것인가? 실제로 주부, 모성은 사랑이란 이름으로 신성화되지만 성거래에 종사하는 여성의 일은 범죄행위로 비하된다. 이런 상황에서 여성(계급)과 관련된 일들을 노동이라 하는 것은 이제까지 자본주의적 가부장제가 명명한 노동의 영역을 재구성하는 일이다.

성노동자 여성들의 노동조건은 열악하다. 군산이나 서울 미아리에서 난 화재에서 볼 수 있듯이 여성들은 시간당 보수를 받으며 장시간 일을 하는 것으로 나타난다. 성노동자 여성들의 일은 힘든 육체노동이다. 경우에 따라 다를 수 있지만 기본적으로 힘든 심리적, 육체적 노동이다. 누군가가 노동이면 가치를 생산해야 하는 것 아니냐고 반문한다면, 성노동자 여성들은 가부장제를 오랫동안 유지시켜 올 정도로 가치를 생산했기 때문에 역설적으로 가치를 생산했다고 말할 수 있다. 인도 성노동자들에 관한 다큐멘터리에서 한 여성이 성노동이 '행복'을 생산한다고 항변하는 내용을 본 적이 있다. 이 항변에 대해서는 논의가 필요하겠지만 정작 중요한 것은 항변할 수 '있다'는 사실이다. 여성, 특히 성노동자 여성들의 일이 비하되어 온 그 자체가 문제이기 때문이다.

자본주의적 가부장제 모순의 한 축인 성거래의 한가운데 성노동자 여성들이 있다. 이 여성들의 일 또는 노동이 얼마나 힘든 것이었는지 가부장제 사회는 한 번도 사회적으로 공론화해 본 적이 없다. 다만 범죄로 취급했을 뿐이다. 가부장제를 받쳐주고, 남성 중심 사회를 유지해 주고, 남자들의 생산노동이 가능하도록 성적 욕구를 해소시켜

주는 역할을 한 성노동자 여성들에게 사회는 손가락질만 해왔고, 이들은 음지에서 이중 삼중의 고통을 겪었다.

그리고 한국 사회의 경제가 유지되는 한 축에 성노동자 여성들의 노동이 있었다. 성특법 시행 이후 언론이 보도한 한국의 성산업 규모는 역설적으로 성노동자 여성들이 국가 경제의 토대였다는 것을 말해준다. 성특법으로 인해 한국의 경제가 흔들린다고 하고 제주시의 산업이 무너진다고 할 정도로, 실제로 성산업의 규모는 어마어마한 것이었다. 그 규모가 연간 24조 원에 이른다는 보도도 있었다. 여성부가 성특법 이후에도 제주시의 관광수입이 줄지 않았다는 것을 입증하는 아이러니한 상황도 벌어졌다. 그러나 그 누구도 제대로 성거래의 장에 있는 여성들의 일이 노동이라고는 말하지 않는다.

이러한 힘든 노동의 대가는 '범죄'였다. 기지촌 여성들이 국가를 위해 어떤 역할을 했는지는 『동맹 속의 섹스』나 『그들만의 세상: 아시아의 미군과 매매춘』을 통해서도 쉽게 알 수 있다. 그리고 성노동자 여성들 대부분이 자신의 생계는 물론이고 가족의 생계를 위해 일을 했다. 가족을 위해 자신의 고향을 떠나고 국가를 떠나기도 한 이들의 노동은 '범죄'로 간주된다. 때로 애국자로 지칭되는 이들의 일이 '범죄'라면 이를 유지해 온 사회 모두의 일은 '범죄'가 아닌가? 국가와 사회는 이들에게 '주홍글자'를 달아주고 자신들은 깨끗한 척하는 위선을 범해왔다. 윤락이라는 꼬리표를 달아주고 노동은 아니었다고 말한다.

성노동자들을 비범죄화하는 것은 당연한 일이다. 이들의 일을 '노동'으로 인정하는 일도 당연한 일이다. 이것은 가정주부의 가사와 아이를 임신하고, 출산하고, 양육하는 일이 노동임을 인정하는 것과도 같은 맥락에 있다. 우리 사회의 여성주의자들과 중산층 여성들 상당수는 이를 전혀 인정하지 않겠지만 말이다. 여성들이 남성들과 다른 하나의 계급을 이루고 있다는 말은 극단적으로 바로 이 두 가지 노동에서 드러난다. 그래서 필자는 성매매 종사 여성들의 노동을 '성노동(섹스 노동)'으로 칭하고, 가사 모성 노동을 또 다른 '성노동(젠더 노동)'으로 칭해야 한다고 본다. 현재로서는 통념상으로 성교육, 성희롱, 성폭력 등이 아주 좁은 의미의 '성'으로 축소되어 개별적인 특성을 나타내는 데 쓰이기 때문에 '성노동'이라는 개념을 그대로 사용하되 성노동의 개념과 범위를 다시 이론화할 필요가 있다.

범죄라면 가부장적 범죄를 엄하게 물어야지 여성들에게 그 범죄를 물어서는 안 된다. 이제까지 성노동자들이 해온 일을 범죄라고 하는 것은 가혹한 행위다. 진정한 범죄자들은 가부장적 구조를 유지해 온 남성 집단과 지금도 그 구조를 유지하고 있는 사회의 남성권력자들일 수 있다. 그리고 성거래를 하는 여성들의 일을 노동으로 인정하는 것이 바로 현재 젠더 불평등한 성거래의 성격을 간과하는 것은 아니다. 젠더 불평등한 성거래의 성격 때문에 하루아침에 여성들의 일터를 근절이라는 이름으로 폐쇄한다면 그것은 성노동자 여성들에게 폭력이 될 수도 있다. 가부장적 사회에서 성계급의 가장 밑바닥에 있는 성노동자 여성들이 음지에서 양지로 나오는 것이 무엇보다 중요하다. 이들은 바로 사회의 구성원들이다. 성노동하는 여성들에게 '사회 복귀'라는 단어를 쓰는 것은 멈추어야 한다.

4. 그렇다면 여성주의자들과 성노동자 여성들 그리고 우리 사회는 무엇을 할 것인가

첫째, 성노동자 여성들의 행위자로서의 주체성을 인정하고 그 주체화와 의식화의 과정 속에서 스스로 근절과 존속을 결정하도록 해야 한다. 국가나 여성단체가 근절이라는 가치를 근거로 그들의 생활의 터전을 하루아침에 무너지게 해서는 안 된다. 가부장제의 구조적 피해자와 현실적 행위자의 간극을 인정해야 한다. 여성 집단은 전체적으로 가부장제 구조의 피해자이다. 그 속에서 공모하며 생존해 온 생존자들이다. 큰 구조에서 피해자이지만 바로 현실에서 행위자이기도 하다. 이 행위자로서 성노동자 여성들이 구조적 모순을 볼 수 있는 데까지 가는 길이 주체화와 의식화의 과정일 것이다.

둘째, 성거래에 대한 기존의 인식을 바꾸는 데 주력해야 한다. 성노동자 여성들이 '더러운' 일을 한 것은 아니다. 가부장제 사회는 여러 측면에서 추했다. 그리고 그 추함을 이 여성들에게 부과했다. 성노동자 여성들은 가부장제 사회에서 살아남기 위해 모든 모순을 몸으로 감당해 왔다. 이것에 대한 사회적 인정이 필요하다. 그 하나가 성적 서비스를 하는 여성들의 일을 '노동'으로 인정하는 것이다.

셋째, 성노동자 여성들이 자치조직 형성을 원한다면 지지하고 지원해야 한다. 가부장적 모순인 성노동에 변화를 가져오기 위해서는 중간단계의 과정으로 성노동자들의 자치조직 또는 노동조합이 필요하다. 과거에도 조직들이 있었고, 지금도 나름대로 조직들이 있다. 이런 조직들을 재구성하거나 새롭게 구성해야 한다.

성노동자 여성들의 자치조직은 노동권, 생존권과 직결된다. 여성들은 자신들의 권리를 주장하고, 건강권과 시민권을 획득하기 위한 운동을 벌일 수 있다. 자치조직은 그런 운동을 하는 데 하나의 토대가 될수 있으며, 이 자치조직을 통해 정치적 교섭력을 키워나갈 수 있을 것이다. 여성부, 노동부, 경찰청 등 정부의 부처나 공공기관에 자신들의 요구를 할 수 있는 힘을 키워나가야 한다. 재활정책이나 자활금 등도 자신들이 요구하여 쟁취할 수 있도록 해야 한다. 여기에 필요하다면 여성주의 지식 또한 지원될 수 있을 것이다. 여성주의자들은 이들이 국가에, 여성부에, 노동부에 요구하는 힘을 갖도록 옆에서 보조하는 역할을 할 수 있을 것이다. 그리고 법률적, 의료적 지원이 이 자치조직과 함께 움직일 수도 있을 것이다.

이 자치조직은 미래의 성거래의 방향을 찾아나갈 수 있다. 당장은 그렇지 않지만 그 누구보다도 가부장제의 폐해를 온몸으로 견뎌온 주체라는 면에서 사회는 이들의 판단을 믿어야 한다. 당장은 혼란스러워할 수도 있을 것이다. 오랜 사회의 인습 속에서 체화된 여러 가지 관념들을 떨치기는 쉽지 않기 때문이다. 일반적으로 여성 전체가 남성 중심의 가부장적 사회에서 그런 과정을 거쳐 왔고, 성매매 여성들도 지금 여전히 거치고 있는 것과 유사한 과정을 겪을 것이다. 성매매 여성들의 경험은 여성 전체의 경험과 유사하면서도 특수성과 개별성을 띤다고 할 수 있다.

넷째, 국가의 공권력은 발상을 바꾸어 성노동자들에게 강제적으로 요구하기보다 성노동자들이 요구할 때 즉각 움직여 도와줄 수 있는 쪽으로 방향을 전환해야 한다. 성노동자들에게 가해지는 강간 같은 성폭력, 신체폭력, 성희롱에 대해 경찰의 도움을 요청하면 경찰은 언제라도 응해야 한다. 하지만 언제까지 공권력과 국가의 힘을 입어 시민사회의 문제를 해결할 것인가. 여성들 스스로의 힘으로 이 문제를 해결하려는 의지가 생기게 되는 과정이 필요하다. 김강자 씨가 공창제를 이야기할 때, 공창제는 여성들에 대한 경찰의 보호를 의미한다. 현실적으로 보호가 필요한 경우들이 있을 것이다. 그러나 여성들이 스스로의 조직력을 가지고 시민으로서 경찰에게 요구하는 것으로 바뀌는 것이 더 바람직할 것이다.

다섯째, 구제, 재활, 사회복귀의 논리보다는 여성들의 자체 생존력을 높이 평가해야 한다. 성노동자 여성들은 자신들의 경제력을 경험한 여성들이다. 이 생존력이 밑거름이 되어 여성주의의 정치성을 더 높이고, 여러 가지로 열악했던 성매매의 장에서 투쟁했던 여성들의 여성사와 그들의 노동사를 쓰고 그들의 역사를 발굴함으로써 가부장제의 억압을 고발하고 새로운 사회 공동체를 만드는 데 앞장서는 성노동자 페미니스트, 성노동자 행동주의자의 출현을 사회가 지켜볼 수 있어야 한다.

여섯째, 새로운 여성주의자들의 출현을 지지해야 한다. 현재의 여성주의자들은 이런 변화의 과정에 동참함으로써 함께 새로운 여성주의의 방향을 찾아나서야 할 것이다. 우리 사회는 곧 성노동자들이 정치적 협상능력을 키우고 여성주의 지식의 비판적 습득을 통해 기존 여성주의자들의 인식을 바꾸어 나갈 행동주의자들로 등장하는 순간을 목도하게 되리라 생각한다. 이 일은 이미 시작되었다. 역설적으로 성매매 방지 특별법이 여기에 공헌을 하고 있다는 생각도 든다. 성노동자들의 투쟁은 시작되었다. 성계급적 의식은 이들의 투쟁에서 형성될 수 있을 것이다.

제1차 여성연구소·여성학 협동과정 집중집담회 〈성매매의 정치학〉

"성매매특별법과 여성주의자들의 방향 감각"

일시: 2005년 6월 20일 오후 3시
장소: 서울대 사회대 교수소회의실
발표자: 고정갑희(≪여/성이론≫ 편집주간, 한신대 영문학과 교수)
사회자: 이재인 박사(서울대 여성연구소)

1. 성노동 담론을 성매매의 대안으로 볼 수 있나
2. 역사성에 기반한 논의의 필요성
3. 성노동의 개념 구성 문제
4. 성매매 종사 여성과 (국가) 페미니스트
5. 성노동과 이성애적 결혼제도 내의 섹스
6. 성노동 담론과 생존권의 연관성
7. 성노동 담론에서 성구매 남성 문제가 딜레마이다
8. 청소녀 성매매 등 다양화·개별화되는 성매매와 자치조직 활동

사회자 감사합니다. 원고는 읽었는데 역시 말씀을 들으니까 더 풍부하고 생생하네요. 정책적 관심 못지않게 중요한 여성학의 이론적 개념 문제를 제기하고, 여성주의자 각자가 자기 삶을 돌아볼 수 있게 해주셨습니다. 많은 토론거리가 이 안에 포함되어 있는 것 같습니다.

1. 성노동 담론을 성매매의 대안으로 볼 수 있나

청중 1 너무 단도직입적이기는 하지만, 대안이 무엇인가요?

발표자 (성매매의) 비범죄화와 자치조직 그리고 (성매매를) 노동으로 인정하자는 겁니다.

청중 1 성매매를 노동으로 인정하라면, 구체적으로 그것을 어떻게 하라는 것입니까?

발표자 성노동자들의 운동을 지지하고 성노동자 운동의 가능성과 방향을 찾아보자는 것이지요.

청중 1 성매매 자체에 대한 대안은 뭐냐는 거예요. 여태까지 했던 대로, 그냥 암암리에 (성매매를) 하도록 내버려두자는 건가요?

발표자 성매매 자체를 다른 시각으로 보자는 것이지요 성매매특별법 같은 법으로 범죄화하는 것이 아니라 노동으로 보자는 것이지요.

청중 1 내가 지금까지 이해한 것은, 우리는 성매매를 합법화한 건 아니에요. 우리는 일본이 들여온 공창제를 폐지하려고 엄청나게 노력했단 말이죠. 하여튼 여러 가지 걸리는 것이 많습니다. 여성들이 어떻게 '이용'되었나를 봐야죠.

발표자 성매매 종사 여성들이 어떻게 이용되었나요?

청중 1 그렇죠. 이용되었다고 기술을 하셔야죠. 여러 가지 고민이 있어야 하지만, 좌우간 우리가 대안을 가지고 이야기해야 한다고 봅니다. 내가 이해한 대로 굉장히 노력을 해서 공창제를 폐지했단 말입니다. 미군 기지촌을 제외하고는. 그것은 특수하게 처리를 한 것이고, 그리고 공창을 인정하지 않는 편인데도, 암암리에 남아있었죠.

발표자 사창들이 있었고, 집창촌이 있었죠.

청중 1 그것을 그대로 엉거주춤 계속 놔둔 거예요. 그러니까 윤락행위 등 방지법도 틀렸다고 해서 여성들이 노력해서 바꿨잖아요 개념도 바꾸고, 나는 성매매방지법 이전에도 이미 성매매 여성을 범죄화하는 것은 여러 가지 법에서 많이 고쳐졌다고 봐요. 그런데도 엉거주춤 남아있는 현실을 다 어떤 식으로 정리를 해야 된다고 보는데, 그런 점에서 지금 선생님이 말씀하신 것은 너무 논쟁거리가 많아요.

발표자 정리를 해야 된다는 말 자체가 문제라고 봅니다. 생계의 현장을 정리하겠다는 발상 자체가 문제라는 거지요. 엉거주춤 놔뒀다는 말도 문제구요. 누가 놔두고 안 놔두고를 결정할 수 있는지 그리고 결정하고 있는지, 그 자체도 생각해 볼 필요가 있지요.

청중 1 그러니까 '가부장제 자체가 문제다. 그럼 가부장제도 법적으로 폐지해야 하나? 그것은 아니니까 성매매도 근절해야 한다는 것은 말이 안 된다'는 거잖아요? 난 이 논리는 말이 안 되는 것 같아요. 현실적으로 모순적인 이야기를 많이 하세요. 그러면서 '성매매라는 건 오랫동안 남아있기 때문에 현실적으로 인정해야 한다'는 주장들이 얽히기도 하는 것 같아요. 여러 가지 문제점이 있지만 성매매 여성들이 단속이 되니까 일자리도 잃고, 이렇게 해서 자기 목소리를 낸다는 거잖아요. 그러나 그 여성들이 대부분은 노예노동을 하지만, 굳이 노예노동이 아니라고 해도 좋아요. 명백한 것은 그 안에서 그 여성들이 노예같이 살고 그 일생이 다른 노동처럼 전업이 되거나 노동력 같은 것을 만들 수 없는 마지막 단계인 것이 대부분이죠. 그렇게 피폐화되는 것이 확실하기 때문에 여성단체에서는 성매매를 성폭력으로 보는 거 아니에요? 그러니까 문제는 '이제는 확실하게 비합법화'라는 것을 다시 천명하는 거죠.

그런데 선생님께서 이야기하시는 것을 이렇게는 말할 수가 있어요. "성매매 여성들의 인권을 생각할 때 이것은 상당히 비현실적이고 말이 안 된다." 만약에 이렇게 이해를 한다면 거꾸로 이야기를 해서 장기적이고 근본적으로는 문제가 있다는 거죠. 가부장제가 문제가 있는 것처럼요. 그러나 그 다음에 성매매 여성들의 일자리가 당장은 없어진다고 성노동(sex labor)에 대해 고민한다는 것은 논리적 비약이라는 거죠. 인권을 고려한 방안이 나와야죠. 전 세계적으로 이 논쟁이 해결이 안 되는 것으로 알고 있어요. 상아탑 속에 있는 여성들은 성매매 근절을 이야기하지만, 실제 이 여성들을 접하며 일하는 사람들의 입장에서 보면 근절은 비현실적이며 이들의 인권을 생각할 때도 문제가 있다는 측면에서는 이해가 돼요. 내 개인적인 입장으로는 이렇게 정리해야 될 거 같아요. 많은 사람들이 고민하여 성매매방지법을 만든 것이며,

성매매는 확실히 비합법화시키는 것으로 천명하고 확실하게 시행하라는 거죠. 마치 아무리 근절해도 과외가 있지만 그걸 합법화시키는 것보다는 비합법화해야 확산이 안 되고 통제(control)할 수 있는 것처럼요. 내 생각에는 이렇게 법이 만들어져서 시행이 되면 밀어줘야지 발목을 잡으면 안 되는 거 같아요.

발표자 성매매는 가부장제에 대해 새롭게 고민하게 합니다. 여성들이 가부장제의 억압을 해결하는 방식으로 성특법을 활용하는 것도 문제라고 봅니다. 가부장제는 가부장제의 모순 속에 있는 사람이 스스로 그것을 해결하려 해야 한다고 생각합니다. 성매매에 종사하는 여성들이 스스로 가부장적 모순을 보는 것까지 가도록 운동이 만들어져야 한다고 생각해요. 그리고 성산업은 집창촌의 범위를 넘어서는 것이라 생각해요. 확산이 되고 안 되고는 통제가 있고 없고의 문제를 넘어서는 것이라 생각합니다. 여성들이 처한 구조적 모순과 여성적 빈곤의 문제이기 때문에요.

청중 1 여성들의 인권이라는 것으로 고민을 해야지, 성노동이라고 한다면 대안이 없다는 거죠. 또 범죄라는 인식을 바꿔야 한다고만 하면 비생산적이고 논리적으로 비약이 많이 있을 것 같아요.

발표자 성매매 종사 여성들에게 가한 사회적 낙인이 이 여성들을 힘들게 한다고 생각합니다. 일단 비범죄화가 되어야 된다고 생각합니다. 그리고 그들에게 가해지는 폭력의 문제는 성노동자들이 자치조직이나 조합을 통하거나 노동운동을 통해 바꿔나가야 한다고 생각해요.

청중 2 앞의 질문에 괄호를 하나 넣어서 다시 질문을 드리고 싶은데요. 그러니까 '대안이 필요한데 누구의 대안인가'라는 거죠. 선생님께서는 '여성주의자의 방향 감각'이라는 제목을 붙이셨어요. 저는 근본적으로 자기가 여성주의자라고 생각하는 사람들이 갖춰야 할 대안이라는 생각을 했는데요. 여기서 문제가 되는 것이 사실 한국 사회에서 여성주의자 그룹들을 다 이야기하기는 어렵다는 거죠. 그리고 온갖종류의 법이 국가가 제정했다기보다는 여성주의자들이 입법운동을통해 개입해 들어간 것이기도 하구요. 사실 제도적인 대안도 있고 법적인 대안도 있을 것인데, 옛날에는 여성주의자들이 적었기 때문에소수의 여성주의자들이 모든 것을 다해야 했어요. 그런데 이제 여성주의자들이 많아졌고 어떤 면에서는 활동 무대들도 다 다르게 되었죠.그 활동 무대들 중에서 제도권에 들어가서 법적인 제도를 만들어내고집행하는 데 관여하는 여성주의자들도 있고, 바깥의 다른 영역에 있는여성주의자들도 있는 거죠.

제가 질문을 드리고자 하는 것은 법과 공권력에 의한 것은 문제라고하셨는데, 그러면 어떤 것이 문제인가에 대해서입니다. '법과 제도적인 방식이 문제라면 다른 방식은 무엇이 있는가. 법과 제도적 언어와다른 영역의 언어가 굉장히 다른데, 어떤 층위들에서 실천들이 이루어지는가'가 궁금합니다. 그래서 누구의 대안인가를 듣고 싶습니다.

발표자 저는 한 명의 여성주의자로 여성주의자들에게 말을 건넨 겁니다. 현재 여성운동 내부에서 성매매 근절을 주장하는 여성주의자들에게 말을 건넨 것입니다. 법적인 제도를 만들어내고 집행하는 데 관여한 여성주의자들과 그 외 성매매는 근절되어야 한다고 생각하는 여성주의자들에게도 함께 말을 건네는 것이지요. 성매매를 놓고 현장 활동을 하는 여성주의자들도 있지요. 그러나 성매매에 관한 한 언어가 크게 다르지 않은 것 같다는 생각을 했었습니다.

2. 역사성에 기반한 논의의 필요성

청중 3 페미니스트나 여성운동 내에 성매매 근절 의지가 굉장히 높은
데 반해 실천적·이론적으로 논의가 그 의지만큼 되었던 적은 거의
없어요. 그리고 그런 논의가 상당히 초역사적이기도 하고요. 그리고
성매매 근절론자의 반대편에 (성매매를) 성노동(sex work)으로 보자는 입
장이 있죠. 근데 성노동 논의가 나왔을 때 그것을 지지하는 이유 중에
는, 너무나 엄숙했던 한국 페미니즘 운동의 풍토에 대한 반감이 있는
것 같기도 합니다. 그런 한편 저는 성노동에 대해서도 초역사적으로
논의를 해서는 안 된다고 생각합니다. 선생님께서 제시하시는 이런 입
장들에 대해서도 한국 사회에서 어떤 실천들이 있어왔는지, 그에 대한
평가는 무엇인지 등은 사실 잘 해명되지 않는다는 거죠. 또한 여성운동
진영이 성매매와 관련해 펼쳐온 활동에 대한 역사적인 평가도 부재합
니다. 예를 들어 성매매방지법이 왜 제정되었는가, 제정되기까지 한국
여성운동이 펼쳐왔던 자기주장이나 인식에 대한 평가는 무엇인가. 이
런 지점에 대해 선생님께서 어떻게 생각하시는지 궁금합니다.

또 하나는, 제가 관여했던 '세계화에 반대하는 여성모임'에서 전에
성노동(sex work)이라는 말을 썼어요. 그러면서 그때 이 말을 크게 주장
하지 않았던 것은 제 안에서 해명되지 않았던 지점도 있고 모든 페미
니스트들이 (이 말을) 사용하지 않았기 때문이었습니다. 선생님께서는
노동이라는 언어를 쓰는 것은 저항과 해방의 언어이기 때문이라고
말씀하셨어요. 제 생각에 노동이라는 언어가 저항이고, 권리의 언어가
되었을 때는 해방의 기획에 대해 이야기할 수 있어야 할 것 같아요.
그리고 미래지향적이고 긍정적인 언어로, 예를 들어 어떤 자유주의적
노동이 아니라 자아실현, 노동하는 하나의 주체로서 자아실현을 할
수 있는 권리로서 이야기될 때 그것이 저항과 권리의 언어일 수 있었

고 신성시되었던 이유라고 생각하거든요. 그러므로 만약 성매매 여성에게 노동이라는 언어를 부여하려 한다면 여성해방의 기획이 있어야한다는 거죠. 남성들에 의해 구성된 남성적 언어가 아니라 젠더(gender)적 언어로 해방의 기획이 그려질 수 있어야 하지 않나 생각합니다. 이런 지점들에 대해 선생님의 고민을 듣고 싶습니다.

발표자 먼저 세 번째부터 이야기하면 실제로 많이 공감을 합니다. 성노동에 대한 역사적 해석은 꼭 필요한 작업이라 생각해요. 그런 작업을 하는 연구자들이 많이 나와야 한다고 생각해요. 그럼에도 불구하고 성노동을 말한 것은 근절 논리를 가지고 접근할 문제가 아니라고 생각했기 때문이에요. 저는 2000년 논문에서 가부장제와 매춘노동을 이야기할 때 가부장제 구조에서 같이 봐야 된다고 생각했죠.[3] 자꾸 근절을 이야기하거나 성노동을 하면서 겪게 되는 폭력과 구조적 폭력을 동일하게 본다고 생각했어요. 그리고 정말 무엇이 여성해방인가를 주제로 이야기할 수 있어야 하는데, 저는 성계급의 고리에 성매매도 있고 가사 노동도 있다고 보았습니다. 그러면 두 부분이 함께 논의되고 함께 바뀌는 어떤 새로운 사회가 되어야 한다고 본 거죠. 그 사회는 지금 현재 이런 사회여야 한다는 말을 할 것이 아니라 만들어가야 하는 사회죠. 여성에 대한 억압과 착취가 없는 사회여야 할 텐데 그것에 도달하는 방식이 성매매 근절론에 입각한 강제적 기획이어서는 안 된다는 겁니다. 현재의 성노동자들도 함께 만들어갈 사회여야 한다고 생각해요. 모순에 처한 사람들을 구원하는 방식으로는 가부장제의 구조적 모순을 해결하는 데 더 오랜 시간이 걸린다고 생각합니다. 당

---

3) 고정갑희, 「여자의 시간과 자본: 가사노동과 매춘노동의 은폐구조」, ≪여/성이론≫, 통권 3호(2000).

사자들이 그 모순을 스스로 깨닫고 자신의 장을 변화시켜야 한다고 생각합니다. 현재의 성노동자 운동이 가능해지면 그것은 여성해방적 사회를 향해 가기 위한 어떤 출발점이 될 수 있다고 보는 거죠. 그것은 바로 가부장제를 어떻게 보느냐 하는 문제와 연결된다고 생각해요. 아내와 매춘부로 여성들을 갈라놓음으로써 여성들이 가부장제에 복속하게 만드는 그런 가부장제에 대한 저항의 방식이 무엇인지 생각해야 한다는 것이지요. 그것은 한쪽에서 시혜적인 시선으로 구출하거나 구원하는 것은 아니라고 생각합니다. 노동의 '자아실현'에 대해서 말씀하셨는데, 모든 노동이 자아실현을 하는 노동입니까? 그리고 궁극적인 자아실현이 안 되기 때문에 노동운동을 하는 것 아닌가요? 해방을 위한 기획에 동참한 노동자들이 자아실현을 하고 있는 노동자들이라고 생각하지 않습니다. 그러나 성노동자 운동이 진행되면서 해방에 대한 기획을 말하게 될 것이라는 바람과 그런 기획을 말할 수 있어야 한다는 생각은 갖고 있습니다. 전 성노동자 운동이 결국 가부장제로부터의 해방을 향하도록 함께 만들어야 한다고 생각합니다.

청중 1 여성단체들의 생각은 어느 날 갑자기 나온 게 아니잖아요.

발표자 그렇지요. 계속해서 어떤 과정들이 있었죠. 그런데 그 과정들에서 누구의 발언, 누구의 목소리가 나왔는가를 보자는 것이죠. 그리고 그 생각이 어떤 이데올로기에 근거하는지도 봐야죠. 윤방법에서 성특법으로 바뀌면서 '성매매 종사 여성들은 비범죄화해야 한다'고 했다 해도 결국 집창촌은 없어져야 하는 곳으로 생각하는 점에선 달라진 것이 없고, 그곳의 여성들은 모두 피해자라는 의식 역시 달라진 것은 없죠. 그들이 스스로 바꿔갈 수 있다는 생각은 해보지 않았던 셈이죠.

3. 성노동의 개념 구성 문제

청중 2 시간을 절약하기 위해 말씀을 드리면, 제게는 '성매매가 노동이다'라고 말하는 게 하나도 이상하지 않아요. 에너지와 육체와 뭔가를 사용해서 가치를 만드는 게 노동인 것이니까요. 선생님 말씀 중에 감명 깊었던 것은 '성매매라는 단어가 자본주의적인 것을 그대로 용인하는 것'이라는 부분이었어요. 저는 차라리 매춘이라는 용어가 낫다는 생각을 해요. 성을 사고팔고 상품이 되고 자본주의적 언어로 이야기할 수 없는 부분이 있는 것 같아서, 차라리 매춘이 낫다는 거죠. 어쨌든 저는 노동이라고 말하는 게 별로 이상하지 않다는 거죠.

청중 1 그리고 성매매방지법에서 그게 노동이 아니라고 그랬습니까?

청중 2 그러니까 이것을 노동으로 봐야 한다고 말하고 싶을 때는 뭔가 노동이 아니라고 하는 세력이 있다거나 노동이라고 말을 함으로써 변화가 일어날 수 있다는 거잖아요. 그런데 저는 그런 변화가 일어나지 않고 있다고 보는 거죠.

발표자 제가 노동으로 봐야 한다고 할 때는 이것이 노동이 아니라는 세력이 있기 때문이죠. 그리고 (성매매를) 노동으로 말함으로써 일어날 변화는 앞으로의 변화이지요. 우리 사회에서 지금까지는 (성매매를) 노동이라고 제대로 이야기한 적이 없었으니까요.

청중 1 선생님, 정신대 문제를 가지고 ILO(국제노동기구)를 갔거든요. 그때 ILO 협약 29호, 강제노동(forced labor) 협약을 통해서 했어요. 그랬을 때 암암리에 정신대 문제가 노동(labor)이라고 한 거죠. 우리는 '노동이다, 아니다' 고민하지 않고 그냥 노동이라고 했어요. 그런데 성매매에서 노동이냐 아니냐를 막 따지고 그러는 이유가 무엇이에요? 그리고 '노동'에 대한 개념 정의를 한 번도 안 하셨어요. 이렇게 보면 ILO에 그렇게 가져간 것은 엄청난 논쟁을 갖고 올 수가 있는 거죠.

발표자 정신대와 동일한 선상에 놓을 문제가 아니라고 생각합니다. 강제노동이라고 했을 때는 강제적인 부분의 역사나 증거물들이 있는 거잖아요. 성매매에서 인신매매에 준하는 강제노동이라는 것과 자발적 선택에 의한 노동이라는 점의 구분은 중요하다고 생각해요. 성매매 근절과 집창촌 폐쇄를 말하고 '엉거주춤하게 놓아두지 않고 정리해야 한다'고 생각하는 입장에서는 성매매 자체가 강제적 노예노동에 가까운 것이라는 생각에서 출발하는 것이잖아요. 구조적으로 강제된 측면과 개개인의 선택을, 다른 여타의 노동에서처럼 여기서도 일단 구분해야 한다는 것이지요. 그렇지 않으면 정리해야 할 대상으로 보게 되니까요. 두 분 다 성매매가 노동이라는 것에 문제가 없으면 저도 상관이 없죠. 그럼 왜 노동으로 이야기하느냐는 질문으로 받아도 될까요?

청중 1 노동이 아니라고 안 했는데요.

발표자 노동이 아니라고 안 했는데, 왜 그렇게 노동이라고 하는가를 묻는 거죠? 좋아요. 성노동이라고 하는 이유는 여전히 우리 인식 속에 낙인이 있기 때문이에요. 무엇으로 낙인이 찍혀 있냐면, 타락한 여자라든가, 게으르고 더러운 여자라는 거죠. 당장 이 문제를 갖고 여러 사람들과 이야기할 때 "어떻게 그것을 노동으로 생각해? 그러면 도둑질도 노동이야?"라고 이야기를 해요. "왜 이 사람들은 공장 노동자가 되지 않고 그 쪽으로 갔느냐?"라고 말하기도 하죠. 또 하나는 노동으로 봤을 때 너무 위험하다고 말하는 사람들도 많고요.

청중 2 왜 위험하다는 거예요?

발표자 그렇게 되면 성매매를 인정하는 것이 되고, 그럼 성매매의 존속으로 가는 단계에 놓인다고 생각하기 때문에 위험한 것으로 여긴다고 말을 하지요.

청중 2 그건 이 여자들이 하고 있는 일과 성매매 자체를 분리하지 못하기 때문에 생기는 문제죠.

청중 1 '여자는 더럽고 남자는 아니다'에 대해 여성주의는 반대하잖아요?

발표자 왜 피해 여성으로 놓고 성매매를 근절해야 한다고 생각하는가? 그러면 여성들이 강제적인 노동을 하기 때문이라는 것인가요?

청중 1 물론이죠. 대부분 여러 가지가 노예적인 조건이죠.

발표자 그러니까 뭐가 노예적인 조건이죠?

청중 1 상식적으로, 거기에 들어가면 못 나온다면서요. 우리가 대학교 다닐 때 교회에 가면, 애들이 나와요. 그런데 그 애들이 대부분 호적에 없어요.

발표자 집창촌의 이동률을 생각하면 들어가면 못 나온다는 말을 할 수는 없다고 봅니다. 술삼종 등 감금에 준하는 상태에서 일하는 경우들도 있지요. 그리고 이 사람들의 선택에 의해서 호적이 없게 된 것입니까? 왜 호적에 없게 된 거죠?

청중 1 그러니까 그게 피해자죠. 그러니까 피해자죠. 도와줘야 하는 거죠.

발표자 피해자로 만드는 사회에 대해서, 그리고 도와준다면서 피해자로 만드는 사람들에 대해서도 살펴봐야지요. 그리고 만약 피해자면 호적을 줄 수 있잖아요.

청중 1 그러니까 운동하는 사람들이 무엇인가를 했죠.

발표자 호적이 없는 부분은요?

청중 1 대부분 노예적인 상황이라고 다 이야기하잖아요. "3,500명이 데모를 했으니까 목소리를 기울여야 한다. 주체로서 인정해야 한다"라는 점에 충분히 공감하지만, 이 사람들을 피해자라고 봐야죠. 그럴 때 피해자라고 하면 지식인이 어쩌지 못하는 부분이 있잖아요? 선생님, 그게 운동 아니에요?

발표자 난 그것이 운동이 아니라는 거죠.

청중 1 아니, 피해자로만 구성된 단체들이 어디 있어요? 다 지식인들이 뒷받침하는 거죠.

발표자 피해자로만 구성된 단체들도 있지요. 그리고 그렇지 않은 경우라 하더라도 억압당한 사람들이 중심이 되어야 그것이 운동이지요.

청중 1 그것도 바람직한 것이죠. 지금 우리가 정신대 할머니들의 목소리를 그대로 따라갈 수는 없어요. 우리가 조금 틀을 지워주고 여러 가지를 하고 그래야죠.

발표자 그대로 따라가는 것과는 다르다고 생각해요. 함께하는 것이지요.

4. 성매매 종사 여성과 (국가) 페미니스트

발표자 말하자면 여성주의자들과 성매매 여성들을 이야기한 것은, 거기에서도 여성주의자가 있을 수 있다는 거죠.

청중 1 물론 존중해야 한다는 것인데 그렇다고 그 사람들의 이야기대로 해야 하는 건 아니죠. 왜 존중을 안 해요? 존중을 했겠죠. 그러나 많은 사람들이 그것이 해답은 아니라고 생각했기 때문이죠.

발표자 그러니까 그 많은 사람들이 누구인가를 곰곰이 한번 생각해보자는 거예요. 아까 말씀하신 인권의 개념으로 들어가서 다뤄야 할 문제들도 있죠.

청중 1 중요하죠.

발표자 네, 중요하죠. 그래서 나도 그 이야기를 한 거예요. 성매매 현장에서 당하는 성폭력, 성희롱, 강간이 무수히 많아요. 그런데, 거기서 당하는 강간은 강간도 아니라고 여기기도 하고, 경찰이 그 사람들에게 공권력을 막 휘두르잖아요. 공창제는 이 여성들을 공창으로 몰아넣고, 그러니까 테두리를 지어놓고 경찰의 감시나 보호하에 두려는 것이기 때문에 반대하는 것입니다. 그런데 이 여자들의 주권은 뭐냐는 거죠. 왜 이 여자들이 경찰의 감시하에 있어야 되는 거예요? 이런 맥락에서 자치조직을 이야기하는 것입니다. 노동을 이야기하는 이유 또한 자치조직에서부터 출발을 해야 한다는 것이구요. 그래서 오히려 이 사람들이 "아, 나 탈성매매 할래"라고 하면 탈성매매를 하도록 하면 돼요. 문제는 남아있을 수밖에 없는 사람들에게 나가라고 하는 거죠.

청중 1 그 사람들이 모여서 탈성매매를 한다고 해서 탈성매매가 됩니까? 그게 안 되니까 다 도와주는 거죠. 기술도 가르치구요.

발표자 그런데 그 다음에 어떤 목소리가 나오죠? '아 정말 훌륭한 선생님들과 ……' 여성부에서 보내 준 책자, 탈성매매한 여성들의 수기를 한번 보세요. '누가 누구한테 혜택을 주고, 누가 보호해야 할 대상인가?'라는 것이에요. 돌려 말하면 '가부장제가 어떻게 유지되는가, 정말 성매매 현장 때문에 가부장제가 유지되는가?'라는 질문이기도 해요. 가부장적인 모순이 이 여성들이 있기 때문에 유지되고 있는가? 만약 그런 유일한 영역이라면 성매매 현장을 없애야겠죠. 제가 하고 싶은 이야기는, 정말 무엇을 가부장제의 모순으로 보는가 하는 문제지요.

청중 1 아니, 누가 성매매를 가부장제의 유일한 모순이라고 말해요? 그 모순들은 사방에 있지요. 그런데 모든 것이 가부장제의 모순이기 때문에 가부장제를 없애야 된다고 한다면 아무런 이야기도 못하게 되죠.

발표자 여성주의자에 대한 질문으로 돌아갈게요. 국가페미니스트들이 생겼다고 생각해요. 사실 그냥 여성주의자라고 쓰면 안 되죠. 국가의 법, 제도적인 차원을 통해서 여성의 모순을 해결하려고 하는 사람들이 있죠. 국가를 왜 활용해야 하는지도 질문해야겠죠. 저도 우리 사회에서 여성운동의 노력으로 성희롱·성폭력 등이 이야기되고 법제화되고 제도화되었다고 봐요. 그런데 성매매에 대해서도 똑같이 생각하고 있다는 거예요. 저는 성매매는 다르다는 거죠. 왜냐하면 성희롱과 성폭력은 여성들 전체의 문제이기 때문에 문제가 안 되지만 성매매의 장에서는 여성들의 생존 조건이 다르기 때문에 똑같이 보면 안 된다는 것입니다. 그래서 국가페미니즘을 다시 보기 시작해야 한다는 거예요. 어떤 여성주의자들인지, 어떤 여성주의로 향하고 있는 것인지 논쟁해 볼 필요가 있다는 거죠.

청중 2 저는 이른바 진보진영을 지키기 위해 어떤 비판도 해서는 안 된다는 진보진영의 논리가 있었던 것처럼, 여성운동의 성과이기 때문에 어떤 질문도 할 수 없다는 것에 대해 문제 제기를 하시는 것으로 이해가 됩니다. 그래서 말씀을 하실 때 그 부분에 대해 먼저 밝혀주셨으면 좋았을 것 같은데요. 예를 들어 장하진 여성부 장관이 "며칠만 단속해 달라"고 이야기했잖아요. 그런데 선생님께서 말씀하셨듯이 국가와 성매매방지법의 논리라는 것이 사실은 여성부의 논리가 아니라는 것을 보여주는 거잖아요. 여성부가 하고 있는 일을 지나치게 공권력과 법에만 초점을 맞춰서 평가하고, 그 안에서의 여성주의적 실천을 굉장히 단일한 것으로 보고 문제 삼는 부분이 있다고 봅니다. 그런데 사실 이 부분들을 잘못하고 있다고 말하려는 것은 아니잖아요. 서로 잘하자는 것이죠. 선생님께서 몇몇 제안들을 하신 것 같은데 그런 부분을 말씀해 주시면 좋겠습니다.

발표자 여성부가 지금 성매매를 놓고 하고 있는 일들은 여성부를 국가처럼 느끼게 만든다고 봅니다. 물론 '국가를 어떻게 볼 것인가, 여성부를 어떻게 볼 것인가, 국가와 여성부의 차이를 어떻게 볼 것인가'라는 문제를 제기할 수 있겠죠. 가부장제 국가라고 여전히 이야기하지만, 어떤 압력을 넣은 결과 국가가 변화해 오기도 했잖아요. 그러면 국가는 조금씩 그런 요구에 대해 문을 열었다는 이야기예요. 여성부가 생긴 것도 그렇구요. 그런 부분에서 여성운동의 성과라고 볼 수 있죠. 그렇더라도 국가가 움직일 수 있는 동선에 대해 생각해 봐야 하지요. 이제는 우리도 국가페미니즘을 다시 보아야 합니다. '여성부가 여성가족부로 바뀔 때 가족 단위와 재생산을 어떻게 생각한 것인가, 그것이 성매매와 어떻게 연관되는가?'라는 질문과 연결되어 있는 거죠. 지난번 하월곡동 집창촌에 화재가 났을 때, 장하진 장관이 거기에 가서 단속 정도가 아니라 "완전히 없애겠다"라고 이야기했잖아요. 그런데 없애면 그 여자들은 어디로 가죠? 그러니까 인권 문제를 이야기하는데 어떤 인권을 이야기할 것인가가 문제라는 거죠.

사회자 발언 기회를 다른 참석자들에게도 주도록 하겠습니다.

5. 성노동과 이성애적 결혼제도 내의 섹스

청중 4 오늘 글 잘 읽었습니다. 여러 가지 생각도 들고 반론도 드는데요. 일단 선생님의 다른 글을 읽지 못해서 어떤지는 모르겠습니다만, 오늘 글만 봤을 때 저는 성매매 문제가 현재 가족제도와 노동시장의 문제와 가장 크게 연관되어 있다고 봅니다.

발표자 그렇죠.

청중 4 그런데 오늘 말씀하신 부분은 성매매만 독립시켜서 말씀하신 것 같아요. 선생님께서도 말씀하셨지만, 여성주의자들이 이성애적인 결혼제도 안에서의 성거래가 사실 성매매 여성들의 거래와 뭐가 다르냐고 많이 문제 제기를 했어요. 그리고 지금 성매매를 노동으로 인정하자고 말씀하시는 것은 궁극적으로는 성매매 여성들에 대한 낙인과 가장 불리한 사회집단으로서의 생활을 바꾸게 하려는 거죠. 양지로 와서 자신이 일을 하고 있는 존재라는 자긍심을 갖도록 하자는 의도가 있는 거잖아요, 그렇죠? 그런데 저는 이 부분에서 동의가 안 돼요. 과연 제가 이렇게 질문을 하면 어떨지 모르겠지만, 선생님의 딸이나 동생이 성매매를 하겠다고 하면 '그래 좋다'라고 과연 용인할 수 있는지요?

발표자 그러니까 그런 질문을 하는 것 자체가 문제라고 생각합니다. 가족의 문제로 끌고 들어오는 그 질문은 현재 성매매에 종사하는 여성들이 있는데 내 딸은 안 된다는 이야기를 하는 거나 마찬가지죠. 그렇게 질문을 하게 되면 이야기를 할 수가 없게 되어버리죠.

청중 4 아, 그래서 제가 다른 질문을 드리고자 하는데요. '여성주의자들의 방향 감각'이라고 말씀을 하셨듯이 구별할 필요가 있다는 생각이 듭니다. 제가 보기에 선생님께서 쓰신 글은 제목처럼 여성주의자들에게 말씀하시는 게 맞는 것 같습니다. 그러나 성매매에 대한 대안책은 아니라는 거죠. 그리고 한 가지만 더 말씀드릴게요. 선생님처럼 성노동으로 인정하자고 하면 기존의 이성애적 결혼제도에서 여성들의 성도 노동으로 인정할 수 있는 여지가 있는 것인가라는 부분입니다. 그렇게 될 경우에 저는 방향이 바뀌었다고 생각을 합니다. 저는 성매매와 기존의 가부장적인 결혼제도를 동시에 고려해야 한다고 봐요. 성매매 문제가 생긴 것은 분명히 결혼제도에 문제가 있는 것이구요. 저는 가부장적이고 성노예적인 것을 여성에게 요구하는 현 가족제도에서 문제를 제기해서 문제를 해결하는 것이 먼저라고 생각합니다.

발표자 그 부분은 저와 같네요. 성매매특별법만 없다면 그렇게 하면 되지요.

청중 4 그렇기 때문에 저는 성매매 여성들의 일을 노동으로 인정하고, 그래서 가족제도 안에 있는 여성들의 성노동도 마찬가지로 성노동으로 인정하자는 방향은 틀렸다는 거죠. 오히려 현재의 가부장적 결혼제도 내에서 여성들이 성노예를 강요당할 수밖에 없는 현실이 있잖아요.

청중 5 제가 보기엔 두 분의 의견이 다른 것 같습니다. 그래서 좀 더 설명을 들었으면 좋겠어요. 방금 어떤 측면에서 가족 내의 여성들한테 문제가 있고 거기에서 출발해야 한다고 하는지 이야기해 주셨으면 좋겠습니다.

청중 6 저도 그런데요, 같은 문제를 지적하는데 원인이 다른 것 같습니다.

청중 7 저도 왜 성매매에서 출발하는 게 방향이 잘못되었는지 이해가 되지 않습니다. 가족에서 출발하는 것과 어떻게 다를까요?

청중 4 아, 성매매에서 섹슈얼리티를 노동으로 인정하자는 주장이시 잖아요. 그렇게 되면 현재 여성주의자 내에서 성매매 여성과 이성애적 가족제도의 여성들이 하는 섹스 사이에 공통점이 있다는 주장을 많이 해왔었잖아요? 저는 오히려 결혼제도 안의 성을 둘러싼 문제를 먼저 제기해야 한다는 것이지요.

사회자 아, 제가 요약하면 "두 개가 다 나쁜 것 아니냐. 그런데 이쪽을 긍정하면 둘 다를 긍정하는 것 아니냐?"는 거죠?

발표자 둘 다 가부장적 모순을 드러내고 있지요. 그런데 성 모순과 가부장적 모순이라고 생각하는 건 가사 노동이죠. 아내로서의 섹스에 대해서는 노동이라고 이야기되지도 않는 거죠. 가사 노동까지는 노동 이라고 이야기가 되었어요, 주부 노동으로 이야기되죠. 모성도 노동 (labor)으로는 아직 이야기가 안 된 상태이기도 하구요. 어쨌든 아내로 서의 섹스 노동이라고는 이야기하지 않죠. 그런데 '성노동이라는 단 어가 나오게 되면 그 부분까지 이야기를 해야 되는 거 아닌가. 정말 섹스를 노동으로 보는 것인가?'라는 것이지요?

저는 이 문제가 중산층 가족을 중심으로 파생된다는 점과 동시에 그 여성들이 노동시장과 사회 노동에서 배제된다는 점을 심각하게 제기하려는 것입니다. 이 문제를 여기에서부터 문제 삼음으로써 다른 쪽의 문제가 드러날 수도 있다고 보는 거죠. 돈을 받고 하면 노동이고, 그렇지 않으면 노동이 아닌가부터 이야기가 될 수 있고, 또 여러 가지 이야기가 나올 수 있겠죠. 아내로서 하는 섹스에 대해서도 노동인가 아닌가라는 이야기가 제기될 수 있다는 거죠. 문제 삼는 순서가 틀린 것은 아니라고 생각해요. 여기서 섹스를 노동이라고 여겼던 적은 한 번도 없었다는 거죠. 여기에서 몇 사람이 이야기하는 것을 넘어 사회 일반에서 이야기하는가를 말하는 거예요. 성매매에서 섹스 노동이 되었을 때 아내의 섹스는 섹스 노동인가라는 질문을 제기할 수 있죠. 그러면 여자들이 결혼제도 안에서 하고 있는 노동이 무엇이고 그에 대해 사회적으로는 어떤 대가를 받고 있는가? 정말 '부불(不拂)노동'인가? 그러면 남자의 섹스는 무엇인가까지 나올 수 있겠죠. 저는 가족과 결혼제도에 문제가 있는데도 성매매만 문제라고 이야기하는 사람들이 문제라고 이야기하는 거죠.

청중 5 그런데 제가 두 분의 의견이 다르다고 이야기했던 이유는, 가부장제의 모순을 해결하기 위해 지금 성매매 문제를 이야기하고 있는 것이라기보다는 성매매 여성들의 인권이 억압되고 있고 현실적으로 살아가기 힘든 문제를 같이 해결하기 위해 이야기하고 있다는 거죠. 오늘 집담회도 그래서 마련된 것이구요. 그리고 그런 이야기를 하다보니까 법 제도가 여성들의 인권을 마련해 주는 것이 거의 없고 그것으로는 너무 부족하니까 그 나머지를 고민하자는 것이죠. 그래서 성노동이라는 개념으로 옮겨간 것이라고 생각하거든요. 그런데 이야기가 전도된 거죠. 성매매가 가부장제의 원인은 아니죠. 결과라면 결과이지요. 결혼제도에서부터 거꾸로 가야 한다고 이야기하는 것은 적절하지 않은 것 같습니다.

사회자 예, 저도 잠깐 말씀드리면, 주부들이 하고 있는 것은 성노동인 부분도 있고 여가인 부분도 있습니다. 지금 노동인 부분에 한해서는 가부장제하의 억압에서 나온 것이기 때문에 동일하게 볼 수 있는 부분

이 있겠죠. 하지만 그것을 해결하기 위해서 이것을 해결하고 그럴 문제
는 아닌 것 같습니다. 그 대신 지금 발표자께서는 성노동자(sex worker)로
명명하는 게 그들의 자존감이나 주체성에 많은 도움을 준다고 말씀을
하셨거든요. 이것에 관해서는 대부분 동의할 것이라고 봅니다.

청중 2 성노동자(sex worker) 개념과 노동 개념을 같이 쓰는 거예요?
이재인 선생님께서 성노동자라고 부르는 것과 이것을 노동으로 본다
는 것이 같은 이야기라고 말씀하시는 건지요?

사회자 반드시 같은 이야기라고 생각하지는 않습니다.

발표자 우리가 일이라고 했을 때 하고 있는 일 또는 노동이라는 의미
의 work가 그런 것이라고 생각해요. work와 labor가 어떤 차이가 있는
가에 대한 이론화가 필요하다고 생각을 합니다만, labor가 되었을 때는
애매한 지점이 있습니다. 그런데 모성으로서 출산도 영어로는 labor라
고 이야기를 하잖아요? 그랬을 때 영어로는 labor라고 이야기하지만
사회적으로는 노동이라고 말하지 않잖아요. 우리말에서 노동은 work
와 labor를 포함하는 것이라고 생각해요. 그랬을 때 sex worker라고 이
야기하는 것과 work가 가지고 있는 노동자성이나 노동성을 말할 수는
있죠. laborer's movement, worker's movement를 같이 쓰는 노동자운동으
로 갔을 때는 worker's movement나 laborer's movement나 별로 달라지는
지점은 없다고 보거든요. 권리와 저항의 언어라고 했을 때 실제 일을
했기 때문에 이것 자체가 노동인 것이고, work이자 labor죠. labor로 말
하기 시작하면 노동운동과 만나는 지점이 있고 계급과 만나는 측면이
있다고 보는 거죠. 그래서 저는 짧은 경제학적 지식을 가지고 그 논의
를 가져온 것이지만, work와 labor에 대한 더 정교한 이야기가 되어야

할 것 같습니다. 그리고 오늘 이 자리에서 역사적인 부분을 다 이야기할 수는 없죠. 그럼에도 불구하고 저는 그 문제 제기가 중요하다고 생각합니다. 성노동을 이야기했을 때는 sex work가 되고, 그럼 'sex를 어떻게 볼 것인가? work로 볼 것인가? 그럼 아내의 sex를 work로 볼 것인가?'라는 질문까지도 나올 수 있기 때문입니다. 그리고 sex가 여가, 말하자면 재미고 쾌락이라는 부분인데요. 성매매 종사 여성이 아닌 사람들이 성매매에 대해 아주 신비화하거나 비하하여 인식하고 있을 수도 있다는 생각을 해봐야 합니다. sex worker에게 'sex가 무엇일까, 여가이고 쾌락인 부분과 돈을 벌기 위한 노동인 부분이 구분될 수 있을까?'라는 생각을 해보았어요. 그런데 우리는 그 두 가지를 구분하고 있거든요. 그런데 우리가 정말 그런 이야기를 해봤는가? 사실 저도 성계급과 성노동을 이야기하려면 'sex가 무엇인지, sex and work라면 어디까지가 work이고 어디까지가 pleasure인가, 누가 그것을 구분하였는가?' 등등의 이야기까지를 해야겠죠.

6. 성노동 담론과 생존권의 연관성

청중 8 저는 집담회에 처음부터 참가하지는 못했는데요. 선생님께서 말씀하신 내용의 대부분은 사실 성매매방지법에 대해 여성주의자들이 어떤 방향 감각을 가져야 할 것인가에 대한 문제 제기라고 생각을 합니다. 그래서 저는 이 자리에서 대안을 제시한다거나 '너의 대안, 나의 대안이 뭐냐?'는 식의 비생산적인 논의는 접어두고, 좀 더 솔직하게 우리가 어떤 방향 감각으로 이 문제를 봐야 하는지를 논의했으면 좋겠어요. 저는 성매매를 성노동으로 보려 하는 의도를 이렇게 이해했습니다. 아까 여성인권 이야기가 나왔는데, 제가 인권을 공부하고 있지만 인권이라는 그 추상적인 개념으로 현실에 있는 여성들의 여러 가지 권리들을 오히려 억압하거나 말하지 못하게 하는 부분이 많다고 생각합니다. 그런 점에서 성매매 여성들의 생존권을 이야기하는 것이라고 이해하는 것이죠. 즉 노동으로 이야기하고 싶은 것이 바로 생존권이라고 생각합니다. 자본주의 사회에서 내 몸밖에 팔 것이 없고 성매매를 통해 살 수밖에 없는 생존권의 이야기입니다. 그런데 처음에 우리가 방향 감각을 가지기 위해 던진 논의를 가족으로 가져오게 되면서 오히려 상아탑으로 끌어들이게 된다는 생각이 들어요. 저는 구체적으로 '성매매를 노동으로 이야기하자는 취지에서 저항과 권리의 내용은 무엇일까. 성노동으로 이야기함으로써 우리가 생각하지 못했던 것은 무엇일까'라는 문제를 생각하게 됩니다. 성매매방지법에 대한 논의가 발생했을 때, 제가 남성들한테 궁금한 것을 물어봤어요. '어떻게 생각하냐'고 했더니 몇몇 남성들은 아주 극단적으로, '그 여성들의 하찮고 더럽고 싼 노동에 대해 가치를 올려야 한다. 그들의 존엄성, 인간의 가치를 올려야 되지 않느냐. 그렇다면 성노동으로 인정해야 되지 않느냐'라고 말했어요. 저는 지금 문제 제기하신 부분이 그런 논의를 좀 더 끌어갈 수 있다고 생각합니다.

선생님께서 가족 내의 성노동을 말씀하셨는데, 저는 자본주의에서 노동은 끊임없이 사고파는 것이라고 생각을 합니다. 이 논의에서 가족을 끌어들였을 때 성매매방지법과 분리되는 부분이 많다고 생각을 하는데, 굳이 그 쪽으로 방향 감각을 가져가서 말하고자 하는 것이 무엇인지요?

발표자 1차적으로는 질문이 나왔기 때문에 그렇게 이야기했던 것이에요. 그리고 생존권으로 이야기할 수 있죠. 생존권과 노동권 두 가지가 있다고 볼 수도 있고, '노동권까지 포함할 것이냐'는 질문이 있을 수도 있죠. 그런데 생존권을 이야기할 수 있는 토대 자체도 근절 의지를 갖고 있는 사람들에 의해 흔들리고 있어요. 그러면 그 사람들의 근절 의지는 어디서 나오는 것인가를 이야기해야죠. 그리고 '그것은 바로 성에 대한 인식이겠구나'라는 거예요. 본인들은 인정하지 않을 수도 있지만, 더 나아가면 '성매매가 이성애적 결혼제도 안에서의 섹스와 다른 것이라고 생각하기 때문에 그런 것이구나'라고 생각하게 된 거죠. 말씀하신 대로 이것은 굉장히 다른 영역들이에요. 말하자면 정신대 여성들, 기지촌 여성들, 성산업에 있는 여성들, 집창촌 여성들은 각각 다른 지점들에 서 있어요. 각각 특화되어 있는 지점들을 이야기해야 하죠. 특화해서 이야기하고 끊어야 될 지점이 분명히 있죠. 그 지점을 지적해 주신 것은 적절하다고 생각합니다.

그렇지만 오늘 나온 문제들이 비생산적이라고 생각하지는 않아요. 방향 감각을 이야기할 때, 우리가 어디로 갈 것인가에 대해 이야기를 해야 된다는 거죠. 그러면 가부장적 모순의 결과로 성매매를 생각했다면, 이 결과를 낳았던 어떤 원인들도 있는 것 아닌가? 거기에 결혼제도라든가 가족의 문제라든가 이런 것들이 있는 거죠. 그런데 그 부분은 문제가 없는 것처럼 이야기하면서 성매매만 문제가 있으니까 근절해야 한다고 생각하는 사람들의 주장을 지적하기 위해 이야기를 한 것입니다. 생존권은 생존권의 문제로 이야기할 수 있죠. 그리고 노동권을 이야기하면서는 HIV 문제, 성병 검진 문제, 노동시간 문제 등을 이야기할 수 있는 거죠. 업주들이 하라는 대로 하는 게 아니라 최소한 하루에 몇 시간만 일할 수 있는 권리를 주장하기도 해야죠. 그런 지점에서 오히려 이 여성들이 현 결혼제도의 모순을 적나라하게 볼 수도 있다는 거죠. 그래서 이 부분을 이야기하고 이론화하는 것은 중요하다고 봅니다.

두 개의 장이 분명히 다르다는 점은 인정합니다. 그리고 성매매는 성매매의 장에서 이야기되어야 하는 것도 당연하구요. 그런데 뭐랄까요? 제가 갖고 있는 욕망이라고 해도 좋을 텐데요. 이쪽과 저쪽이 분리되어 서열화되어 있는 것 자체가 어떤 음모이거나 공모라는 것이죠. 하고 있는 일이 다르다고 노동자들을 구분하고 일부의 노동에 대해서만 임금화함으로써 이윤을 축적하려는 자본의 음모도 있을 것이구요. 그러면 그것에 어떻게 대항할 것인가를 생각해야죠. 그리고 아까 나온 질문 중에 "당신의 딸이 그렇다면 인정할 것이냐?"는 것은 중산층 여성들이 갖고 있는 의식을 그대로 보여주는 것이라고 생각합니다. 저에게는 "저 사람들은 성노동하라고 그냥 놔두라는 것이냐?"는 질문으로 받아들여졌어요. "다른 여성들은 성노동하고 있으니까 그냥 잘하세요"라고 하는 셈이라고 생각하시는 것 같다는 거죠. 그러면서 "정말 당신의 딸이라면 빼올 것 아니냐?"는 거잖아요. 어떤 여성들은 현재 매춘을 하고 있는데 딸이라고 빼온다면 결국 가족은 보호하는 가족주의로 가는 거죠. 그리고 그들은 그들이 되고.

청중 8 성매매방지법에 문제가 있다는 것인지, 아니면 법이 시행되는 과정에 문제가 있다고 지적하시는 것인지 헷갈리는데요. 어쨌든 법의 실행 과정에서 오히려 피해자들을 수동적으로 만드는 현상이 충분히 일어나고 있다고 보는데요. 그 점에서 볼 때 여성부나 활동가들이 대입하는 전략의 방법이 성매매 여성들과 충분히 상호적이지 못하다는 데에 충분히 공감을 합니다. 계속 교화되어야 할 대상으로 바라본다든가 하는 인식이 있다는 것도 동의하구요. 이 여성들만을 대상으로 할 게 아니라 전 국민을 대상으로 한 예방 프로그램 쪽으로 방향을 바꾸어야 한다는 부분에 대해서는 충분히 공감을 해요. 그런데 과정의 문제를 성매매방지법 자체의 문제로 돌리신다는 느낌도 많이 드는데요. 이 부분에 대해서 어떻게 생각하시는지요?

발표자 저는 법에도 문제가 있다고 생각해요. 물론 법과 시행 과정은 좀 다른 측면들이 있고 법이 실제 시행되는 과정에서 우리 사회가 갖고 있는 관습적인 요소 등으로 인해 고려하지 못하는 지점도 있다고 봐요. 하지만 법 자체가 문제라고 보는 거죠. 이 여성들을 피해자로 놓게 되는 인식의 근저에는 성매매를 방지해야 한다는 생각이 있는 것이고, 시행 과정에서 이 사람들을 피해자로 놓는 것 이상의 문제라고 생각하는 거죠.

청중 9 녹두거리에 성인 전용 PC방이 들어온 것으로 알고 있습니다. 그런데 선생님께서 말씀하신 대로 성매매를 더러운 것으로 보지 않는다면, 그런 것도 긍정하는 것으로 볼 수 있을 텐데요. 제가 맨 처음 그 소식을 접했을 때는 '대학가인데 그런 곳이 있어도 되는가?'라는 의문이 들었습니다. 그것에 대해 어떻게 생각하시는지요?

발표자 대학가인데 안 되고 주택가인데 안 되고 하는 데서 우리 사회의 위선적인 면모를 봅니다. 대학생은 지성인이란 의식과 성매매에 대한 방향을 고민하는 질문이겠지만 그것이 바로 대학가와 다른 지역을 구분함으로써 대학생을 특권화하는 것으로 이어질 수도 있기 때문이지요. 주택가는 안 된다는 것 또한 성매매 공간을 따로 떼어놓고 '해서는 안 될 어떤 것'으로 만드는 데 일조하는 거죠.
현 사회에서 가부장제와 자본주의가 만나 공모하는 장이 분명히 있는데, 무언가 이와 다른 방식의 삶이 있어야 한다고 생각합니다. 대안적인 삶의 형태들을 만들어가기 위해서 우리가 여기에 있다고 생각하구요. 그러기 위해서 '무엇을 할 것인가, 먼저 무엇부터 생각할 것인가, 무엇을 문제 삼을 것인가?'를 생각해야겠죠. 대학가 옆에 있는 것을 문제 삼는 것과 왜 그 사람들이 대학가 옆에 올 수밖에 없는가를 문제 삼는 것은 조금 다른 이야기인 것 같아요. 어떤 일을 하며 생존하는 사람들을 보게 되면 생존권이라는 것을 이야기하게 되죠. 한편으로는 '아, 이건 정말 문제가 있다'고 생각한다면 이 문제를 어떻게 함께 해결할지도 생각해야 할 것입니다. 저는 대학생들에게 주어진 역할을 따지고 보았을 때 그들과 함께여야 한다고 생각합니다. '그들'이라고 말해서 좀 그렇지만요. 저는 여성주의자로서 또는 지식을 전유한 사람으로서, 그들과 지식을 나누었을 경우 '어쩌면 내가 갖고 있는 페미니즘 지식이 완전히 흔들릴 수도 있다'고 생각하거든요. '내가 지금까지 생각해 왔고 지금 생각하는 것까지도 잘못 생각하고 있을 수 있다'는 거죠. 저 또한 인권과 생존권에서 출발하면서 성에 대해서도 복잡해지기 시작하는 것입니다. 그러면 '내가 생각하는 성관념이 무엇이었나? 엥겔스가 말한 대로 그래도 일대일의 성이 바람직한 것일까?'라는 고민으로 옮겨가게 되는 거죠. 정말 가정이라는 테두리 안에 갇혀 있는 성 자체가 문제일 수도 있죠. '성해방의 어디까지가 인간적인 욕망인가? 여성의 욕망을 생각할 때 바람직한 성은 무엇인가?'라는 문제까지도 갈 수 있어야죠. 이에 대해서는 제가 좀 더 숙고해 봐야 할 문제입니다. 하지만 '대학가에 그런 것이 있으면 안 된다'는 의식 자체는 문제라고 봅니다. 대학가에 있을 수밖에 없고 그런 것들이 확산되는 원인이 무엇일까를 먼저 생각해야 합니다.

7. 성노동 담론에서 성구매 남성 문제가 딜레마이다

청중 10 제가 수업 시간에 성매매방지법에 대한 발표를 했는데요. 법이 가지고 있는 의의와 장점은 성을 구매하는 남성들에게 벌금 등을 통해 '성을 구매해서는 안 된다'는 인식을 강하게 심어줬다는 점이고, 단기적으로나마 확실히 효과가 있다는 것입니다. 그런데 선생님께서 말씀하시는 성노동의 개념을 가지고 성매매를 이야기했을 때, 어떻게 성구매 남성들에게 '성을 구매해서는 안 된다'는 논리를 이야기할 수 있을지가 궁금합니다.

발표자 아까 이야기된 것처럼, 한국에서도 전후에 공창제가 폐지되었죠. 중국에서도 그랬죠. 그리고 1997년 대만에서 천수이볜 시장이 도덕적이고 깨끗한 사회를 위해서 공창제를 폐지하기도 했죠. 성매매는 주로 남성이 여성의 성을 사기 때문에 가능한 것이라는 점을 인정합니다만, 저는 그런 폐창 등의 조치가 성매매에 연루되어 있는 이 여성들을 잡게 되는 부분을 보게 됩니다. 그래서 저는 먼저 본인들이 모순을 생각하도록 해서 다른 운동으로 진행되기를 바라는 차원에서 이야기를 하는 것입니다. 그 과정에서 구매 남성 문제는 사실 딜레마거든요. 교육은 구매 남성만이 아니라 모두에게 필요하다고 생각합니다. 지금 사회 전반에서 가부장제와 싸움을 하고 있는 거잖아요. 여성주의자 또는 여성운동이 지금까지 그것을 해왔다고 생각하는데, 나는 그런 과정에서 변화되어야 한다고 봐요. 또 하나는 남성 구매자들에게 어떤 교육을 할 것인가에 대한 것이에요. '하지 말라'고 이야기하면서 법적으로 처리하는 게 능사가 아니죠. 그들이 성매매 종사 여성들을 어떻게 생각하는지부터 시작해서 당신들에게 섹스는 무엇인가 등을 생각할 수 있는 계기를 마련하는 교육이 진행되어야 하죠. 태국의 엠파워(EMPOWER)에서는 남성 구매자들을 교육시키는 프로그램도 진행하는데, 근절을 이야기하지는 않아요. 그러니까 '성매매 종사 여성들을 만날 때 어떤 식으로 만나기를 바란다'거나 '콘돔을 꼭 사용하라'거나 그런 구체적인 이야기를 하는 거죠. 현재 저는 근절논리에 반대하는 입장이기 때문에 남성 구매자들이 사라져야 한다는 것에만 초점을 맞추어서 이야기할 수 없다는 것입니다. 그래서 그게 딜레마이기도 합니다.

사회자 마지막으로 꼭 하고 싶은 질문이 있으면 해주세요.

8. 청소녀 성매매 등 다양화·개별화되는 성매매와 자치조직의 활동

청중 11 선생님 말씀 잘 들었습니다. 저는 기본적으로 성매매방지법이 제정되었을 때부터 입장을 내지 못하겠다는 것이었는데요. 여성영화제에서 성매매 문제를 다루는 영화들을 보면서 생각이 성노동으로 조금 이동하게 되었습니다. 그 영화들에서 성노동자(sex worker)라는 개념이 실제로 어떤 효과를 보이는지를 볼 수 있어서 그런 입장을 경계하던 마음이 바뀌고 지지해야겠다고 생각을 했습니다. 그럼에도 불구하고 남는 지점이 있는데요. 저도 그 여성들에게서 출발해야 하고 현장에 있는 여성들의 목소리가 반영되어야 한다고 생각하지만, 그 성매매 여성들 또한 수많은 성매매 여성들 중 일부라는 생각이 듭니다. 사실 굉장히 중요한 부분 중의 하나는 매우 많은 청소녀들이 성매매에 빠진다는 점이라든지, 예전처럼 지정된 형태로만 있는 게 아니라 전화 연락으로 이루어지는 등 다 쪼개져서 퍼지는 형태로 확산된다는 것입니다. 그런데 여성주의자들이 '성노동 개념을 통해 그런 자치단체가 생기는 방향으로 감각을 갖는다고 할 때 거기에 포착되지 않는 여성들의 문제는 또 어떻게 해야 될까?'에 대해 말씀해 주시기 바랍니다.

발표자 성매매 형태가 달라진다는 이야기는 많이 되었잖아요. 말씀하신 대로 인터넷 공간을 통해 개별적으로 성매매를 하기도 하죠. 일단 제 이야기는 집창촌 문제에서 출발한 것이에요. 사실 어떻게 보면 역으로 정책에 대해서 '왜 집창촌만 잡느냐?'는 문제 제기를 할 수도 있죠. 성매매가 가시적으로 드러나는 집창촌만 잡으면 해결될 것이라는 의도 자체에 문제가 있기도 하구요. 또 집창촌이 성매매에서 약한 고리라는 생각도 들어요. 그런데 점차 확장되고 확대되는 성산업의 현실이 있는 거죠. 저는 청소녀 문제는 이제서야 사람들의 인식에 들어온 문제라고 봐요.

지난번 국제 포럼 참석자 중에 대만에서 폐창이 실시된 후 자살하려고 했던 사람이 있었어요. 그 사람은 열네 살부터 40년을 일했는데, 갑자기 폐창이 되니 할 수 있는 일이 없어진 거예요. 그런 문제도 있죠. 청소녀라고 했을 때 거의 십대인데, 청소녀들의 성매매는 인도나 다른 국가에서도 나타나는 현상들이죠. 인도의 DMSC 같은 조직의 경우, 본인들은 성노동자로 일하면서도 청소녀들의 유입을 막는 역할을 하고 있어요. 오히려 자치조직에서 이 친구들이 유입되는 것을 막으면서 경찰에 협조를 요구할 때도 있구요. 그러니까 경찰의 역할이라는 측면에서 볼 때 이것은 굉장히 다른 이야기죠. 사실 따지고 보면 성매매 여성들의 자치조직이 하는 이런 활동이 상당히 모순적이기도 하지만, 너무 어린 나이에서부터 성노동을 하는 것을 막겠다는 의지가 있는 거죠. 하지만 더 근본적으로 들어가면, 왜 청소녀의 나이에 성매매를 하게 되는가를 생각해야죠. 저 개인적으로는 노동권의 문제를 좀 더 확대해서 생각해야 한다고 봅니다. 하지만 그 부분에 대해서는 아직 이야기하기 힘든 부분이 있죠. 청소녀들이나 십대들의 노동은 우리 사회에서 노동이 아닌 것으로 인식되죠.

한편 태국의 엠파워는 태국에 오는 버마의 여성들, 국경을 넘어와 불법체류자가 되는 이 여성들의 문제를 함께 해결하기 위해서도 노력하고 있습니다. 필리핀의 부클로드(Buklod)같이, 처음에는 탈성매매를 도우려고 했던 단체이지만, 실제 현장으로 들어가 보니 탈성매매만을 이야기할 수 없는 지점이 있어서 합법화를 이야기하게 되기도 하구요.

사회자 기본적으로 성매매방지법이 여성을 구조적 피해자라는 하나의 범주로 묶음으로써 생기는 여러 문제를 지적해 주셨다고 봅니다. 그렇다면 현실의 행위자는 아직 가시화되어 있는 것도 이론화되어 있는 것도 아니기에 여러 가지 상상력을 발휘해 볼 수 있을 것입니다. 성노동이라는 개념 또한 어떻게 현실의 행위자들 사이에서 작동할지에 대해서는 이후 지속적인 논의가 필요할 것 같습니다. 그럼 앞으로의 집담회에서 이런 문제의식을 이어가도록 하고, 토론을 마치겠습니다.

제2장 성매매방지법 읽기:
매개자 처벌과 여성의 피해규명을 중심으로*

양현아(서울대 법과대학 법학부 교수)

1. 여는 말

2004년 3월 2일 국회를 통과하여 9월 23일에 발효된 성매매방지법은 「성매매 알선 등 행위의 처벌에 관한 법률」(이하 성매매 처벌법)과 「성매매 방지 및 피해자 보호 등에 관한 법률」(이하 성매매 피해자 보호법)로 이원화되어(이하 성매매방지법으로 통칭함) 있다. 이 법률은 기존의 성매매 관련 법률인 「윤락행위 등 방지법」에 비교할 때, 그 시각과 내용에 의미 있는 차이가 있다. 그런데, 성매매 여성의 인권 보호를 주목적으로 마련된 이 법의 발효 후, 대중매체, 성매매 관련자, 일반 시민뿐 아니라 성매매 여성들까지도 이 법에 대해 문제를 제기하고 있다. 그런가 하면, 성매매방지법의 발효를 전후하여 성매매 여성에 대한 국가의 피해배상 책임을 인정한 판결(2003 다 49009호 사건), 업주에 대한 성매매 여성의 채무 부존재 확인(2004 다 27488호 사건 등), 성매매 여성의 신체 질환 피해에 대한 손해배상 청구 소송 등 새로운 판결과 소송이 속속 나타나고 있다. 그동안 음지에서 보이지 않던 성매매

---

* 본 논문은 《황해문화》 46호(2005)에 실렸던 필자의 「성매매방지법: 법과 사회 구조, 성매매 여성」을 수정 보완하여 게재하는 것임을 밝힙니다.

여성들이 자신들의 존재를 공적으로 드러내고 역설적이나마 그 목소리를 드러내고 있다는 점 또한 커다란 변화이다.

　그렇다면, 성매매방지법에 대한 다양한 반향을 어떻게 읽어야 할까. 이 글에서는 성매매, 성매매 매개자, 성매매 피해자의 개념으로 단락을 나누어 새 법의 내용을 살펴보고, 그런 개념들을 사회 현실과의 관련 속에서 해석하는 방법으로 기술해 보려 한다. 길지 않은 지면이기에 그 내용이 매우 소략할 것이라고 예상된다. 글의 결론을 미리 소개하자면, 본 법의 이념은 포주, 업주와 같은 성매매 매개자들을 엄격하게 색출하고 처벌하려는 데에 있다는 것이다. 특히, 한국처럼 성매매가 창궐하는 사회에서 성매매는 올바른 성규범의 정립 차원이 아니라, 정치·경제적 사회구조의 차원에서 파악하고 대처해야 한다는 점을 서술하고자 한다. 한국의 성매매 제도에 식민지 피지배, 전쟁, 독재, 군사주의 같은 우리의 근대화의 궤적이 고스란히 담겨져 있다고 할 때, 성매매방지법의 큰 사명은 '제3세계적 성매매 산업의 해체'에 있다고 할 수 있다. 이런 인식에서, 여성주의라는 이상(理想)은 고정된 도덕적 원리가 아니라 현실에 작동하는 사회구조에 대한 분석 원리가 될 것이다. 다른 한편으로 이런 이상이 성매매 당사자, 특히 성매매 여성에게는 어떤 영향을 미치는지, 이들의 권리 구제와는 어떻게 맞물리는지의 질문이 제기된다. 이런 질문은 이 법에 있어 핵심적이다. 이렇게 성매매방지법의 과제는 성산업의 해체와 성매매 여성의 권리라는 다르고도 같은 두 접시를 어떻게 동시에 돌리느냐로 집약된다.

　필자는 이런 무거운 과제를 성매매방지법이 모두 짊어져야 하는 것이라고 믿지 않는다. 성매매방지법이 현실에서 '살아있는 법'이 되기를 바란다면, 법의 집행자들뿐 아니라 법의 주변에서 살아가는 모든 남녀들이 법의 이념과 방향에 공감하고 그것에 새롭게 의미를 부여하며 참여해야 한다. 이 글은 이런 취지에서 쓰였다.

2. 성매매방지법의 제정 맥락

먼저 새 법률이 제정되기까지의 과정을 간략히 살펴보기로 한다. 기존의 「윤락행위 등 방지법」(이하 윤방법으로 칭함)은 1961년 군사정부하에서 제정되었고 이후 1995년에 개정되었다. 윤방법 이외에도 한국 형법에서는 성매매 목적의 인신매매에 대하여 형법상 영리목적 약취·유인죄(제288조 1항), 추업 사용 목적 부녀매매죄(제288조 2항), 약취, 유인, 매매된 자의 수수·은닉죄(형법 제292조) 등이 규정되어 있고 「특정 범죄 가중처벌 등에 관한 법률」은 이상의 죄를 가중처벌하고 있다(동법 제5조의 2 제4·6·8항). 그뿐만 아니라, 한국 정부는 1962년에 '인신매매 금지 및 타인의 성매매의 착취 금지에 관한 협약'에 가입했고 1984년에는 '여성차별철폐협약'에 가입했는데 각 협약에서는 타인과 여성의 인신매매 및 성매매의 착취를 금지하고 있다.

이런 국제법과 국내법이 있고, 성매매에 대한 엄격한 금지주의[1]와 관련 범죄행위 처벌을 목적으로 하는 윤방법이 있는데도 그 기능을 다하지 못하고 우리 사회에서 성매매는 상상을 초월할 정도의 규모로 확장되었다. 한국의 성매매 유형을 일별해 보는 것만으로도 성매매의 사회적 성격을 이해하는 데 도움이 될 것이다.[2]

---

1) 성매매에 대한 국가의 정책은 크게 금지주의, 합법적 규제주의, 비범죄화로 대별된다. 금지주의란 성매매 행위를 법률적으로 금지하고 이에 대한 처벌규정을 두는 것이다. 정책에 따라 성구매만을(또는 성판매만을) 금지하는 국가와 성매매 양쪽을 모두 금지하는 국가(한국)로 나눌 수 있다. 합법적 규제주의란 일정한 조건하에서 정부가 성매매를 관리하는 것으로 특정 지역에서의 성매매와 성매매 여성의 영업을 허용하는 등 정부의 감독과 규제를 통해 성매매를 부분적으로 인정하는 정책이다. 비범죄화란 성매매 행위 자체를 처벌하는 법률 규정을 두지 않고 성매매를 규제하지도 합법적으로 인정하지도 않는 정책이다. 이런 정책하에서도 포주, 알선, 인신매매 행위는 금지된다.

먼저 전업형 성매매로 분류되는 집창촌[3]과 외진 골목길, 허술한 방이 하나씩 설치되어 있는 성매매 업소인 판잣집, 벌집, 펨푸집이 있다. 또 일반음식점, 숙박업소, 안마시술소, 이용원 등의 성매매 업소들이 한 건물에 백화점식으로 형성되어 있는 기업형 성매매도 번창한다.

성매매와 다른 종류의 영업이 결합된 겸업형 성매매는 더욱 다양하다. 기지촌 내의 외국인 전용 유흥음식점(관광진흥법 제2조)과 주위에 있는 일반음식점이나 유흥주점, 노래연습장(노래빠), 무도학원·무도장, 다방, 단란·유흥주점, 맥주·양주집,[4] 방석집이 있다. 이외에도 호텔, 여관, 여인숙, 모텔 등 각종 숙박업소, 안마시술소,[5] 사우나·증기탕 등의 특수목욕탕 업소와 이용업[6]같이 외면상 성매매와 무관한 영업도 성매매를 버젓이 하고 있다. 현재 급증하는 성매매 형태인 비업소형 성매매는 전화방, 폰팅, 화상대화방, 보도방[7] 등이 있다. 이외에도

---

2) 이러한 분류는 새움터, 『성매매 실태 및 대책 마련을 위한 토론회』(미간행 보고서, 2003)와 김은경, 「한국의 성매매 현황과 형사법적 대응」, 『성매매-새로운 법적 대책의 모색』(사람생각, 2004)에 기초함.

3) 유리방으로 불린다. 시·군에 따라서 식품접객업의 유흥주점으로 등록되어 있기도 하고 업종 등록을 하지 않은 채 사창가로 분류되거나 정부에 의해 전혀 파악되지 않는 지역도 있다. 성매매 여성을 고용하여 1층 한 면 전체 또는 일부를 유리로 만든 거실에 여성들을 상품처럼 진열해 놓고, 밖에서 성구매자들이 여성들을 고른 후 안쪽의 쪽방에서 술 접대와 성매매를 모두 하는 업소이다.

4) 이 중 일부는 일반음식점이 아닌 유흥주점으로 등록되어 있다. 유흥주점은 성매매 여성을 고용하여 업소 내에서 술 접대와 성매매를 하며, 2차를 원하는 성구매자들과 동행하여 숙박업소에서 성매매를 한다.

5) 성매매 여성을 고용하여 안마사가 안마를 한 뒤 업소 내의 방에서 성매매를 하거나, 성매매 여성이 안마와 성매매를 같이 하는 안마시술소가 있다.

6) 성매매 여성을 고용하여 면도나 이발을 하게 하고 업소 내의 방에서 성매매를 하는 이용업소가 있다.

7) 인력공급업체: 가정집에 숙소를 정해놓고 성매매 여성들을 집단으로 거주시키

직업상담소, 결혼상담소, 이벤트 회사 등을 차려놓고 성매매를 하는 업소가 있다. 이런 분류로 현실의 성매매를 다 포함하지 못한다는 것을 통해 우리는 성매매 산업의 넓이와 다양성을 짐작할 수 있다.

법적 지배의 관점에서 보면, 이런 현상은 성매매에 대한 법적 지배가 사실상 공백 상태라는 것을 뜻한다. 여성주의 관점에서 보면, 창궐하는 성매매는 여성의 성(sexuality)이란 거래되고 교환되는 것이라는 생각을 보편화시켰고, 빈곤·가족·폭력 등을 매개로 하여 여성을 언제라도 성매매 여성으로 만들어버릴 수 있는 사회 상황에 달했음을 의미한다.

2000년 9월 군산 대명동과 2002년 1월 군산 개복동의 화재사건으로 인한 성매매 여성의 사망은 이런 상황에 대한 경고와도 같다. 이 사건들은 엄청난 성착취 구조의 '징후'로 읽힌다. 이에 2001년 4월에는 성매매 방지 특별법 마련을 위한 전문가 간담회가 구성되고 본격적으로 대체입법 마련에 착수했다. 한국여성단체연합은 '성매매 알선 등 범죄의 처벌 및 방지에 관한 법률안'을 마련하여 2001년 11월 26일 국회에 입법 청원했다. 2002년 7월 25일에는, 기본적으로 여성단체가 청원한 법안의 내용을 거의 그대로 수용한 법안이 국회의원 74인(조배숙 의원 대표발의)의 이름으로 발의되었다. 이후 수차례의 심의 끝에 법률 대안이 마련되어 제245회 국회에 제안되었고, 2004년 3월 2일에 국회 본회의에서 통과되었다. 정희진의 말대로, '죽어야 사는 여성인권'이 성매매방지법으로 부활한 것이다.

면서 성매매를 알선하는 형태의 업소로서, 모든 유형의 성매매 업소와 연결되어 있으며 주로 집결지의 성매매 업소나 단란·유흥주점, 숙박업소들이 보도방을 이용한다. 보도방 포주들은 연계되어 있는 업소들이 주문하는 여성 수와 기간에 맞추어 성매매 여성들을 제공하고 여성들의 모든 수입을 관리한다.

3. 성매매와 윤락 간의 거리

「윤락행위 등 방지법」에서 '윤락(淪落)행위'로 표현되던 행위가 성매매방지법에서는 성매매라는 용어로 새롭게 도입되었다. '윤락행위'라 함은 불특정인을 상대로 하여 금품 기타 재산상의 이익을 받거나 받을 것을 약속하고 성행위를 하는 것을 말한다(윤방법 제2조 1호). 이에 비해, '성매매'라 함은 불특정인을 상대로 금품 그 밖의 재산상의 이익을 수수 약속하고 성교행위와 구강, 항문 등 신체의 일부 또는 도구를 이용한 유사성교행위에 해당하는 행위를 하거나 그 상대방이 되는 것을 말한다.

이렇게 윤락의 행위 당사자는 주로 여성인 성판매자만을 지칭하지만, 성매매는 판매와 구매 쌍방을 포함하는 개념이다. 또 기존의 윤락행위는 성기 접촉에 의한 성행위에만 국한되었는데, 성매매 행위에는 유사성교행위라 하여 구강 및 항문을 이용한 성교행위도 포함된다. 더욱 중요한 점은, 윤락 개념은 성도덕의 관점에서 문자 그대로 '몸을 타락시키는 행위'라는 의미로 이해되고 있는 데 비해, 성매매는 도덕적으로 중립적인 표현을 채택함으로써 성매매 개념을 어느 정도 탈도덕화하고 있다. 각 법의 목적에서도 이러한 차이점이 나타난다.

윤방법은 선량한 풍속을 해치는 윤락행위를 방지하고 윤락행위를 하거나 할 우려가 있는 자를 선도함을 목적으로 함으로써, 윤락을 선량한 풍속의 관점에서 바라본다는 점을 명확히 한다. 이에 비해 성매매방지법에서는 성매매, 성매매 목적의 알선 및 인신매매를 근절하고 성매매 피해자의 인권을 보호하며 이들의 보호와 자립 지원을 목적으로 한다. 윤락이 성규범의 일탈이라고 할 때, 이런 관점을 대다수 윤락행위자인 여성에 대입시켜보면, 윤락이란 결국 '선량한 풍속을 벗어나버린 여성의 성 문제'가 되는 셈이다.

이렇게 윤락을 (주로 여성) 개개의 성도덕 문제로 한정지으면 성매매를 둘러싼 사회 시스템은 잘 보이지 않게 된다. 단적으로, 위험한 여성만을 처벌하면 되는 것이기 때문이다. 물론 이런 위험한 여성은 정숙한 여성을 위해서 어느 정도 필요하기도 하지만 말이다. 그동안의 법에서는 성매매를 둘러싼 사회 시스템의 축소판인 성 구매자, 매개자들에 그 초점이 맞춰지지 않았다. 그러나 성매매방지법은 여성의 성규범을 넘어서 성매매라는 상호적이고 중립적인 용어를 법에 도입하고 이를 둘러싼 불법행위를 부각시켰다는 점에서 의의가 크다. 단적으로, 이제 성매매는 판매자와 구매자 간 2자 관계가 아닌 그 매개자를 포함한 3자 관계로 체계화되었다. 그렇다면 그런 매개자들에 대한 철저한 색출과 처벌, 성매매 피해 여성들의 인권 보장과 자립이야말로 법이 실효성을 확보하는 데 관건이 된다. 하지만, 수사당국과 시민들이 이런 법의 이념과 시각 변화를 공유하지 않는다면, 성매매와 윤락은 별반 다르지 않게 될 것이다.

4. 숨겨진 성매매 매개자[8]

성매매 처벌법에서는 '성매매 알선 등의 행위', '성매매 목적의 인신매매' 등의 개념을 도입하고 이들 성매매 매개 행위에 형사처벌의 초점을 맞추고 있다. 여기서 '성매매 알선 등의 행위라 함은 성매매를 알선, 권유, 유인 또는 강요하는 행위, 성매매의 장소를 제공하는 행위, 성매매에 제공되는 사실을 알면서 자금, 토지 또는 건물을 제공하는

---

8) 현행법에서 '성매매 매개자'라는 개념은 없으나, 성매매 강요·알선·인신매매를 포함해 성매매 당사자 사이를 매개함으로써 이득을 취하는 사람들을 통칭하는 의미로 성매매 매개자라는 용어를 사용한다.

행위'(성매매처벌법 제2조 제1항 제2호)이다.

'성매매 목적의 인신매매라 함은 성을 파는 행위 또는 음란행위를 하게 하거나 음란한 내용을 표현하는 사진·영상물 등의 촬영대상으로 삼을 목적으로 위계·위력 그 밖에 이에 준하는 방법으로 대상자를 지배·관리하면서 제3자에게 인계하는 행위, 이러한 목적으로 청소년, 사물을 변별하거나 의사를 결정할 능력이 없거나 미약한 자 또는 중대한 장애가 있는 자나 그를 보호, 감독하는 자에게 선불금 등 금품 그 밖의 재산상의 이익을 제공, 약속하고 대상자를 지배·관리하면서 제3자에게 인계하는 행위, 또 이상과 같은 행위가 행하여지는 것을 알면서 대상자를 인계받는 행위, 이러한 행위를 위하여 대상자를 모집, 이동, 은닉하는 행위'(성매매처벌법, 제2조 제1항 제3호)라고 명시하고 있다.

다른 한편, 윤방법에서도 '윤락행위를 하도록 권유, 유인, 알선 또는 강요하거나 그 상대자가 되도록 권유, 유인, 알선 또는 강요하는 행위, 윤락행위의 장소를 제공하는 행위, 윤락행위를 한 자 또는 윤락행위의 상대자에게 금품 기타 재산상의 이익을 요구하거나, 받거나 또는 받을 것을 약속하는 행위'가 처벌의 대상이었다. 이렇게, 성매매방지법에 이르러서야 포주, 업주 등 중간매개자들을 처벌하기 시작한 것이 아니라 윤방법하에서도 중간매개 행위는 범죄행위로서 처벌되었고 성매매는 금지되어 왔다. 다만 성매매방지법에서는 그 처벌 의지가 높아지고 형량도 무거워졌다.

이번 성매매방지법에 새롭게 도입된 '인신매매'라는 행위에 주목할 필요가 있다. 앞에서 본 대로 인신매매란 음란행위, 음란한 내용의 사진, 영상의 촬영 대상으로 삼을 목적으로 대상자를 지배·관리하면서 인계하는 행위, 청소년·심신미약자·장애인을 지배·관리하고, 선불금 등을 매개로 하여 이들을 인계받고 예속하는 관계 등을 포함시킨다는 점을 기억할 필요가 있다. 특히 선불금, 빚 등 다양한 형태의 채무는 실제적으로 노예각서의 성격으로 여성들을 종속하고 있는 것으로 보이기 때문에 이를 인신매매의 성격에 포함시킨 것은 대단히 의미 있는 일이다.[9] 2001년 미국 국무부는 <인신매매 및 폭력에 따른 인신매매 보고서>에서 세계 82개국의 인신매매 실태 및 동향을 조사하여 한국을 인신매매 원천지 및 경유지로 지목하고 최하위 3등급 국가로 분류한 적이 있다. 우리나라 정부가 지난 2000년에 비준한 유엔 국제조직범죄에 관한 협약의 부속의정서 협약사항을 입법할 의무가 있는 국가 가운데에 포함되기도 하였다.

법 조항을 비교해 볼 때, 성매매처벌법에서는 성매매 피해자가 양산되는 과정에서 발생하는 범죄행위를 포착하고 최초의 인신매매 추진자나 최종적 행위자가 아니라 그 중간(대상자 지배·관리, 인계한 자 등)매개자 역시 처벌할 수 있게 한 점을 높이 평가할 수 있다. 성매매 여성들은 성매매 알선과 이동의 과정에서 착취의 정도가 더 심해진다고 보고되기 때문이다.[10]

---

9) 성매매는 오랫동안 노예제의 관점에서 다루어져 왔고, 노예제의 지속을 위해서 인신매매는 필수적이다. 이런 논의에 의하면, 포주와 성매매 여성의 지배-예속 관계를 포착하지 않고는 성매매 행위의 핵심에 접근하기 어렵다. 다음을 참고할 것. Dorchen Leidholdt, "Prostitution: A Contemporary Form of Slavery," from http://www.uri.edu/artisci/wms/hughes.

10) 2004년에 실시한 경찰청의 조사에 의하면, 선불금이 없는 여성들은 소수(16%)에 지나지 않았고 1,000만 원이 넘는 고액의 선불금을 지고 있는 경우가 상당히 많은 것(41%)으로 나타났다. 또한 최초 유입 당시 소액의 선불금을 받은 뒤 업소 이전 횟수에 따라 선불금이 늘어나는 것을 보여준다. 이는 여성들이 여러 업소를 거치면서 붙는 선불금의 고리 이자와 각종 벌금 때문인 것으로 분석된다. 결국 성매매를 할수록 선불금이 증가하기 때문에 성매매 여성들은 선불금을 갚기 위해 더 큰 선불금에 매매되는 악순환을 반복하는 것이다. 경찰청, 『성매매 피해 여성 구조 및 업주검거 사례집』(미간행 보고서, 2004); 이금형, 「성매매특

성매매방지법에서는 법의 초점 이동과 함께 범죄행위가 현실화·세 분화되고 법정형도 강화되었다. 또한, 새로운 범죄행위 종류가 도입되 었다. 예컨대 마약류의 제공 등을 통하여 성매매를 하게 하는 행위(5년 이상 징역, 윤방법에서는 처벌 없음), 성적 인신매매, 감금, 단체 또는 다 중 위력으로 성매매 강요(3년 이상 징역, 윤방법에서는 처벌 없음), 직업 소개·알선 목적 광고(3년 이하 징역 3,000만 원 이하 벌금, 윤방법에서는 처벌 없음), 성매매 알선, 광고, 권유 등의 범죄로 얻은 금품과 재산(몰 수, 제25조)에 대한 규정이 신설되었다. 이외에도 성매매 신고자 또는 피해자에 대한 신변보호 규정(성매매처벌법 제6조)이 신설되고 외국인 여성에 대한 특례가 신설(제11조)되었다.

그렇다 하더라도 실제 수사 과정에서 성매매 매개자들의 범죄가 철저히 밝혀지고 처벌될지 우려된다. 관련 연구에 따르면, 윤방법하에 서 수사 과정의 문제점들이 지적되고 있다.[11] 먼저, 성매매 매개자의 수사는 윤락 알선자에만 제한되어 이루어졌다는 점이다. 그 과정에서 인신매매범이나 직업소개업자, 감시인, 성구매자 등에 대한 수사는 잘 이루어지지 않는다. 성매매가 대부분 인신매매와 연관되어 일어나 고 있으며 실력적 지배의 상황에서 여성들이 피해를 당하고 있다는 실태를 파악하지 못해, 인신매매와 성매매는 별개의 범주로 파악된다. 윤방법하의 법체계에서는 형법상의 '부녀매매죄'로 부녀에 대한 인신 매매를 처벌해야 했는데, 이 때 매매성=대가수수 여부와 실력적 지배 =물리적 강제력 식으로 인신매매를 매우 협소하게 해석한 것이다.

별법 시행에 따른 특별단속 실시결과 및 117 성매매 피해 여성 긴급지원센터 상담결과 분석」, 『성매매방지법의 올바른 시행을 위한 긴급토론회』(미간행 보 고서, 2004).

11) 이하 수사 과정의 문제점은 다음 연구를 참조함. 새움터, 『성매매방지법의 올 바른 시행을 위한 긴급 토론회』(2004); 김은경, 앞의 논문.

또, 윤방법상의 '채권무효' 조항(제20조)이 사문화되어, 예컨대 성매매 여성들이 자신이 써준 차용증 때문에 업주에 의해 사기죄로 고소되고 처벌받게 되는 상황에 처하는 경우가 드물지 않았다. 그럼에도 수사 과정에서 이런 선불금, 차용증 등의 문제는 성매매를 둘러싼 불법적인 '착취' 문제로 다루어지는 것이 아니라 사인(私人) 간의 '계약' 문제로만 다루어져 왔다. 실제로 오늘날 인신매매의 실질적 기제는 '부채예속'이라고 할 때, 수사의 관점은 이를 다루는 데 현저하게 뒤쳐져 있음을 보여준다.

이러한 현상이 서로 결합되어, 대부분의 성매매 범죄자들은 기소조차 되지 않은 채 처벌을 면제받고 있다. 1991년부터 2002년까지 사법당국의 보고에 입각한 범죄 조사에 따르면,[12] 윤방법상 '윤락행위 강요죄' 조항의 적용 사례는 관련 피의자 943명 중 0.7%(7명)에 불과했다고 한다. 또한, 성매매 알선업자들은 평균 259만 원 정도의 벌금형을 선고받은 것으로 나타난다. 이런 형량은 이들에겐 일종의 '영업비용' 정도에도 못 미치는 것이다.

그동안 성매매 관련자를 다룰 경우, 여성의 인권침해 상황을 면밀하게 검토하지 못하고, 단순히 성도덕의 관점에서 여성과 업주는 공범으로 처리되는 경향이 있다는 지적도 있다. 예컨대, 수사관들은 잠금장치와 쇠창살만을 감금장치로 인정할 뿐, 창문폐쇄나 CCTV 설치, 감시인의 24시간 감시, 사창가 골목의 구역별 감시, 외출 시 감시인의 동행, 여관업주의 감시, 탈출의 위협 등 더 일반적인 감금행위에 대해서는 거의 무시하고 있는 실정이라는 것이다. 이런 문제점과 함께 성매매의 단속에서 포주·업주들과 유착관계를 가진 비리수사관의 색출과 처벌의 필요성은 거듭 지적되고 있다.

---

12) 김은경, 앞의 논문.

만약 성매매를 어디서나 있을 수 있는 사소한 문제나 상시적 숙제 정도로 취급한다면 성매매 범죄의 다양한 수법에 효과적·감각적으로 대응하기 어려울 것이다. 이를 위해서는, 여성의 인권침해에 대한 감수성과 성매매 근절의 중요성에 대한 의지가 필요하고, 성매매를 '인간욕구의 발현' 정도로 바라보는 가부장적 관성을 넘어서야 한다.

5. '성매매 피해자'와 피해 규명

성매매방지법에서는 최초로 '성매매 피해자'라는 개념이 도입되었다. 성매매 피해자란 '위계, 위력, 그 밖에 이에 준하는 방법으로 성매매를 강요당한 자,[13] 업무, 고용, 그 밖의 관계로 인하여 보호 또는 감독하는 자에 의하여 마약·향정신성의 약품 또는 대마에 중독되어 성매매를 한 자, 청소년, 사물을 변별하거나 의사를 결정할 능력이 없거나 미약한 자 또는 중대한 장애가 있는 자로서 성매매를 하도록 알선, 유인된 자, 성매매 목적의 인신매매를 당한 자'(성매매 처벌법 제2조 1항 4호)를 의미한다.

중요한 것은 성매매방지법에 의해 성매매 피해자로 분류된 여성들은 형사처벌에서 제외된다(제6조 제1항)는 점이다. 이것은 성매매가 자신의 선택이 아니라, 경제적·물리적 힘에 의한 강요의 결과일 수 있다는 이해를 반영한 것이다. 따라서 이런 행위를 한 사람들은 형사처벌의 대상이 아니라 오히려 지원과 보호의 대상이 된다. 이런 성매매

---

13) 위계(僞計)란 상대방의 무지나 착오를 이용하여 범죄의 목적을 달성하는 것으로서, 기망(속임수)뿐 아니라 유혹도 포함된다. 위력(威力)이란 상대방의 의사를 제압할 수 있는 유형적(예: 폭행), 무형적(예: 선불금 변제 강요) 힘을 말하며, 폭행 협박뿐 아니라 사회적, 경제적으로 우월한 지위를 이용하는 것도 포함된다.

여성에 대한 시각과 개념은 윤방법상의 일원화된 '요보호자' 개념과는 큰 차이가 있는 것이다.[14] 이런 시각에 따르면 성매매의 강요, 알선 등 행위보다는 오히려 성매매 여성을 죄인시하고(사기죄, 윤락행위), 이들을 불리하게 하는 법이 기능할 소지가 있다. 이에 비해 성매매방지법상 성매매 '피해자' 범주는 성매매를 포주, 업주 등에 의한 알선, 인신매매 행위의 결과로 본다는 점에서, 법 패러다임의 일대 전환인 것이다. 말할 나위도 없이 이런 전환은 그간 반성매매 운동 및 성매매 여성 지원 활동을 해온 여성단체들의 시각을 어느 정도 수용한 결과이다. 이러한 변화에는, 여성의 성판매란 도덕적 타락이나 자발성에 의한 것이 아니라 빈곤, 여성노동, 이외 성매매 산업 자체가 가지는 자기 동력 같은 사회적 환경에 따른 결과라는 시각이 포함되어 있다고 해석한다.

하지만 성매매 피해자 범주에도 여러 쟁점이 제기된다. 먼저, 법에서 명시한 성매매 '피해'를 규명하지 못하는 경우 성매매 여성은 형사 처벌의 대상이 된다. 앞서 지적했듯, 성매매 여성의 피해가 소극적으로만 수사되고 그 피해 규명이 제대로 되지 않아왔다면, 수사 과정에서 성매매 여성들이 '피해자'로 규정된다는 것도 쉽지 않은 일일 것이다. 오히려 "성매매는 여성들이 자발적으로 선택했다" 또는 "손쉽게 돈을 버는 업종을 택했다" 등의 사회통념이 확인되기가 더 쉬울 것이다. 더욱이 성매매의 억압과 착취가 날로 교묘해지고 문서를 남기지 않는 현재의 성매매 행태에서 볼 때, 성매매 여성의 피해 규명이 어려워질 경우 인권유린을 당한 여성이 오히려 처벌받는 모순을 낳게 될 수 있다. 또 성매매 피해자와 여타 범죄행위 없는 단순 성매매자 간의

---

14) '요보호자'라 함은 윤락행위의 상습이 있는 자와 환경 또는 성행으로 보아 윤락행위를 하게 될 현저한 우려가 있는 자를 말한다(윤방법 제2조의 2호).

구분이 작위적일 수 있다. 예를 들어 청소년으로 분류되는 19세 미만 (예: 18세)의 여성이 무조건 성매매 피해 여성으로 분류되는 데 비해, 동일한 조건에서 성매매를 한 19세 여성은 피해자가 아니라 '피의자'로 단순 분류되는 것은 모순이다. 강요된 성매매와 자발적 성매매 간의 구분이 그렇게 명확한 것은 아니다.

다른 한편, '성매매 피해자' 개념이 성매매 여성의 피해자화 (victimization)가 아닌가에 대한 문제 제기도 있다. 성매매 여성들은 형사 책임을 면하기 위해서 자신의 무력함, 즉 피해자임을 처절하게 입증해야 한다는 점에서 그러하다는 것이다. 하지만 필자는 성매매 피해자로 판정받는 것이 성매매 여성의 전인적 피해자화와 같다고 보지 않는다. 성매매의 피해 규명 없이도 여성의 피해자화는 얼마든지 가능한 일이다. 실제로 성매매 여성들을 인권의 사각지대로 몰아내고 '사람 취급하지 않는 시각'은 2004년 9월 이후 발효된 성매매방지법에 의해서 형성된 것이 아니라, 우리 사회의 성매매와 성매매 여성에 대한 지배적 시각이었다. 이런 시각 속에서도 성매매 여성들이 업주와 포주, 직업소개소, 조직폭력배, 성구매자들에 의해 어떻게 인권을 유린당해왔고 피해를 겪어왔는가에 대해서는 별반 관심을 갖지 않았다.[15]

하지만 여성들의 피해 규명이 그녀들의 피해자화와 등식화되지 않기 위해, 피해자에 대한 사회적 태도에 철학이 필요하다. 성매매 피해자란 여성들의 존재 자체가 무력하다는 의미가 아니라 국가와 법에

---

15) 이 점에서 2004년 '다시함께센터'에서 지원하여 업주를 상대로 낸 성매매 여성의 부인과 질병에 대한 손해배상 소송이 주목된다. 이 소송을 통해 여성들은 온갖 변태쇼(계란쇼, 오프너쇼, 촛불쇼, 계곡주 등)를 강요받고 막심한 인권유린의 상태에서 심각한 신체 질환을 앓아온 것이 널리 알려졌다. 앞으로 성매매 여성들의 인권유린은 정신적, 육체적, 사회적 측면에서 다각도로 규명되고 국가와 업주에 그 책임을 물려야 할 것이다(다시함께센터, 기자회견, 2004.12.20 참조).

의해 지지(support)를 받아야 하는 사람들이라는 것을 뜻한다. 그리고 이때의 지지란 무력한 자들에 대한 국가의 시혜라는 개념을 철저히 벗어나야 한다. 지지란 사회정의의 확산이며 사회자원의 공유 행위라는 상호적 개념을 도입하는 일이 중요하다. 지지 개념은 성매매 문제 이외에 많은 사회정책에서 새롭게 조명되어야 할 원리라고 본다. 이러한 원리를 공유하려는 노력은 법원, 경찰, 검찰뿐 아니라 일반 시민의 몫인 것이다.

6. 단순 성매매의 '비범죄화'와 보호조치

이런 논란은 성매매방지법상 성을 판 여성들에 대한 처벌 문제와 맞닿아 있다. 성매매 처벌법에서 볼 수 있듯이 우리 법은 성매매 행위에 대한 금지주의 원칙을 고수하고 있다.[16] 이것은 오랫동안 성매매 여성을 '피해 여성'으로 간주하고 불처벌을 주장해 온 여성운동단체들의 입장과 거리를 두고 있는 부분이다. 반성매매 운동을 해온 새움터의 조사에 의하면, 성매매 여성들은 '성매매를 여성에 대한 범죄로 규정하여 범죄자들을 강력하게 처벌하고 성매매 여성들을 모두 불처벌하며 탈성매매를 강력하게 지원해야 한다'는 데 대다수가 찬성하는 것으로 나타난다.[17] 나아가, '성을 파는 사람'으로 규정되어야 할 사람

---

16) 제4조(금지행위) 누구든지 다음 각 호의 어느 하나에 해당하는 행위를 하여서는 아니된다.

　1.성매매, 2.성매매 알선 등 행위, 3.성매매 목적의 인신매매, 4.성을 파는 행위를 하게 할 목적으로 타인을 고용·모집하거나 성매매가 행하여진다는 사실을 알고 직업을 소개 알선하는 행위, 5.제1호, 제2호 및 제4호의 행위 및 그 행위가 행하여지는 업소에 대한 광고행위

은 성매매 여성들이 아니라 포주라고 주장한다.

현재의 성매매처벌법에서는 성매매를 금지하고 "성매매를 한 자는 1년 이하의 징역이나 300만 원 이하의 벌금, 구류 또는 과료에 처한다"(제21조 1항)라고 형사처벌을 규정한다. 하지만 현재의 법에서도 '성매매를 한 자'에 대해서 보호처분 조치를 할 수 있다. 검사와 법원은 '성매매를 한 자'에 대해서 "사건의 성격, 동기, 행위자의 성행 등을 고려하여 이 법에 의한 보호처분에 처함이 상당하다고 인정하는 때에는 특별한 사정이 없는 한 보호사건으로 관할법원에 송치하여야 한다"라고 규정한다(성매매처벌법, 제12조 1항과 2항). 보호처분에는 성매매가 이루어질 우려가 있다고 인정되는 장소나 지역의 출입 금지, 보호관찰, 사회봉사 및 수강 명령, 지원시설에 감호 위탁, 상담 위탁, 전담 의료기관에 치료 위탁 등이 있다.

여기서 '성매매를 한 자'란 성을 산 자와 판 자 양측이 모두 해당하고, 위에서 본 성매매 피해자도 포함된다. 보호처분이란 형사처분이 아니며 해당 사건(보호사건)은 가정법원에서 관할하게 된다. 검사나 판사는 심리 결과 보호처분이 필요하다고 인정되면 다음 중 어느 하나에 해당하는 처분을 할 수 있으며 필요한 경우 여러 개의 보호처분을 동시에 할 수 있다. 이렇게 본 법은 성매매 구매자와 판매자에게 보호처분의 길을 열어줌으로써, 성매매에 대한 '사실상의 비범죄화'(이호중) 또는 '선택적 비범죄화'(조국) 원리를 가지고 있다는 견해도 있다.[18]

이런 주장과 함께 형법학계에서는 성매매 행위 당사자들 간의 합의에 의하고 별도의 범죄가 없는 '단순 성매매'는 형사처벌에서 제외시

---

17) 새움터, 앞의 보고서.

18) 이호중, 「성매매방지법안에 대한 비판적 고찰」; 조국, 「성매매에 대한 시각과 법적 대책」, 조국 편, 앞의 책.

켜야 한다는 입장이 설득력을 얻어가는 상황인 것으로 보인다.[19] 이런 입장은 여성인권 보호에 어느 정도 공감하고 있으며 동시에 강요된 성매매 또는 성착취에 국가 형벌권을 집중해야 한다는 입장을 가진 것으로 보인다. 그런데 외면적으로는 유사하더라도, 이런 입장은 국내 여성활동가 대다수의 관점과 다르다.

반성매매 활동을 해온 여성단체들은 여성들의 성매매 행위에 대해서는 '비범죄화'할 것을 요청하고 있다. 그것은 타인에게 어떠한 피해도 미치지 않는 단순 성매매라는 범주를 인정해서가 아니라, 오히려 성매매 행위 자체가 여성들의 성에 대한 착취 및 가난, 성매매 산업의 자기 동력 같은 사회구조적 산물이고, 여성에 대한 폭력성을 가지므로 모든 성매매는 어느 정도 강요된 성매매라는 점에서 비범죄화를 주장하는 것이다. 단순 성매매와 강요된 성매매 또는 성매매 자체와 성매매 착취 간의 구분이 가능해서가 아니라 오히려 그것이 모호하기 때문에 성매매 여성의 행위를 모두 비범죄화하자는 것이다.

또한 성매매 범죄의 경우, 성매매 여성들의 적극적인 증거 제시와 증언이 범죄 입증에 결정적으로 중요한데, 성매매 여성들이 범죄자로 처벌받을 위험을 감수하면서 그런 노력을 하리라고 기대하기는 어렵다. 이전 윤방법과 같이 성매매 행위 자체를 처벌의 대상으로 한다면, 성매매 여성들 자신이 처벌을 받을 가능성이 상존하기 때문에 웬만한 피해를 당했더라도 포주 및 업주를 신고하고 적극적으로 증언하는

---

19) 성매매 행위가 "금전 등을 매개로 성행위를 했다는 것만으로는 어느 누구에게도 해악이 되지 않고, 특별히 공연성을 수반하지 않으면 건전한 성풍속이라는 사회적 법익을 침해한다고 볼 수도 없다. 따라서 성매매 행위 자체를 처벌하는 것은 타당하지 않다"라는 성매매에 대한 형사처벌권의 한계에 대한 논의(최병각, 2004)를 찾아볼 수 있다. 이외 '단순 성매매'에 관한 입장은 조국, 앞의 논문; 이호중, 앞의 논문을 참고할 것.

행위를 망설일 것이다. 그런 행위는 스스로를 위험에 빠뜨릴 가능성이 있기 때문이다. 무엇보다도, 여성의 인권을 위한다는 성매매방지법이 여성을 처벌하는 도구로 활용된다면 그 지도 이념에 맞지 않는다. 이런 점에서 필자 역시 이러한 비범죄화 주장에 공감한다.

다른 한편, 성매매 여성 비범죄화의 문제점도 있을 수 있다. 성매매 여성에 대한 비범죄화는 곧장 성구매자의 범죄화와 형평성의 문제가 제기된다는 난점이 있다. 한국과 같이 이미 모든 곳에 성매매가 상상할 수 없이 자유롭게 음식, 술, 접대와 결합되어 있는 사회에서 성매매는 아주 잘 발달된 네트워크 속에서 이루어진다. 성매매 여성 비범죄화는 가뜩이나 창궐하는 성매매에 대한 암묵적 허가의 의미를 지닐 수 있다. 이와 함께 극히 열악한 여성의 노동시장 조건 속에서 여성의 성매매 활동은 자연스럽게 확대될 수 있다.

이렇게 보면 성판매 행위의 형사처벌은 성판매 여성들을 더욱 음지로 숨어들게 하고, 비범죄화는 성판매 여성들을 더욱 양산할 수 있다는 딜레마와 마주하게 된다. 이러한 다중적 현실 속에서 필자는 성매매를 원칙적으로 불법행위로 규정하되, 형사처벌의 특례 규정을 두어 성매매 여성의 성행위는 형사처벌에서 제외시키고 보호처분에 국한해야 한다는 의견을 가지고 있고, 단순 성매매 범주를 여성 노동의 하나로 인정하는 정책에는 반대한다. 이와 비슷한 의견은 이미 제시되고 있지만, 성판매 및 매수자들에 대한 보호처분의 방법과 제도화 등에 관해서는 더 많은 논의가 필요할 것이다.

또, 현행법 안에서도 '성매매 피해자'에 대한 범주를 확장시킨다면 법의 개정 없이도 법의 해석에 의해 여성의 성매매 행위가 비범죄화될 수 있다. 앞서 지적했듯 수사 당국에서 성매매가 여성 당사자의 성규범의 박약이 아니라 주로 빈곤, 가정환경, 주위의 폭력 등에 의한 사회구조의 산물이라는 것에 대한 공감한다면 '강요된' 성매매를 폭넓게 인정하게 되어 성매매 여성들의 행위는 처벌이 아니라 보호처분의 대상이 된다고 해석할 수 있을 것이다.[20] 그런데 이런 해석 작용에도 여성의 피해 규명이 결정적으로 중요할 것이다. 수사기관은 성매매의 강요 및 고도의 인신매매 수법에 대한 감수성과 의지를 가지고 피해 규명에 노력해야 할 것이고, 성매매 여성들에 대한 학계, 관련 단체 등의 심층 경험 조사와 수사 경험에 입각하여 피해에 대한 안내서를 확립해 놓을 필요가 있다. 성매매 여성들의 피해 현실은 아직 너무나 알려지지 않았다.[21]

앞에서 본 것처럼, 성매매방지법 목적 달성의 관건은 성매매 여성들에 대한 처벌과 불처벌에 있는 것이 아니라는 점을 분명히 하고자 한다. 그것은 성매매 매개자의 철저한 색출·처벌 및 성매수남에 대한 처벌·교육에 있으며, 또 성매매 여성에 대한 보호처분이 내실 있게 이루어져서 탈성매매의 길을 마련하느냐에 있다. 특히 성매매방지법의 꽃은 보호처분에 있다. 그럼에도 성매매자들에 대한 상담, 교육, 각종 지원 등의 준비가 터무니없이 부족한 채로 법이 발효된 것은

---

20) 성매매 여성이 포주에 대하여 보상적 또는 징벌적 손해배상 소송을 낼 수 있도록 하는 플로리다 주법의 '강요' 개념에 기초한, 더욱 확장된 강요 개념에 대해서는 다음을 참조할 수 있다. Margaret A. Baldwin, "Strategies of Connection: Prostitution and Feminist Politics," *Michigan Journal of Politics and Law 1*(1993).

21) 성매매 여성에 대한 부당 벌금은 성매매 여성들이 놓인 지배-종속관계를 밝히는 예로서 유용하다. 결근비는 다방의 경우 15~60만 원, 지각비는 다방의 경우 5만 원, 유흥주점의 경우 시간당 2만 원, 10분당 1만 원, 시간비(손님과 함께 나가는 시간에 부과)는 다방이 2만 원, 유흥주점이 15만 원, 콘돔 미처리는 1회 3만 원, 출근 전 머리를 하지 않은 경우 5만 원, 출근 전 목욕하지 않은 경우 벌금 5만 원, 여름철에 냉장고에서 얼음을 빼먹으면 개당 2만 원, 불시에 몸무게를 측정하여 기준보다 불어나면 1kg당 2만 원을 부과하고, 성매매 거부 시 손님의 술값을 모두 부담하게 하며, 주변보다 터무니없이 비싼 숙소비 등도 부담해야 한다.

크게 반성해야 할 점이다.

7. 거대한 먹이사슬과 '여성의 목소리'

성매매방지법이 발효된 후, 미디어의 지배적 담론은 마치 과학적 분석이라도 되는 양 성매매방지법이 불황 속의 우리 경제에 상당한 타격을 주고, 숙박업과 관광업에 한파를 가세하며, 심지어 항공사의 특수(성매매를 하기 위한 외국 여행의 증가로 인해)를 가져왔다고 버젓이 보도해 왔다. 이것은 한국의 산업 체계, 즉 숙박, 음식, 관광, 건강, 미용, 심지어 국방 영역까지 여성의 성을 매개로 하여 발전·유지되고 있음을 폭로하는 것과 다름없다. 또, 종류도 많고 여러 방면에 걸쳐 있는 성매매 업소의 주변 업소― 식당, 가게, 세탁소, 부동산업, 금융업 등―를 생각할 때, 한국의 성매매는 어마어마한 규모의 먹이사슬을 이루고 있다는 점을 알 수 있다. 이 점에서 반성매매 활동이 우리 경제에 심각한 타격을 준다는 말은 진실에 가까울 것이다. 그런데도 이 '타격'을 반성과 고발이 아니라, 성매매방지법의 문제로 표상한다는 것은 매우 위험한 발상이다. 대중매체는 '경제'를 우려한다지만, 성매매가 가지는 여성착취와 폭력의 측면에 대해서는 별반 언급이 없다. 미디어는 남성 구매자의 시각을 견지하는 것인가.

의아한 것은 이 법의 발효 후, 포주와 업주와 인신매매 범죄가 얼마나 또 어떻게 발각되었는지에 관해서는 잘 들을 수 없다는 것이다. 이 법이 벌이는 싸움은 국가와 성매매 범죄자들 간의 싸움이 아니라, 오히려 이념에 경도된 여성단체와 가난한 성매매 여성 간의 싸움으로 그려지는 듯하다. 이 점에서 거리로 몰려나온 성매매 여성에 대한 미디어의 표상도 각별하다. 그동안 음지에 묻혀있었던 이들의 '목소리'

가 들리기 시작했다는 것은 매우 의미 있다. 필자는 성매매 여성들의 '성매매를 지속하도록 내버려두라'는 목소리가 단지 포주·업주에 의해 강요된 몸짓이라고는 보지 않는다. 어떤 여성들은 업주로부터 자유롭지도 않지만 예속 안에서도 생존이 가능할 수 있다는 메시지를 전달한다. 그렇지만 여성들의 목소리는 맥락도 없는 '날것' 또는 '생생한' 무엇이 아니다. 어떤 목소리도 특정한 입장과 이해 관심에 입각한 '재현' 없이는 들리지 않는다. 그 목소리는 그것을 둘러싼 맥락과 사회 관계 속에서 해석될 때 온전한 의미를 가질 것이다. 이제까지 살펴본 성매매 산업이라는 거대한 먹이사슬, 수사당국의 소극적 자세, 여성의 얼어붙은 일자리 등은 이런 목소리가 형성되는 다중적 맥락이다. 이런 목소리들이 말하는 생존권을 위해 효과적으로 지원을 해야 하지만, 그것이 성매매로 지속되어서는 안 된다.

성매매방지법은 대중매체, 국회의원, 성매매 남녀 당사자, 업주, 일반 상인 등 누구도 원치 않는 법인 것 같다. 하지만 이 '원함' 역시 날것의 욕망이 아니라, 성매매 제도에 대한 이해 관심을 반영하는 것이고, 한국에서 성매매 제도는 그만큼 암암리에 지지되고 사랑받아왔다는 것을 보여주는 것이다. 이 점에서 탈성매매의 과제란 단지 당사자 여성에게만 해당되는 일이 아니라, 성매매에 의존하고 (사실은) 그것을 낭만화하고 자연스럽게 만든 업주 등 매개자, 남녀 시민, 무엇보다도 국가기관의 과제이다. 이제 한국 사회를 '탈성매매' 하자. 그것은 한국 사회의 산업구조와 문화의 일대 변혁을 의미하지 않겠는가.

"성매매 여성의 피해 규명과 피해자화: 성매매방지법에서"

일시: 2005년 6월 27일 오후 2시
장소: 서울대 사회대 교수소회의실
발표자: 양현아(서울대 법과대학 법학부 교수)
사회자: 배은경 박사(서울대 여성연구소)

1. 성매매 여성들의 노동권 인정은 시기상조다
2. 유사성교행위도 성매매 행위에 포함된다
3. '성매매 여성들의 극심한 인권유린 상황'이라는 전제에 대하여
4. 반성매매 운동이 성매매방지법 제정운동으로 귀결된 것에 대하여
5. 성매매 알선업자들에 대한 집중 조명과 처벌이 필요하다
6. 법제화 운동으로 수렴되지 않는 사회·문화적 차원의 활동도 중요하다
7. 성매매의 현실에 대한 지식 축적이 절실하다
8. 여성인권 개념의 정립과 함께 낙인이 제거되어야 한다
9. 성매매 근절주의가 야기하는 딜레마: 우선은 성매매 알선 고리 척결이 필요

사회자 성매매방지법이 법 자체로서 우리들에게 새로운 논의거리가 되었다기보다는 그 법의 등장으로 성매매에 대한 새로운 사회적 지형과 논의 지형이 생겨난 것 같습니다. 또한 성매매 문제에 대해서 여성주의자로서 또는 성평등을 고민하는 사람들로서 생각해 봐야 할, 곤혹스럽지만 피할 수 없는 과제가 우리에게 주어진 것 같습니다. 집중집담회를 진행하면서, 성매매 문제는 생각하고 고민만 할 것이 아니라 실제 현장에서의 목소리와 현실이 어떻게 되는지를 정말 꼼꼼하게 들여다봐야 한다는 점을 다시금 깨닫고 있는데요, 오늘은 이러한 어렵고도 정말 섣부른 부담을 저희에게 제기하면서도 몸소 맡아주고 계시는 선배 여성연구자 양현아 선생님을 모시고 '성매매 피해 여성의 피해 규명과 피해자화'라는 제목의 발표를 들었습니다. 이제 질의 응답과 토론 시간을 갖도록 하겠습니다.

1. 성매매 여성들의 노동권 인정은 시기상조이다

청중 1 발표를 통해 법에 대해서 많이 알게 되었는데, 양현아 선생님의 입장은 들어있지 않은 것 같아요. 선생님의 입장을 듣고 싶어요. 그러니까 선생님께서 "노동권으로 인정을 하면 해악이 있을 것이다"라는 말씀을 하시다가 "우선은 노동권도 중요하지만 인권, 여러 가지 피해를 당하지 않을 권리가 더 시급하니까 이걸 보호해야 한다"라고 말씀을 하셨는데요. 그런데 위험이 없는 직업이 세상에 어디 있겠어요. 이를테면 택시 운전사의 경우 교통사고 등의 위험이 얼마든지 계속 있지만 먹고살아야 하니까 한다, 그 피해보다는 내가 먹고사는 게 더 중요하다, 이런 식으로 나오면 노동권을 인정해야 되는 건가요?

발표자 저는 노동권은 아직 인정하기 어렵다는 입장입니다. 비범죄화 한다는 것과 노동권을 인정하는 것은 전혀 다른 말이죠.

청중 1 그런데 발표 중간에 노동권보다 피해를 당하는 위험에 처하지 않을 권리가 더 중요하니까, 권리도 여러 가지 있으니까, 그 권리가 중요하기 때문에 보호해야 된다는 톤으로 계속 이야기가 됐거든요. 그렇다면 노동권은 일종의 권리라는 것을 분명히 인정하는 이야기를 하신 거죠. 만약에 권리가 아니라고 한다면 그런 설명은 성립이 안 되니까요.

발표자 글쎄요, 지금 현재 우리 사회에서 긴급하게 주장되어야 하는 것이 노동권보다는 그이들의 더 급한, 더욱 직접적인 인권침해 상황이 아닌가 생각합니다.

청중 1 저는 그런 말씀이 노동권을 권리로 인정한 뒤에 비교를 하는 거라고 봅니다.

발표자 물론 노동권은 누구에게나 주어진 권리죠.

청중 1 그럼 성매매도 노동권이라고 인정을 하시는 겁니까?

발표자 그렇지 않다고 계속 말씀드리고 있는데요. 저는 성매매를 비범죄화할 것을 주장하고 있는데, 노동권을 이야기하는 사람들도 이해가 되긴 합니다. 최근 여성영화제에 왔던 많은 활동가들의 이야기들은 매우 다른 사회적 상황에서 나왔을 것 같아요. 그리고 한국에서도 성매매 여성들이 더 이상 단일한 집단이 아니잖아요. 굉장히 다양한 성매매 산업이 있고, 그렇기 때문에 자기의 복지를 위해서 노동권이라고 주장할 사람도 있긴 하겠지만, 지금 한국의 전체적인 성매매 산업의 맥락에서 이들을 노동권으로 이야기하게 되면 무엇보다 성매매를 암묵적으로 인정하게 되는 효과를 가지고 올 것 같습니다. 그런데 이 성매매를 암묵적으로 인정할 때 개별적으로 혜택을 볼 성매매 여성도 있겠지만 가장 많이 혜택을 볼 사람들은 성매매 산업을 하고 있는 자들이라고 보거든요. 워낙 그 체계가 막강하고 많은 이득을 보는 체계이니까요. 게다가 성매매를 인정하면 그 사람들을 훨씬 더 양산할 수 있다는 거예요.

사실 장기적으로 보면, 서구의 예라든가 미국의 예를 보면, 입법 경향이 성매매의 비범죄화라는 추세 속에 있는 것 같습니다. 특별히 인신매매나 구타, 폭력이 있지 않은, 본인들이 자발적으로 하는 성매매, 바꿔 말해 스트리트(street) 성매매에 대해, '이렇게 개별적으로 하는 성매매에 대해서까지 국가가 어떻게 할 수 없다'며, 특별히 금지하는 지역에서 하는 것이 아니라면 처벌하지 않는 추세로 나가고 있어서 머지않아 한국에서도 비범죄화 논의뿐 아니라 여성의 자발적 노동에 대한 논의, 담론이 굉장히 많이 증가할 것이라고 생각을 합니다. 이것이 원칙적으로 틀린 담론, 원칙적으로 나쁜 담론이라기보다는 '지금 한국의 성매매 현실에서 어떤 정책을 수립하는 것이 가장 적합할까'라는 고민을 나 역시도 하고 있는 거예요.

2. 유사성교행위도 성매매 행위에 포함된다

사회자 선생님 답변을 듣고 떠오르는, 연관된 질문이 있으시다면 먼저 하셔도 좋고, 또 그 맥락을 지키기 어려우신 분들은 뜬금없이 말씀을 하시는 것도 저희들의 논의에 도움이 될 것 같습니다.

발표자 아니, 여러분 생각을 좀 많이 이야기했으면 합니다. 오늘 제가 발표한 것은 기초적인 사항이에요. 그런데 좀 여성주의적으로 고민을 하는 사람들이라면 이 안에 참 많은 이론적인 문제들이 있을 것 같아요. 일단은 도입을 위해서 내용만 이야기했지만 그 안에 여성의 자발성 문제라든지 행위성 문제, 이론적인 문제들이 많이 있을 것 같아서 여러분들 생각도 사실은 많이 듣고 싶어요. 그리고 제 발표에 대해 반론이 있으면 많이 해주세요.

청중 2 그 '대딸방'이라고 하는, 여대생 딸딸이방이라고 하는 것들이 있잖아요. "이게 신종으로 나오고 있다. 성매매방지법의 누수 지역이다"라고 하는 것을 어디선가 봤는데요, 그것이 왜 누수 지역인지를 밝혀주는 설명은 없더라고요. 혹시 선생님께서 알고 계시는지요?

발표자 글쎄요, 대딸방에 대해 잘 모릅니다.

청중 2 직접적인, 그러니까 성기 삽입이라든가 이런 것들이 아닌, 어떤 2차적인 성적 서비스를 제공하는 거죠.

발표자 성매매방지법에 유사성교행위도 성매매 행위에 포함되어 있긴 합니다. 그렇지 않아도 한 판사님과 이야기를 해봤는데 손으로 하는 성교라든지 이런 것들이 나오면서 굉장히 곤혹스러운가 봐요. 신림동에 과일 깎아주는 집이 생겼다는데 그곳이 그런 겁니까? 그러니까 술을 안 팔고 과일을 깎아준대요. 고시촌 앞에서 대학생들을 상대로요. 그 상대 여성이 대학생인지 저는 모르겠어요. 그런데 접대의 양상이 완전히 다른 거죠. 과일 깎으면서 이야기를 한답니다.

사회자 지금 대딸방 같은 경우는 직접적인 서비스가 아니라 환상만 제공해 주는, 관음증적으로 보게 하고 자기가 자위를 하거나 그런 건가요?

청중 2 아니, 그렇지는 않은데요.

사회자 그런 서비스의 형태도 지금 있는 것 같은데, 지금 여기서 이야기하는 핵심은 여러 가지 법망을 피해가는 방식으로 돈을 벌려고 하는데 그런 부분들에 대해서 어떤 기준이 있는가 하는 것이지요.

청중 2 대딸방 같은 경우는 명확하게 손으로 남성의 성기를 발기시키는 건데요. 그런데 저는 그것이 성매매방지법의 누수 지점이라고 하길래 '그럼 그것이 법에 저촉이 안 되는 건가'라고 생각을 해서 말씀을 드린 거였어요. 이걸 이어서 질문을 드리면, 여성의 섹슈얼리티가 여성의 노동과 굉장히 밀접한 관계를 맺고 있는 사회, 그러니까 여성의 노동이 성적 서비스의 대상과 구별되기가 굉장히 어려운 사회에서 성매매를 어떻게 규정할 것인가, 또는 어떻게 노동을 규정할 것인가 하는 문제가 굉장히 쉽지 않은 문제거든요. 성매매방지법 이후에도요.

발표자 다른 법률가들과도 함께 고민을 했는데, 성매매 행위라는 것을 그렇게 확정지어 놓는 것, 이를테면 춤, 연행 서비스의 어떤 행위들을 '성매매'라고 규정지어 놓는다는 것이 무리라는 것입니다. 그렇기 때문에 고민을 하는 것 같은데, 그것도 지금 성매매방지법에서 최초로 이루어진 거죠. 「윤락행위 등 방지법」과 달리 성기 삽입뿐만 아니라 유사성교행위도 포함을 시킨 것 말이에요.

성매매처벌법 제2조 1항 1호에 성매매 행위가 정의되어 있습니다. 성매매 행위에서 (가)가 성교행위이고, (나)가 구강, 항문 등 신체의 일부 또는 도구를 이용한 유사성교행위, 따라서 성매매 행위가 되기 위해서는 삽입 행위가 있어야 할 것으로 판단됩니다. 여기서 유사성교행위라 함은 삽입 행위가 있는 거죠. 외국의 입법 중에 강간법 같은 데서 유추해 볼 수 있을 것 같은데요, 한국의 강간법은 성기 삽입으로 한정을 하고 있지만, 구강에 성기를 삽입했다든지 하는 행위도 강간으로 처벌하는 외국의 입법례를 많이 볼 수 있습니다. 그런 것으로 보아 그냥 손으로 발기시킨 것에 그쳤다면 성교에 이른 것은 아닌 거죠. 성적 접촉에 이르러야 되는데, 하지만 발기에 이르고 거기에 멈추진 않았을 거라고 생각합니다. 거기서 무엇을 못하겠어요?

3. '성매매 여성들의 극심한 인권유린 상황'이라는 전제에 대하여

청중 2 선생님께서 발표하시면서 "실상을 모른다. 성매매 여성들이 어떤 식으로 피해를 입고 있는지, 하물며 성매매 산업구조가 어떻게 되고 있는지 모른다. 그래서 그런 이야기를 하는 거다"라는 말씀을 많이 하셨는데 저도 그게 사실이라고 생각을 하거든요. 그런데 그런 와중에 성매매방지법이 제정되었다는 것이 저는 더 신기해요. 그러니까 성매매방지법을 이야기하는 와중에 지금 한국의 성매매 산업구조라고 하는 것이 다른 산업구조와 어떤 식으로 연관되고 있고 이런 것들을 페미니스트적 관점에서 어떻게 바라봐야 될지, 또는 실질적인 데이터 같은 것들보다는 집결지 중심으로 굉장히 극악한 경우의 예를 들어서 이해하게 됨으로써 오히려 설득력을 잃게 되는 것은 아닌가 하는 생각을 하거든요. 이 법이라고 하는 것이 충분히 설득력을 가지려면 충분한 통찰력을 보여줘야 하고, 그러기 위해서는 산업구조의 역사적 변화라든가 발전, 거기서 반성매매 운동가들은 어떻게 역동성을 부여해 왔는지 등에 관해 밝혀낼 수 있어야 하는데, 이런 것이 충분히 해결되지 않은 채 방지법이 제정되면서 페미니스트 내에서도 논쟁이 격화되고 있는 것은 아닌가 생각합니다. 이건 단지 보수주의자들이나 소위 남성 쇼비니스트들에 국한된 경우가 아닌 것 같아요. 그래서 '산업형 성매매나 산업구조라는 것들이 얼마나 극악한지 몰라서 그렇다'라는 방식은 아닌 것 같다는 거죠.

발표자 그럼 어떤 것이어야 한다고 생각하나요?

청중 2 선생님 말씀 중에 동의하는 것은, 예를 들면 "이건 피해자화다. 그렇기 때문에 안 된다"라고 하는 것은 저도 반대하거든요. 선생님께서 말씀하시는 것처럼 "이 경우에 대해서 피해자로 규정하는 것이지 성매매 여성의 전체적인 행위성을 무시한다거나 그런 것은 아니다"라고 생각하기 때문에 이 법에 대해 "피해자화하고 있는 것이다"라는 식으로 반대하는 페미니스트에 대해 저도 반대하지만, 선생님께서 당연하게 전제하시는 그 부분에 대해서는 잘 이해가 되지 않는다는 거죠.

발표자 제가 당연하게 전제하는 것은 '성매매 여성이 막심한 인권 유린 상황에 놓여 있다'라는 것인가요?

청중 2 그렇죠. 그러니까 한국의 성산업 구조라고 하는 것이 어떻게 연결되어 있고 그 여성들이 어떻게 성산업에 유입되거나 관련을 맺고 있는가, 그리고 도대체 그 성산업의 구조를 어디서부터 어디까지 봐야 되는가, 이런 것들이 정확하게 머릿속에 그려지지가 않아요. 이런 것들이 그냥 막연하게 추측이고, 그리고 사실 한국에서 반성매매 운동하는 단체들이 아주 많은 편은 아니었기 때문에 어떻게 보면 거기서 내고 있는 데이터들, 이런 것들을 통해서만 알고 있을 뿐이거든요. '정책을 입안하고 법제화할 때 그리 많은 정보가 있었던 것은 아니었던 것 같다', 저는 이렇게 생각하는 거죠. 그래서 아까 선생님께서 '신기하게도 6개월 만에 이 법이 통과되고 발효가 되었다'고 말씀하셨는데, 저는 그게 더 신기한 거죠. 이런 이야기를 하면 주변에 있는 페미니스트 선배들이 "여성관련법들이 다 그렇다. 막 얼렁뚱땅 어떻게 하다보니까 국회에서 별로 관심도 없고 이런 와중에 통과되기도 하고 그렇더라", 이렇게 이야기하는데 저는 그렇게 봐선 안 된다고 생각하거든요.

발표자 지금 질문은 상당히 심각한 질문같이 들리는데요, 여러 지점들이 있네요. 법이 너무 성급히 제정, 통과되었다고 했는데 6개월 만에 통과된 거 아닙니다. 6개월 만에 발효된 겁니다. 통과가 된 데에는 2000년 군산 화재사건이 굉장히 결정적이었죠. 그 화재사건에 국회의원들이 내려가 보고 하면서 말이에요. 이번에 미아리 화재사건 때도 보면 불이 한번 나야 국회의원들이 가 보고, 정말 죽어야 사는 여성들인 거죠. 그래서 화재사건이 이 법을 불러일으킨 일종의 추동력이 되었다고 보고요. 이 법을 불러일으킨 추동력 중에 하나는 역시 여성단체들이 그동안 해온 반성매매 운동인 거예요. 반성매매 운동 속에서 여러 가지 데이터들이 집적되었고 그 착취 구조가 어느 정도 그림이 그려진 건데, 혹시 지금 그런 착취 구조라고 느끼지 않을 여성들도 있을지 모르지만 그 여성들은 이 데이터 안에는 드러나지 않는 거죠.

청중 2 아, 제가 이야기하고 있는 것은 저항의 정도나 자발성, 비자발성의 문제만은 아니거든요. '자발적으로 들어간 여성들도 많았을 텐데 왜 그 데이터는 없냐?'라고 말하는 것이 아니라, 그리고 실제적인 피해 규모나 피해 정도를 말하는 것이 아니라, 예를 들면 선생님이 말씀하신 것처럼 군산 화재사건과 같은 굉장히 인상적으로 와 닿는 경험이 있다는 것입니다. 저는 그러니까 거꾸로 이렇게 이야기를 하는 거죠. '왜 죽어야만 이 여성들의 인권이 이야기되는가?' 죽어야만 이야기할 수 있었던 이 여성들의 인권에 대해서 우리가 죽음만 가지고 이야기할 수 있는 것은 아니라는 것입니다. 제 이야기는 '극악함을 가지고 이야기하는 것, 그것은 노동권이라는 방식으로 주장하는 것에 대해 우리를 오히려 더 취약하게 만드는 것은 아닌가' 하는 것입니다. '이 여성들은 엄청 극악한 상황에 놓여있고, 엄청 문제가 있기 때문에 여기서 벗어나야 한다. 그런데 여기서 가당찮게 웬 노동권?'이라고 이야기하는 것은 굉장히 근거 없게 들리는 것은 아닌가 생각하거든요.

발표자 지금 이야기는 제가 위안부 연구하면서 직면한 문제랑 굉장히 구조가 비슷해서 계속 이야기해 봤으면 좋겠습니다.

4. 반성매매 운동이 성매매방지법 제정운동으로 귀결된 것에 대하여

청중 3 저는 항상 궁금한 것이 '왜 반성매매 운동이 성매매방지법 운동으로 귀결되었을까?'라는 질문입니다. 그리고 실제로 한국에서 반성매매 운동을 한 집단은 여성운동 안에서도 상당히 소수라고 알고 있어요.

발표자 네, 여성운동 안에서도 별로 중심적 주제가 아니었다고 할 수 있습니다.

청중 3 네, 2000년까지. 2000년, 1999년 이 당시만 해도 정말 성특법 문제에 대해서는 몇 개의 단체밖에 없었다고 생각되는데, 그런 면에서 법제화된 것이 신기해요. '어떻게 그 소수의 조직이 그렇게 조직화되어 법제화를 했는가'라는 질문이 가능하다고 보는데, 지금 법제화가 되고 나서 그 전과 비교해 볼 때 느끼는 점은 사실 그 당시의 이야기와 지금의 이야기가 하나도 달라지지 않았다는 것입니다.

발표자 누구의 이야기를 하는 건가요?

청중 3 여성, 성매매의 현실이라든가 성매매의 문제점이라든가, 여러 가지 이야기들이 있을 수 있는 것 같은데요.

발표자 네, 이야기의 진영, 지형들이 많이 바뀐 것 같은데요.

청중 3 물론 이야기가 유통되는 범위라든가 그 이야기가 법과 관련된 점, 아무튼 그런 것은 굉장히 많이 바뀌었다고 생각해요. 특히 범위가 굉장히 많이 달라졌어요. 정말 소수의 사람들이 했던 이야기들을 많은 사람들이 이야기한다고 생각합니다. 그런데 제가 생각하기에는 기본적인, 핵심적인 버전 자체는 달라지지 않고 굉장히 전형적인 이야기들이 통용된다는 거죠. '어디에 가도 성매매에 대해서 똑같은 이야기들을 하고 있지 않나' 하는 생각이 드는데요. 사실 현재 운동 과정에서 법제화로 갔기 때문이기도 한데, 항상 법제화로 가게 될 때는 사실 여러 가지 이야기를 하기는 힘들다고 봐요. 법정에 섰을 때 한 사람의 개인이 자기 개인으로서의 어떤 이야기를 하기보다는 성매매 피해자라는 어떤 범주 안에서 이야기를 해야 자기 권리를 법제화할 수 있다는 생각이 들거든요. 그래서 예를 들면 아까 '한터'나 이런 곳을 이야기했는데, '그런 이야기들의 지형이 풀릴 수 있는 공간이 없다'는 생각을 해요. 모든 이야기들이 법제화의 문제로 귀결되고 있는 상황이라는 생각과 그 공간 밖에서 다른 방식으로 풀어야 되는 이야기들이 굉장히 부족하지 않나 하는 생각, 그리고 소수에서 일어났던 운동이 법제화로 가면서 폭이 굉장히 좁아졌다는 생각이 듭니다.

5. 성매매 알선업자들에 대한 집중 조명과 처벌이 필요하다

청중 4 저는 성매매방지법 등장과 함께 성매매와 관련된 우리 사회의 모든 면이 적나라하게 드러난다는 점에서 개인적으로 너무 기뻤거든요. 그러니까 제가 몰랐던 여러 지형들이 보이기도 하고 숨겨져 있었던 사람들의 목소리가 드러나기도 하는데, 그 이후에 보이는 모습들에서 문제점은 사람들이 너무 법 중심적으로 보려고 하고, 보고 싶어 하고, 보고자 하는 것이 아닌가 합니다. 사실 이 성매매방지법 내 문제들의 지형은 굉장히 여러 가지라는 생각이 들어요. 선생님도 여러 가지 범위들을 말씀해 주셨고요. 성매매방지법은 처벌법과 보호법 두 부분으로 구성되어 있고 지금 처벌법에서 핵심적으로 이야기되거나 문제가 되고 있는 부분은 성매매 중간매개자들의 문제인데, 일상적으로 사람들이 술자리 같은 데서 아주 쉽게 이야기하는 부분은 단순 성매매자에 대한 이야기가 아닌가 싶어요.

발표자 그 부분이 훨씬 무성하죠.

청중 4 예, 그렇게 이야기하기도 하고, 또 그 범주들이 굉장히 다양한데 그 다양한 시각이 아니라 한 개인의 입장에서만 이 법을 계속 해석하려는 그런 모습들이 보이는 것 같거든요.

발표자 개인의 자기 경험에 비추어서 말이죠.

청중 4 예, 자기 경험에 기반해서만, 아니면 주위의 경험에 기반해서만 설명하려고 하는데, 사실 더 큰 문제는 오히려 더 많은 이야기들을 끌어내는 것이 아닌가 하는 생각이 듭니다. 노동권이나 피해자 규정의 문제라는 것은 앞으로 한참 더 논의가 되어야 할 것 같아요.

발표자 그렇죠. 맞아요.

청중 4 그런데 요즘 조금 불안하거나 걱정이 되는 부분은, 처벌법과 관련된 것은 법무부에서, 그리고 보호법은 여성부에서 관할한다고 하셨는데, 판결로 보면 처벌법에 관한 내용들은 점점 축소되거나 사람들이 그 부분은 보려 하지 않으면서 보호법을 가지고 '그래, 여성부 너네들이 여성단체들이랑 이야기해서 내놓은 게 뭐냐. 겨우 꽃꽂이냐, 겨우 전화 뭐 하는 거냐. 그래서 애를 어떻게 살리려고 하는 거냐?' 이런 무책임한 말들만 난무하고 있다는 생각이 들거든요. 문제는 이 처벌법에서 우리가 처벌해야 될 대상이 누구인지 좀 더 명확하게 하는 것이라고 보는데, 저도 개인적으로 그런 것들이 어떻게 숨겨져 있고 또 어떻게 하면 드러낼 수 있는지 좀 갑갑한 부분이 있어요. 법무부에서 손 놓고 있는, 또는 여성부를 방관하고 여성 모두를 공모자로 보며 웃고 있는 모습들을 볼 때마다 화가 나는데, 이 처벌법에서 범주로 나누어 구분해야 될 부분은 굉장히 많이 있단 말이죠. 이 부분에 대한 논의나 실질적인 집행이 어떻게 진행되고 있는지 궁금합니다.

발표자 마지막 질문에 완전히 동의합니다. 이 법을 수행하는 경찰이나 시민들, 특히 미디어의 역할이 중요하다고 봅니다. 법과 사회의 관계에서 법을 집행하는 주체는 물론 국가죠. 국가가 입법, 사법, 행정을 통해 이 법을 집행하지만 이 법이 실효성을 갖고 효력을 발휘하는 데 있어서 시민들의 인식이라든지 미디어의 매개라는 것이 얼마나 결정적인가를 정말로 많이 느낍니다. 이를테면 이 법이 통과되고 발효된 후에 어떻게 그렇게 포주·업주에 대한 문제를 부각시키지 않는 거죠? 여성단체들이 위협을 무릅쓰면서 이 법을 그렇게 만들어 놓은 거잖아요. 그렇게 극악한 인신매매, 마치 압제에 시달리는 것 같은 성매매 여성들의 모습을 왜 그들이라고 모르겠어요. 그렇지만 왜 포주·업주들을 처벌해야 하느냐는 경중을 비교해 보고서 '지금은 이들을 척결해야 한다. 이들의 척결 없이는 계속 재생산이 된다. 말도 못하게 수익이 좋은 산업이니까' 이런 결론을 내린 거죠. 다들 뭐해서 먹고 사나 혈안이 되어있는 사회인데 말이에요.

어떤 연구자가 성매매 연구를 해보더니 자기도 성매매 관련으로 직업을 바꿔볼까 한다는 이야기를 들은 적이 있어요. 이 방면을 조사해 보니까 이 규모가 형사정책연구소에서 발표한 것보다 훨씬 더 크고 탄탄해서 성매매 여성들을 보호해 주는 보험설계사 같은 것을 할 만하겠다 생각을 한 거죠. 구체적으로 어떤 상품을 말하는지 모르겠는데 그걸 개발하겠다고 나오더라고요. '이건 몇 개 보험사가 그냥 완전히 다 먹고살 일이다'라고 하던데 그 사람으로서는 성매매가 불법행위다 보니 참 안타깝겠죠.

저는 이 법에서, 미디어에서 부각시켜야 하는 것은 바로 이 지점이었다고 계속 이야기를 할 수밖에 없습니다. 경찰은 법 시행 이후 몇 개월

동안에 포주·업주 처벌을 이렇게 했다는 결과를 내놓았어야 해요. 그런데 그게 아니라 '먹을 것도 없는 아이들을 왜 그렇게 탈성매매를 시키려고 하느냐'에 계속해서 초점이 가 있었던 것 아니었습니까? 사실은 정확하게 이 국가와 이 사회가 업주와 포주를 숨겨주고 있는 사회라는 거죠. 업주·포주가 다른 사람들이 아니에요. 우리 중에 사장님이고, 우리 중에 잘사는 사람들이고, 우리 중에 국회의원일 거라는 거죠. 지금 이런 제3세계 산업 경영을 국가가 지원하고 있는 상황인데, 동시에 개인의 노동권을 완전히 묵살당하는 이 사람들이 먹고살아야 하는 문제도 분명히 있는 거죠. 그래서 이들의 경중을 어떻게 달면서 선후 관계를 가지고 프로그램해 나갈 것인가가 지금 정책을 하는 사람들의 과제라고 생각해요. 그렇지만 경찰이나 법원, 당국에서는 우선 이 업주·포주를 자꾸자꾸 색출하고 공개하고 이 사람들이 어떤 성매매를 해왔고 어떤 이윤들을 봐왔는지 밝혀내야죠. 제가 경찰청에 관련 자료를 요청했더니 경찰청에서 보내준 것도 이 법의 시행 직전 자료라서 제가 궁금한 것에 대해서 답을 주지는 못하더라고요. 그리고 일선 변호사들이나 관계자들의 말에 따르면 '경찰들의 태도는 크게 차이가 없다'라고 하는데, 이게 두 번째 질문한 담론상 크게 차이가 없다는 이야기와 연관되는 것 같네요. 며칠 전 제가 본 뉴스에서는 이 법이 발효되고 나서 업주·포주에 대한 처벌이 증가하고 있다고 하던데, 이 법의 의도대로라면 법이 발효된 직후 처음 몇 달 동안 그냥 증가하고 있다 정도가 아니라 폭증해야 되거든요. 사람들의 관심이 집중되어 있을 때, 단속과 처벌이 제일 엄격해질 수 있기 때문입니다. 이런 면에서 우려가 됩니다.

6. 법제화 운동으로 수렴되지 않는 사회·문화적 차원의 활동도 중요하다

사회자 '이 법의 실제 목적이 성산업에 대한 것이 아니었는가, 성산업과 이 매개 고리를 깨겠다는 것 아니었는가'라고 생각을 합니다. 그런데 이런 부분이 실질적으로 되지 않고 있고, 그렇기 때문에 아무도 여기에 대해서 의지가 없으며, 이 부분에 대한 의지가 없다고 하는 그 모든 책임을 이 성매매방지법과 이 법을 만들기 위해 참여했던 사람들이 실질적으로 뒤집어쓰게 되는 그런 논리들이 지금 있는 것 같은데요, 이 지점이 저는 굉장히 답답합니다. 그런데 이런 답답함이 왜 생길까 그 이유를 생각해 보면 선생님 말씀대로 미디어나 시민의 관심이 잘못된 것이기도 하지만, 다른 한편으로는 미디어의 그런 방향을 깰 수 있는 논리를 개발하는 작업이 필요한 때가 된 것이 아닌가 싶기도 해요.

그런데 저는 '이제 법 논리로만 간다' 이게 무슨 뜻인지 정확히 모르겠어요. 돈이 잘 벌리니까 법에 규정되지 않은 별의별 형태의 것들을 개발하고 있는데, 이게 처벌이 되냐 안 되냐 이런 이야기를 하면서 성매매방지법 자체를 그냥 '이거 웃기는 법 아니냐' 이런 식으로 계속 만들어가는 게 있는 것 같거든요. 선생님 말씀을 듣다 보면 법은 있지만 그 법을 채우는 것은 또 판결이고, 그리고 또 다른 몇 개의 영역들이 있는 것 같아요. 그런데 그 영역들이 무엇인지 정확하게 잡히지가 않거든요. 판결을 통해서 뭔가 만들어지고 그게 또 수사 관행이 되어서 경찰이 뭔가를 할 테고, 수사 과정에서 숨어있던 것이 드러나면 이제 조사도 할 수 있게 될 텐데, 그런 몇 가지 프로그램들이 작동할 수 있는 영역들이 무엇인지 알고 싶습니다.

발표자 네, 중요한 질문입니다. 특히 '반성매매 운동이 법제화 운동으로 축소화되어간 것 같다'는 질문에 대해 '그러면 반성매매 운동의 전체 외연이나 그 운동의 내용들을 한번 항목화해 볼까, 한번 짚어볼까' 이런 의문이 들었어요. 많은 운동들에서 이런 예를 보여주고 있습니다. 타투(tattoo) 합법화 같은 운동들도 매우 문화적인 메시지가 많은 운동이 될 수 있잖아요. 자기 몸의 표현이고 아름다운 자기 개성이고. 그런데 이게 갑자기 법제화 운동, 합법화 운동으로 어떤 법을 만들고 그것을 국회에 통과시키는 문제가 되면서 힘겨루기 싸움으로 가게 됐죠. 그러면서 초기에 지녔던 창조적이고 재미있었던 다양한 쟁점들이 서서히 사라져가는 것에 대한 논의도 이 운동 진영에서 조금 나왔던 것 같아요.

특히 어떤 사회운동이 법제화 운동으로 고착이 될 때 분명히 위험하고 우려해야 할 지점이 있는데, 한국은 1990년대부터 이른바 여성관련 법들이 생겨나고 한국여성단체연합에는 법제화 과정에서 로비하는 파트가 상시적으로 있었을 정도로 굉장히 법제화 운동을 가열차게 해온 나라거든요. 그래서 저는 법제화 운동과 함께 다른 운동의 분야라든지 법제화 운동으로 수렴되지 않는 어떤 영역들에 대한 자각을 하고 있는 것이 굉장히 중요하다고 생각해요. 그래야 법도 잘 산다고 생각합니다. 법이 어떻게, 뭘 먹고 살겠어요. 자양분이 있어야 할 것 아니에요. 내용성이 있어야 하는데 지금 내용성은 다 법으로 들어가버렸잖아요. '그러니까 이제 법이 다 알아서 하세요' 이렇게 되는 거죠. 현실도 다 법 안에 수렴되었으니까 이제는 법률가의 책임이고 법원의 판단이라는 생각은 법에 대한 굉장히 잘못된 믿음이라는 생각이 들거든요. 법률가들이 그렇게 말했나요, 법학자들이 그렇게 말했나요? 누가 그렇게 말했는지는 모르겠지만, 어찌된 양상인지 한국 사회에서는 특히 많은 인권관련 법들이 법제화 운동 과정에서 문화적이고 사회적인 자원들이 대부분 탈각되어 버린 모습들을 보입니다.

그래도 저는 '모두 다 법을 가지고 이야기를 한다'라고 하는 것이 그렇게 나쁘게 들리지가 않아요. 법이 이렇게 시민들에게 알려지고 그것의 문제가 무엇이라든지, 아니면 이것은 처벌받아야 되는데 아니라든지, 그런 식의 쟁점이 더 많이 나와야 한다고 생각해요. 더 많이, 그러니까 좀 심하게 말하면 씹혀야 한다고 생각을 합니다. 회자되고 존중될 뿐만 아니라 '뭐 이런 법이 다 있어?' 이런 식으로 논의의 대상이 되어야 한다고 보는 거예요. 작년에 헌법재판소의 사건들 때문에 헌재 재판관들이 얼마나 유명해졌어요. 저는 굉장히 좋은 현상이라고 생각해요. '관습법? 헌재에서 저런 이야기도 하는구나.' 정말 엄청난 사회적 논의를 불러일으키는 계기가 되었다는 점에서 말이에요.

그리고 반성매매 운동이 왜 법제화 운동으로 갔느냐 하면, 실제로 이 성매매 문제가 국가와 맞닿아 있기 때문이에요. 성매매 행위가 처벌의 대상이 되는 문제이기 때문에 법을 이야기하지 않을 수 없는 거죠. 이 여성들이 포주에게 잡혀 있다면 탈성매매를 못하는데, 탈성매매 하려고 해도 자기가 범법자이기 때문에 경찰이나 국가의 도움을 받을 수가 없잖아요. 그게 반성매매 운동을 하는 사람들에게는 가장 큰 딜레마 중에 하나라고 생각해요. 그리고 이 문제를 넘어서지 않으면 이 사람들의 탈성매매라든지 복지라든지, 이런 것들이 가능하지 않게 되는 거죠. 그런 점에서 저는 법제화 운동을 운동의 중요한 의제(agenda)로 삼았다는 것에 대해 공감합니다.

7. 성매매의 현실에 대한 지식 축적이 절실하다

청중 4 「윤락행위 등 방지법」이 통과된 1961년 조선일보를 보면 여성들이 꼿꼿이하는 사진이 있어요. '그 법이 통과된 다음 여성들이 다 풀려나서 이렇게 새로운 삶을 살려고 한다'는 것을 보여주려고 한 거죠. 그런데 그 사진을 보자마자 며칠 전에 동아일보에 실렸던 사진과 겹쳐지면서 '40년이 지난 후에도 비슷한 사진이 실리지 않을까' 하는 생각이 들었습니다. 그러니까 이런 사진이 당시 법의 한계나 이런 것들을 보여준다는 생각이 들지만, 그럼에도 불구하고 이 시점에서 성매매방지법이 처벌 대상자로 제기하고 싶었던 부분, 지금까지 굉장히 많이 활동해 왔고 그것이 축적되어서 '지금이다' 싶어서 이야기를 했던 그런 부분들, 그전과는 다른 모습으로 뭔가를 드러내거나 바뀌거나 이런 부분이 있었을 거라는 생각이 들거든요.

발표자 이 성매매 문제에 대해서는 많은 측면들이 급작스럽게 출몰하고 있는 상황이라고 봅니다. 그래서 지금 우리에게 주어진 어떤 담론이나 주장에 대해 그것을 확정적인 것으로 보거나 이미 주어진 것으로 보고 비판하거나 그럴 수 있는 단계는 아니라고 봅니다. 오히려 더 많은 사례들이 축적되고, 그 다음에 더 많은 담론들이 개진되어야 합니다. 그런 가운데 어떤 선별지가 생기고 분류가 가능해질 것 같아요. 사실 고갑희 선생님 같은 분들이 노동권을 이야기할 때도 이런 이야기들이 좀 급작스럽게, 불쑥 출현한다는 생각이 들고 스스로도 그런 생각을 가지지 않으실까 합니다. 그렇지만 그래도 그런 지점이 반드시 있어야 한다고 생각하실 겁니다. 그래서 성매매에 관한 지금의 담론을 확정된, 이미 주어진 것으로 놓은 상태에서 '이건 옳고 저건 옳지 않고'라고 하는 것은 바람직하지 않습니다. 예를 들어 제가 여성 노동권은 인정할 수 없는 단계라고 할 때 이 말에 그렇게 많은 무게를 실을 수 있는 단계는 아니라는 거예요. 다른 어떤 논의에 대해서도 말입니다. 지금은 우리가 상당히 유동적이고 새로운 상황에 들어와 있기 때문에 그 모든 것에 대해서 좀 숙고해야 하는 시기가 아닌가 싶습니다.

그리고 힘에 있어서 성매매 여성들이 너무나 열세입니다. 미디어에서는 업주·포주에 대해서는 그렇게 약하게 하면서 마치 여성을 보호하는 것처럼 '왜 여성을 그렇게 쳤냐'고 하지만 그 여성들에게 포커스가 맞춰지는 것은 한마디로 말하면 그들이 가장 힘없는 존재들이기 때문이에요. 업주·포주는 힘이 상당히 많은 존재들입니다. 그리고 누군지 밝혀져야 하는 존재들이죠. 성폭력 사건 나면 구조가 똑같잖아요. 성폭력 피해자는 잘 보이지만 가해자는 누구인지 추적도 잘 안 되고 이상하게 사람들이 관심도 안 가져요. 힘의 불균등성은 이런 개인 간의 성폭력 사건에 비해 성매매 산업에서의 업주나 포주, 이 산업체와 여성들 간에 훨씬 더 막강합니다. 저는 어쩌면 여성들에 대한 집중도 다 힘의 문제라고 생각해요. 미디어도 정치인도 포커스를 못 맞추는 것은 결국 힘의 문제라고 생각합니다. 한국의 반성매매 운동으로는 그 힘을 몰아치기에 너무 역부족이죠. 국가가 힘을 실어줘야 하는데 국가가 그런 의지를 별로 안 가지고 있잖아요. 모든 남성들이 성매매 하는 것을 당연하게 여기고 있죠. '성풍속에 조금도 문제가 되지 않는데 왜 국가 형벌권을 사용하는지 모르겠다'는 것이 남성들 대부분의 의견이라는 점은 현실적인 지형으로는 매우 힘이 부치는 상황이라는 것을 보여준다, 이런 생각을 해요.

그래서 성매매 여성들이 당해온 극심한 인권유린에 대해서 지금 이야기해야 되는 단계가 아닌가 싶은 거죠. 그런 면에서 산부인과 질환과 같은 피해에 대한 배상청구 소송이 나왔다는 게 대단히 반가운 거예요. 기존에는 '얼마나 때렸니, 감금을 했니, 그냥 공갈협박을 했니, 다리를 부러뜨렸니?' 이런 것들이 여성에 대한 피해로 이야기되었다면, 여성들의 심리적 후유증이라든가 산부인과 질환, 외상 후 스트레스

증후군 이런 피해가 이야기되는 것은 최근의 일이거든요. 그래서 이 여성들의 주체 형성이라든지 정신세계라든지 후유증이라든지 좀 더 광범위하고 체계적인 피해의 규명으로 나아갈 단초가 보인다는 것입니다.

이는 제가 위안부 조사를 할 때도 비슷했었는데요, 처음에 사람들이 원하는 것은 드라마틱한 피해들이었고 그런 것들을 통해서 문제가 가시화되었는데 일정 단계가 지나면서 그런 드라마틱한 피해들을 모두 겪은 것도 아니고 똑같은 구조도 아니라는 것, 그리고 그런 피해들이 개인에게 가장 중요한 것도 아니라는 것을 알게 되었잖아요. 그러다 보니 운동의 역사가 10년 정도 지나고 났을 때, 저희들이 증언 조사를 했을 때는 부드러운, 그러나 깊은 피해를 밝힐 수 있게 되었습니다. '내가 일본군하고 같이 딸을 낳았는데 그 딸을 너무너무 사랑하지만 결국 이 딸 때문에 나는 평생 위안부라는 것을 숨기고 살아야 하는', 이런 피해를 뭐라고 부를 거예요? 위안소에서 50번씩 강간당한 피해와는 피해의 성격이 무척 다르잖아요. 그렇지만 앞서 이야기한 피해 역시 우리에게 정말 깊은 울림이 있죠.

지금 성매매 여성에 대해서도 그런 피해를 이야기할 시간이 머지않아 오리란 생각이 듭니다. 그러기 위해서라도 지금 우리에게 가능한 자원들을 계속 끌어들이고 사례를 축적하는 것, 현장에서 뛰어주는 것, 증언 조사를 하는 것 등이 중요합니다.

형사정책연구소의 연구보고서를 보면 업주·포주 상대로만 설문 조사를 했던데 조사 대상자 접근이 아주 어려웠나 봐요. 여성들에 대한 접근이 힘드니까 어려울 수밖에 없었겠지요. (여성들은) 왜 이렇게 접근이 어렵고 다른 누구에 의해서 대변되어야 하는 주체인 것인지, 바로 이것이 문제라고 봅니다. 원인이 무엇 같아요? 사회과학자로서 한번 생각해 보세요. 왜 접근이 어려운가, 이게 바로 문제의 핵심이기도 하잖아요. 그래서 아직까지도 대변되고 있는 것이고, 한 사람은 코끼리 다리를, 한 사람은 코끼리 코를 잡으면서 자기가 진실이라고 말하고 있는 거죠. 진실에 대한 접근성이 너무 없는 것은 바로 우리가 이들의 인권유린 상황을 반영하거나, 인권유린이 아니더라도 더 이상 (밖으로) 나올 수 없게 이 사람들을 낙인찍고(stigmatize) 있거나, 이 사람들을 둘러싼 경제적·정치적 이해가 너무 막강해서 그것을 건드리는 것 자체가 위험한 일이거나, 그런 문제에 관심을 가지고서는 연구자로서 성공할 수가 없으니까 연구자도 안 나오거나 등등, 이런 정치·경제적 이유라고 생각합니다. 접근이 불가능하니까 지금 코끼리 다리 이야기하고 코끼리 피부는 이렇다더라 이러고 있는 거잖아요. 우리는 아직 그것이 전체 상인지 아닌지 모르잖아요. 그래서 아직 모른다는 사실도 우리가 자각해야 하고, 법률가들이나 활동가들도 그런 겸허함이 필요하다고 봅니다. 설사 당사자 여성이 나와서 이야기한다 해도 그 여성이 모든 것을 알고 있는 것이 아니라 자기 경험을 이야기하는 것이기 때문에 그것을 또 너무 날것의 증언으로 받아들일 수도 없고요. 상당히 축적된 연구들이 많이 있어야만 '아, 이제 그 이야기는 어디에 속하는 거다' 이런 감이 오는데 우리는 아직 그런 지형도를 못 만들고 있는 상황인 것 같아요.

형사정책연구소에서 나온 연구보고서에 성매매 업소의 종류를 분류해 놓았습니다. 새움터에서도 경기도 지역을 조사하여 업소 종류를 자세히 정리해 놓았어요. 그런 것들이 나와 있기 때문에 업종이라든지 유입경로 같은 것들을 상당히 용이하게 조사할 수 있는 단계인 것 같아요. 몇몇 여성들이 어떻게 흘러갔는가를 보면 지도가 그려질 것 같아요. 그런데 지금 우리는 대개 '처음에 다 다방으로 들어가고, 십대의 경우 가출해서 다방에 들어가고, 다방에 있다 술집 가고, 단란주점 가고, 그렇게 겸업형으로 갔다가 나중에 전업형으로 가서 결국 3종으

로 간다' 이렇게 말할 수 있게 되었습니다. 현장에 기초한 실증적 조사
연구의 결과입니다.

8. 여성인권 개념의 정립과 함께 낙인이 제거되어야 한다

사회자 접근 불가능한 환경으로 되어 있는 데에는 보이지 않는 이유
들이 여러 가지 있을 수 있다는 말씀을 해주셨는데 그 부분이 저에게
는 크게 다가옵니다. 그리고 그 이유에 대해서 그냥 한 가지로 환원하
기도 어려울 테고 입체적으로 생각해보는 것이 굉장히 필요할 것 같
습니다. 그 중에 한 가지 말씀을 드린다면, 사실상 거대한 정치·경제적
체계 아래 숨어있는 사람들을 밝혀내는 것을, 연구자가 성매매 여성들
을 인터뷰하는 방법도 있겠지만 경찰들의 수사 과정을 통해서 할 수
도 있고, 그 부분에 대해 감시하거나 압력을 넣을 수도 있고, 국회의원
에게 자료를 요구하는 방식일 수도 있을 것 같습니다. 이런 것들이
현실을 밝혀내는 힘을 갖는 지식을 만드는 사회적 형태가 되지 않을
까 하는 생각을 잠깐 해봅니다.
어떤 분이 '법이 바뀌어도 달라진 것이 없다. 말하는 게 스토리가 똑같
다' 이렇게 이야기했는데, 저는 선생님께서 '법리, 또는 법의 어느 부
분 안에서 스토리가 굉장히 달라지는 부분이 있다'고 말씀하신 거라
고 생각해요. '윤락'에서 '성매매'로 바뀌면서 실제적으로 상당 부분
탈도덕화하는 측면이 생겨났죠. 그렇지만 '본질적으로 왜 성매매가
불법인가'라고 이야기를 하면 '저기 나쁜 거잖아요. 건전한 ······ ' 이
런 식의, 여전히 도덕적인 이야기로 가는, 약간 어정쩡한 상태인 것
같다는 이야기로 들었습니다. 그러나 다른 한편으로는, 성매매방지법
에는 인권침해적인 요소들에 대해 보호주의적(paternalist)으로 불쌍하

니까 보호해 주는 것이 아니라 '인권을 국가가 지킨다'라는 측면이 내포되어 있는 것 같아요. 법 텍스트에서 정확하게 이런 것이 있지 않더라도 판결 부분에서 가부장적이고 보호주의적인 건전한 성문화 또는 도덕, 이런 것이 아니라 여성의 인권이라는 내용 자체를 국가나 사회적 연대를 통해 지키는 것을 포함시키는 쪽으로 바꿔나갈 수 있는 여지가 있겠다는 생각이 듭니다. 판결에 대한 이야기를 들으면서는 그 판결을 해석하고 의미를 부여하는 작업이 필요할 것이라는 생각이 들었습니다.

그리고 선생님께서 인신매매 이야기를 하시면서 '이제는 돈으로 묶는 거다'라는 말씀을 하셨는데 굉장히 중요한 부분인 것 같아요. 현재 한국 사회 상황에서 '돈으로 묶인다'는 것의 의미, 그로 인해 생겨나는 인신매매적 효과라는 것에 대해 우리가 잘 생각하지 않고 '그건 그냥 돈이잖아. 그냥 계약 관계잖아' 이런 식으로 가는 측면이 있는데, 법 안에 바로 이런 부분을 사고할 수 있는 여지가 있다면 본질적인 사고를 할 수 있게 될 것 같아요. 위안부 문제를 예로 든다면 성매매냐 아니냐, 창녀냐 아니냐 이런 식의 이야기들이 항상 낙인 부여(stigmatize) 문제와 연결되어 나오는데, '이 여자들이 돈 벌러 간 거라면 강제성이 없었던 거다' 이런 이야기를 하지 않습니까.

발표자 '돈 벌러 간다'고 했다면 위안부 문제의 경우 일본 국가의 강제성이 배제되고 그래서 일본을 비난할 수 없이 본인의 자발적 의사라는 것을 문제 삼게 된다는 말씀이시죠?

사회자 그런 식의 이야기가 아주 강력하잖아요. 성매매의 경우에도 그 부분을 읽어낼 수 있는 지점이 있지 않을까요?

발표자 여기에서 인류학적(anthropological)인 관점이 매우 중요한 것 같습니다. 여성들이 처음에는 돈 벌러 성매매 업소에 들어가지만 나중에는 돈을 전혀 안 벌고 싶어도 나올 수가 없는 구조잖아요. 단순하게 "너 자발이야 비자발이야?"라고 해서 판단할 수 없는 것이 이 과정에서 선불금이 500, 700, 1,200(만 원) 이렇게 불어나니까 솔직히 미치는 거죠. '이제 누가 내 팔을 잘라갈지도 모른다' 이런 공포 속에서 막 도망다니며 사는 여성들이 보이지 않아요? 이런 과정이 매개가 되어 있으니까 최초에 경제적인 동기에서 자발적으로 유입이 되었다 할지라도 자발, 비자발을 구분하는 것이 별 의미가 없다는 거죠. 이런 식의 착취와 통제의 시스템이 존재하고, 이런 착취는 대개 불법적 고리대업을 그 본질로 합니다. 이런 것을 불법화하고 강력하게 처벌하지 않으면 자발과 비자발의 구분이라는 것은 전체 과정에서 의미가 없다고 생각합니다. 이렇게 인류학적으로, 과정적으로 구조 속에 있는 여성들의 선택을 파악해야 합니다.

인권보호의 대상이라는 측면에 대해 말씀을 드리자면, 이제 성도덕에서 인권보호로 법의 패러다임이 바뀌었다고 평가합니다. 성매매방지법이 성도덕적인 측면을 완전히 탈피한 것은 아니지만 법에서 이만큼 큰 걸음을 뗀 것은 정말 유례없이 엄청난 일이라고 봅니다. 어떻게 보면 한국 사회가 취약하고, 노무현 대통령 등 호기를 만났기 때문에 이렇게 진도가 확확 나가는 거죠. 그래서 이 법의 패러다임이 이전 윤방법과 같다는 것에 저는 절대로 동의할 수가 없어요.

그런데 이 법이 인권 패러다임 위에 서 있긴 하지만 그런 정신을 충실히 전달하기는 어렵다고 보입니다. 왜냐하면 우리 사회에서 성매매가 인권의 문제로 위치 변화를 하려면 성매매 여성들이 인권 보호의 대상, 다시 말해 권리가 보장되어야 하는 개인으로 인정되어야 하거든요. 그러기 위해서는 성매매 행위에 대한 낙인 부여(stigmatization)가 없어져야 합니다. 지금은 여성이 나오려면 마스크에 안경에 모자를 쓰고 '나는 인권유린을 당했다'라고 말을 해야 되는 상황이거든요. 이게 얼마나 희극이고 또 비극이에요. 인권유린 당했다는 피해자가 자기를 드러내지 않으려고 온몸 다 감싸고 나오는 거잖아요. 이건 인권이 정립되어 있는 사회의 모습이 아니죠. 인권의 '인'자가 굉장히 애매하게 싸우고 있는 중입니다.

저는 '한터여성종사자연맹' 분들이 나오는 것의 의미가 굉장히 크다고 보는데, 그렇게 나와 주실 때 사회적 낙인을 제거하는 효과가 매우 클 것 같습니다. 그 여성들이 말하는 메시지뿐만 아니라 '이 여성들이 나와 등가적인 개인들'이라는 것을 사회적으로 확실히 보여준다는 점에서 말이에요. 그리고 "나는 성매매도 좋다. 이거라도 좀 하게 해달라"라고 하는 요청 역시 굉장히 어려운 발언이지만 이런 점에서 의미가 있다고 봅니다.

법에서 인권유린의 대상자로 보는 패러다임은 이제 반쯤 들어왔을지 모르지만 아직도 굉장히 멀었다고 생각합니다. 사회적 낙인을 제거해 주는 것, 그런데 그 낙인을 제거하는 과정은 궁극적으로 직업으로서의 성매매 인정과 같이 갈 것 같아요. 그런데 이 성산업의 해체라고 하는 것이 앞으로 몇십 년이 걸릴지도 모르는 과제인데 이런 이야기를 먼저 하면 그 과제를 그냥 다 건너뛰어 버릴 것 같은 우려가 드는 거예요. 그런 발설을 저 같은 입장에서 했을 때 말이죠. 저 같은 입장이라고 하면 법에 대해 지원과 지지, 그리고 여러 가지 근거를 제시해야 하는 입장이죠.

혹시 서구의 몇몇 여성주의자들이 성매매방지법에 대해 '반여성주의적인 법이기 때문에 수정되어야 한다'는 식으로 여성단체에 권고를 보냈던 것 알고 있습니까? 계급적인 측면에서 여성단체에 문제를 제기한 거죠. 성매매 여성들은 지금 몇백만 원 대출 사람이 없는 사람들이잖아요. 자기만 못 대는 게 아니고 주변에 아무도 그 돈을 대서 자기를 구출해 줄 사람이 없는 여성인 거죠. 그런 세계에서 이 여성들이 살아가고 있는 거죠. 이런 계급적인 차이들이 있는데 어떤 중산층, 어떤 페미니스트들이 이런 법을 만들어서 여성들을 범죄화하고 있다고 국제적으로 와전되었는지도 모르겠습니다. 이렇게 페미니스트 진영에서 공식적으로 문제를 제기한 적이 있는데 여기에 대해서 어떻게 생각하나요?

9. 성매매 근절주의가 야기하는 딜레마: 우선은 성매매 알선 고리 척결이 필요

청중 5 선생님께서 두 가지 입장을 양립적으로 가지고 계신다는 느낌이 들어요. 어쨌든 인권보호를 위해서 지금의 법을 실효성 있게 좁혀나가야 하고, 그 과정에서 그 여성들이 하는 일을 성노동으로 인정하는 것은 나중에는 모르겠지만 지금은 할 수 없는 일이다, 이렇게 이야기를 하시는 것 같습니다. 그렇지만 저는 성산업이라는 것이 1, 2년 내지는 20, 30년 이후에도 해체되지 않을 거라고 생각하거든요.

발표자 그때 성산업이라 하면?

청중 5 그 범위에 있어서도 어쨌든 개념화를 하고 가야겠죠.

발표자 그 부분이 굉장히 중요하다고 생각합니다. 대부분 일반인들이 '성매매는 없어지지 않는다'고 하는데 우리 같은 연구자들은 거기에 대해 섬세하게 나눠서 생각해야 한다고 봅니다. 그러니까 '성산업이 아니라 성매매는 과연 근절될까'라는 것과 '성산업은 그대로 있을 것이다'라는 것은 굉장히 다른 이야기라는 거죠.

청중 5 "성매매라는 것이 여성들이 억압되는 원인이 아니라 그런 사회의 결과로서 만들어진 것인데, 그것을 없애기 위한 노력보다는 그 이전 과정, 성매매의 원인이 됐던 것들을 없애는 과정에서 성매매가 없어질 것이다"라고 말하는데 저는 이런 전제에서 이야기를 했던 것입니다. 저는 성산업이라는 것을 '성매매를 둘러싼 여러 가지 구조' 정도로 보고 지금 이야기를 하고 있는데요, 엄밀하게는 잘 모르겠어요. 왜냐하면 접근하기가 너무 어렵고, 지금 성매매특별법이 하나의 역할을 하긴 했지만 사실은 직접적으로 이야기할 수 있는 그 여자들이 어떤 장애물 없이 이야기할 수 있을 때, 그리고 그들이 주체가 될 수 있을 때라야만 성산업 근절이 가능할 것이라고 생각하거든요. 그런데 그 시간이 그렇게 오래 걸린다면 '법이 실효성을 갖추고 뭐 이럴 때까지 기다려라'라고 이야기할 수는 없는 거잖아요. 그래서 법 제도라는 것이 지금 한국 사회에서 굉장히 혁신적인 역할을 한 면도 있지만 그 반대 측면도 있다고 생각을 합니다. 법 제도 자체가 사람들을 가두는 측면도 있다는 거죠. 예를 들면 저처럼 여성학을 공부하고 있거나 어떤 식의 활동, 실천을 고민하는 사람들조차도 굉장히 법 제도에 갇혀있었다는 느낌이 들거든요.

발표자 그게 법의 책임인가요, 갇힌 사람의 책임인가요?

청중 5 법의 책임인 것이 아니라 법을 만들고 법 제정운동을 해온 사람들이 사실은 스스로를 가두고 있는 부분이 있다는 거죠. 그리고 이렇게 단계적으로 사고하는 것은 바람직하지 않다는 생각이 들구요.

'법 제도 안에서 실효성을 갖추기 위한 싸움이 필요하지만 법 제도 밖에서 이 여성들이 자기들의 목소리를 낼 수 있도록 주변에서 지원(support)해 주는 이런 실천들이 더 중요하지 않은가' 이런 생각을 요즘에 와서 하고 있는데요, 그 과정에서 '사실 성노동권이라는 개념이 유효하지 않은가'라는 생각을 하는 거죠. 그런데 그런 부분에 대해 선생님의 말씀을 듣다 보면 '둘 다 필요하지만 지금은 이런 입장이다' 이렇게 이야기를 하시는 것 같거든요.

발표자 제 말 중에서도 단계론을 취한 것 같은 느낌이 들었습니다. 저도 그런 것이 정답은 아니라고 생각합니다. 단계론 같은 것이 어디 있겠어요. 지금 일단은 같이 처벌하고 그 다음에 허용하고, 이런 식으로 현실이 돌아가면 우리가 고민을 안 하겠죠. 제가 그런 단계론을 취하고 있는 것은 아닌데 이 법의 딜레마 때문에 그런 거예요. 노동권을 인정하면 처벌하지 않아야 할 뿐만 아니라 지금 이들의 노동을 둘러싸고 있는 환경까지도 다 허용해 주는 결과가 나오거든요. 저 역시 일단 처벌하지만 여성들은 비범죄화하는 것, 형사처벌에서 제외하는 것이 좋다고 생각을 합니다. 그런데 법에서는 성매매를 어쨌든 근절하겠다는 의지를 갖고 있죠. 법의 제1조에서 근절하겠다고 했는데 성매매를 노동이라고 하면 충돌하게 돼요. 이게 법적 방식 대 비법적 방식의 문제가 아니라 하나는 합법, 다른 하나는 불법 이런 방식이기 때문에 충돌하지 않을 수가 없단 말이에요. 그래서 도구적이더라도 어느 정도 선을 그어주지 않으면 법이 아무런 성과를 못 내기 때문에 지금 이런 이야기를 하고 있는 것입니다. 그렇지만 한국 사회는 걷잡을 수 없이 속도가 빠른 사회니까 벌써 새로운 것들이 출현하고 있다고 봐요. 아직 포주·업주에 대한 것도 정리된 적이 없는데 이미 이 법과 함께 '여성들의 목소리가 왜 안 나오냐' 이런 이야기들이 나왔고 성매매 여성들의 가시화가 시작되고 있는 것 같아요. 이미 과제는 동시적 과제로 들어왔는데, 저의 이야기는 '우리가 그 동시적 과제를 전체적으로 보지만 자기가 놓여있는 위치에서 지금 어떤 것을 할 것인가' 이런 이야기들인 거죠. 동시적 과제니까 내가 이쪽에서는 여성들의 노동권을 이야기하고, 저쪽에서는 '업주, 포주 열심히 잡아 넣으세요' 이렇게 이야기할 수는 없는 것 같거든요. 그게 딜레마죠.

청중 3 아까 '지금에 와서도 사실 달라진 것이 없다'고 했던 것은 사회적인 측면에서라기보다 페미니즘 진영 안에서 이 문제를 다루는 어떤 합의점이 상당히 고착되어 있다는 것이었습니다. 이를테면 노동권은 개인의 입장에서는 주장할 수 있지만 지금 현실에서는 위험하다, 지금은 이야기하지 않거나 어떤 제도적인 것으로 주장하지는 않는다는 모종의 합의 자체인 거라고 생각을 해요. 활동을 하는 소수의 사람들 안에서 암묵적으로 존재를 했던 것이 있는 것 같아요. 자기 논문에서 개인적으로는 노동권을 주장하지만 현실에서는 그런 이야기를 하지 않는 것으로 말이에요. 그런데 저는 그 정도의 어떤 합의점이라든지 고착점이 아직도 존재한다는 면에서 크게 달라진 것이 없지 않나 하는 이야기를 드렸던 것입니다. 결국 법정에서 '예스냐 노냐?'라는 질문에 대답을 해야 될 때는 두 가지 이야기를 할 수가 없죠. 예를 들어 성매매 여성인 내가 성폭력 피해를 입었는데 법정에서는 소화될 수 없기 때문에 둘 중 하나를 선택해야 되는 거죠. 그런 면에서 사실 성매매방지법을 선택할 수밖에 없는 어떤 맥락들이 충분히 논의되어야 하는데 항상 그 지점에서 이야기가 끝나지 않는가 하는 생각이 듭니다.

청중 6 선생님께서 노동권과 안전권의 문제를 단계적인 문제로 파악하시는 것 같은 느낌이 저도 들었어요. 형식적으로 구분을 한다면 안전권이라는 것은 안전한 상태에서 노동할 권리를 의미하는 거잖아요. 그런데 지금 한편으로는 자유주의적 입장에서 '성매매가 뭐가 나쁘냐?' 이렇게 주장을 하고 다른 한편으로는 여성분들이 '성매매를 통해서 생존을 해야 한다'고 주장을 하기 때문에 논의가 뒤섞이면서 대단히 어려운 상황이기는 한데, 형식논리적으로는 적어도 "노동권이라는 것이 안전권을 배제하는 것이 아니다"라는 것에 대해 어떻게 접근해야 할 것인가 하는 문제가 있는 것 같아요. 그런데 선생님께서는 "한국에서는 왜 이런 논의가 대립되거나 위계화되는 상황으로 나올 수밖에 없는가"라는 질문에 대해 한국 성매매의 제3세계적 성격 등으로 간단하게 말씀하셨는데 그 부분에 대해서 더 많이 이야기되어야 한다고 봅니다. 다시 말해서 국가적으로 성매매가 요구되는 측면이 있는 것 같고, 더불어 노동권과 안전권의 문제는 성매매가 노예적인 활동이냐 아니면 자유로운 노동이냐 이런 문제와 관련이 되지요. 여기에 대해 지금 일종의 합의가 이루어지고 있다고 말한 분도 있었는데 더 이상 여기에 대한 철학적·이론적인 공간이 없다고 볼 수도 있는 것 같아요. 그런 부분에 대해 페미니즘을 고민하는 사람들이 앞으로 더 착목(着目)해야 되지 않나 하는 생각이 듭니다.

발표자 많은 진실들이 그렇겠지만 특히 이 성매매방지법과 관련된 한국의 현실을 보면 어떠한 권리 논의나 법적 판결 같은 사건에 대해서도 전면적 진실을 부여해서는 안 된다고 생각합니다. 그렇다고 나는 원미혜 선생님 표현처럼 '상황적 진리'라는 말은 너무 약하다는 생각이 드는데요, 그 상황에서 우리는 그것이 정말 충실한 진리라고 믿고 또 성취를 하겠지만 그것만으로는 부족하다는 거죠. 예를 들면 지금 성매매 여성이 포주·업주에 대해 채무가 부존재한다는 소송에 이긴다거나 성매매 여성을 인신매매 상황에서 구출해 내는 것이 운동의 지고지순하고 유일한 목적일 수는 없죠. 다른 한편, 성매매 여성들이 근로기준법에 의존하여 밀린 임금을 받아내기 위한 소송도 동시에 진행이 되고 있어요. 이런 소송들에서 저는 '포스트모던'의 성격을 느낍니다. 사람들이 '이게 노동권이냐 아니냐' 판단하기 이전에 원고가 노래방에서 일을 했었는데 2차 부분은 애매하더라도 노래방에서 일한 부분에 대해서는 임금을 달라는 소송을 하는 거예요. 그런 소송을 보고 우리가 "아, 그러면 이것이 우리가 나가야 될 길이다"라고 말할 필요도 없고, 그 소송을 지원한다고 해서 "그 소송이 이겨야만 우리 사회에서 여성의 인권이 보장된다"라고 이야기하는 것도 지나친 거죠. 이건 다른 사건에도 그대로 적용될 수 있다고 생각해요.

이런 점에서 제가 포주, 업주에 대해 지나칠 정도로 강조하는 것은, 그들이 너무 힘 있는 사람들이기 때문에 이를 척결하는 일이 거의 국가가 바뀌는 일일 거라고 생각하기 때문입니다. 아니 국가가 바뀌는 것은 오히려 혁명에 가깝고 산업구조가 바뀌는 일이라고 생각해요. 한국의 20대 여성 중 10%가 성매매에 관련되어 있다면서요. 이건 한국의 산업구조 문제인 거예요. 여성노동시장, 따라서 남성노동시장 전반에 대한 문제인 거죠. 산업의 구조가 바뀌는, 탈바꿈되는 문제인데 이것의 핵심 고리가 성매매를 통해 부당 이익을 보는 사람들의 이해관계에 있다고 봅니다. 그 사람들이 이렇게 막대한 이익을 놓칠 것 같지 않고, 또 이 이해관계에 얼마나 많은 떡고물이 있을까 생각해서 자꾸만 그쪽으로 강조를 하는 것이지, 그것이 우리가 나아갈 지고지선의 유일한 목표라는 것은 아닙니다. 논리 구조를 다원화하면서도, 현실의 과제들을 헤쳐나가야 하는 상황입니다. 실제로 임금 체불에 관한 소송이 한편에서 진행되고 있기 때문에 저는 이미 현실에서는 그런 많은 권리들이 각축하고 있다고 봅니다.

제3장 여성주의 성정치: 성매매 '근절' 운동을 넘어서*

원미혜(중앙대 대학원 문화연구학과 강사)

1. 들어가는 말

페미니스트들에게 '성매매'는 무엇을 떠올리게 하며, 무엇을 묻게 하는가? 그리고 페미니스트는 누구를 향해, '누구'의, '어떤' 인권에 대해 이야기해 왔는가?

일제강점기 근우회의 폐창운동 이래로 '성매매 반대/근절' 입장은 여성계[1]의 일관된 목소리로 그 맥을 이어왔다. 특히 섹슈얼리티 (sexuality)를 여성억압의 핵심으로 파악하는 성정치학이 목소리를 내기 시작한 1980년대 중반 이후, 한국의 페미니스트들은 '성매매'같이 가부장제 사회에서 드러나지 않는 문제들을 본격적으로 가시화하고 재

---

* 이 글은 여성문화이론연구소 ≪여/성이론≫ 제10호에 수록된 것으로, 성매매방지법 시행 전인 2004년 초에 집필되어 법 시행 이후 제기된 사안들을 다루고 있지 못함을 밝힌다.

1) 여기서 '여성계'를 범주화하는 것은 논쟁적인 일이다. 특히 여성운동의 이슈들이 '정책화'의 과정을 통과하면서 제도권의 안과 밖이 불분명한 요즘, '여성계'를 범주화하는 일은 더욱 어려운 일이 되었다. 이 글에서는 페미니스트 정치학을 표방하는 여성단체, 여성학계, 쉼터, 정책담당자 등을 총칭하는 의미로 사용하고자 한다.

개념화했으며, 정책적 개입을 통한 사회 변화를 모색해 왔다.[2] 이런 맥락에서 성매매 '근절' 운동은 여성학, 여성운동뿐 아니라 제도화와 한국 사회 지배담론의 역학관계 안에서 배치되어 왔으며, 성폭력 등 다른 섹슈얼리티 이슈와 흡사한 논의 구조로 제도화 과정을 경유하면서, 다르면서도 같은 쟁점들을 남기고 있다.

최근 성매매는 여성주의의 안과 밖에서 중요한 의제로 떠오르고 있고, 정책적 통제와 성매매 피해 여성들에 대한 제도적 지원이 본격적으로 모색되고 있다.[3]

이 시점에서, 이 글은 성매매 근절 운동이 다양한 페미니스트 전략을 포괄하지 못하고 여성의 현실 사이에서 괴리를 만들어내고 있지는 않은가를 되묻고자 한다. 이 괴리의 실체에 조금 더 가까이 다가가기 위해, 이 글은 그동안 여성주의가 성매매 '문제'를 구성해 온 방식을 되짚어 보고, 여성주의가 제안해 온 해결 전략의 내용을 검토해 보려 한다. 더불어 최근 들어 본격화된 한국 페미니스트들의 성매매 근절 운동의 의미, 그리고 그것의 효과와 한계를 탐색해 보고자 한다. 한국 사회에서 '성매매 근절 운동'의 성과와 한계를 살피는 일은, 성별권력 관계에 민감한 여성주의의 시각이 '성매매'라는 복합적 현실과 조우하여 더욱 성찰적인 논의를 향해 열릴 수 있는 계기가 될 것으로 기대한다.

---

2) 1980년대 중반 이후 페미니즘을 중심으로 섹슈얼리티가 학문의 주제로 다루어지기 시작했다(조영미, 1999).

3) 성매매 반대/근절 운동은 1990년대 후반 청소년들의 성산업 유입과, '원조교제' 문제로 확산되어 광범위한 사회적 공감대를 형성하게 되었다. 또한 2000년 군산 집결지 화재사건 이후 여성계가 강력하게 항의하고 성매매 정책의 주 담당 부서가 보건복지부에서 여성부(2001.1)로 이관되면서, 성매매 문제에 대한 본격적인 개입이 추진되고 있다. 또한 지자체인 서울시도 뉴타운 건설을 위한 성매매 밀집지역 철거계획 발표(2003), '성매매 안하기 백만 인 서명운동', '다시함께 프로젝트' 등을 추진하고 있다.

2. 한국 사회 성매매 근절 운동의 주요 논점과 쟁점들

성매매에 대한 논의는 여성주의 내에서도 각기 다른 관점에서 출발할 수 있지만, 한국 사회에서 페미니스트들은 성매매 옹호론에 맞서 반대와 근절에 주력해 왔다. 이 장에서는 현재 한국 사회에서 여성주의를 지배하고 있는 성매매 반대 운동의 구체적인 활동의 논점과 쟁점들을 검토해 보려 한다.

1) 이론적 토대: 가부장제와 남성 중심적 성문화에 대한 문제 제기

페미니스트는 성매매가 개인적 일탈의 문제가 아닌 사회구조의 문제이며, 그것도 '성별화된' 사회구조의 문제임을 강조한다. 성매매는 가부장제의 이중적 성윤리, 성매매가 일상화된 남성 중심의 성문화, 그리고 여성의 사회진출을 가로막는 성차별주의 등이 초래한 '가부장제의 산물'인 것이다.[4] 성매매는 성차별주의의 소산물이기 때문에, 남성 중심 사회를 분석하거나 들여다볼 수 있는 유용한 '도구', '깨끗한 렌즈'(원미혜, 1999)이며 '바로미터'(장필화, 2003)가 된다. 사회적 자원에서 소외된 여성의 가난이 성매매의 물질적 원인인데도, 사회적 성도덕과 이데올로기는 여성을 '마리아 대 창녀'로 이분화하면서 성매매에 노출된 여성을 비난한다. 성매매의 물질적 토대와 사회적 낙인

---

4) 한국여성의전화와 한국여성단체연합은 1980년대 중후반, 한국여성민우회는 1990년대 중반부터 성매매 문제를 간헐적으로 이슈화한 것에 비해, 한국교회여성연합회는 1980년대 초부터 최근까지 꾸준히 성매매와 여성인권의 문제를 다루어 왔다(민경자, 1999 참조). 또한 손덕수(1987), 이미경(1987), 신혜수(1995), 이영자(1989), 장필화·조형(1991) 등의 연구물은 한국 사회의 성매매 문화에 대한 여성주의적 논의의 물꼬를 텄으며, 이후 1990년대 말부터 현장 연구들을 통해 이러한 논의가 본격화되었다.

은 남성 중심 사회의 조작물이다. 따라서 성매매는 '여성의 문제'가 아닌 '남성의 문제'로 접근되고, 운동은 남성 중심적인 사회, 왜곡된 성문화를 공략하는 것에 집중되어 왔다.[5]

한편 '젠더화된 섹슈얼리티(gendered sexuality)'에 대한 문제 제기는 성매매 문제의 지형을 확장시킨다. 매키넌(MacKinnon)은 양성의 불평등한 권력 분배의 중심에 섹슈얼리티가 놓여 있다고 지적한다.[6] 양성의 권력이 불평등한 사회에서, 그 불평등한 관계의 전형적인 표현인 포르노그래피가 일상을 지배하는 사회에서, 연애·결혼에서의 성과 성매매에서의 성은 구분될 수 없는 것이 된다. 모든 성관계에는 여남의 권력 위계가 개입되어 있고, 그러한 의미에서 모든 성은 폭력적이고 위계적이며 거래적인 성, 즉 '성매매의 성'이라는 범주로부터 자유로울 수 없다. 이것이 "섹슈얼리티의 매춘화"(배리, 2002)이다. 여기서 '성매매'는 특정한 여성이 아닌 여성 일반의 문제로 확장된다. 성매매는 특정한 형태의 성관계, 성거래가 아니라, 섹슈얼리티 그 자체의 의미를 결정하는 주요한 토대이다.[7] 다시 말해서 성매매는 가부장제 억압의

---

5) 쉬라지(Sharge, 1989: 349)는 성매매를 '성을 판매하는 행위'로 정의하려는 관점과는 달리 '성을 사는 행위'에 초점을 맞추어, 성매매를 '남성이 여성의 성적 서비스를 구입하는 것과 관련된 행위'로 규정하기도 하는데, 이러한 정의는 성매매를 누구의 문제로 볼 것인가에 따른 시각의 차이를 극명하게 드러내고 있다.

6) 매키넌(MacKinnon, 1993)은 젠더 안에 섹슈얼리티가 존재하거나 섹슈얼리티 안에 젠더가 존재하는 것이 아니라고 주장하면서, '젠더화된 섹슈얼리티'를 강조한다. 그것은 섹슈얼리티 자체가 성불평등하게 구성된 것이기 때문이다. 그녀에 따르면, 섹슈얼리티는 남성권력에 의해 구성되는 것이며 남성에 의해 정의되고 여성을 억압하며 젠더의 의미를 구성하는 것으로 다루어져야 한다.

7) 배리(Barry, 2002)는 성매매가 일탈로 간주되어 왔지만 섹슈얼리티의 매춘화/정상화를 통해 그 일탈의 성격을 잃어가고 있음을 지적한다. 성매매는 점점 더 정상적인 성관계의 경험이 되고 있기 때문이다(102). 배리는, 성매매가 정상화되

결과가 아니라 억압의 토대이고, 이로써 섹슈얼리티는 본질화된다. 성매매는 성차별주의의 소산물, '결과'를 넘어서 차별적인 성별(gender)을 생산하고 유지하는 '원인'이다.

여기에서 성별억압과 섹슈얼리티 사이의 구분은 존재하지 않는다. 섹슈얼리티는 그 자체로 성별억압적이기 때문이다. 또한 성매매는 '그들'의 문제가 아니라 남성 중심 사회의 섹슈얼리티 전반의 문제로 이해된다. 강제적이고 폭력적이며 매매되는 섹슈얼리티에 오염된 가부장제 사회에서 성을 파는 여성들의 '자발과 강제'라는 이분법은 의미를 상실한다. 여성이 자발적으로 선택하든 강제적으로 요구받든, 성매매는 그 자체로 노예제이기 때문에(Sharge, 1989; 배리, 2002) 용납될 수 없다. 성매매는 가부장제를 유지하기 위한 기제이기도 하다. 또한 여성들이 성을 파는 행위는 가부장제의 피해나, 가부장제의 이해에 편승하고 기여하는 것으로 이해되기도 한다(Sharge, 1989). 따라서 여성의 몸에 대한 접근을 무제한 허용하는 성매매는 반드시 근절되어야 할 대상이 된다. 이러한 서구 급진주의의 관점은 가부장제 사회 안에서의 불평등한 권력 관계가 섹슈얼리티에 어떻게 침투되는지를 성찰하게 한다.[8]

는 현실에서 일반 여성(비매춘여성)이 자신이 창녀가 아니라는 것을 명확히 할 수 있는 방법은 특정 여성을 매춘부, 성노동자로 범주화하는 것이라고 주장하면서, 성매매를 자신이 선택한 정체성으로 받아들인다는 것 자체가 여성억압을 촉진시키는 일에 적극 참여하는 것이라고 지적한다(99).

8) 모든 곳에 성적 폭력이 감염되어 있다는 급진 페미니스트들의 주장은 가부장제의 상황을 분석하는 데는 유용하지만, 사회 변화를 이끄는 주체적 행위자 여성의 선택과 협상력을 이해하는 데에는 한계가 있다(허라금, 2002). 또한 "양성이 불평등한 사회에서의 모든 성관계는 성매매"라는 논리("결혼도 매춘이다")는 사회적으로 실재하는 '성의 위계'를 무시한다. 양자가 모두 '(암묵적이거나 명시적인) 거래'를 매개로 한 성관계라 할지라도 사창가에서의 성과 결혼한 가정에서

이러한 서구 페미니즘과 맥을 같이하면서 한국의 페미니스트들은
먼저, 기존 용어들을 재규정하고 대안적 용어를 만들기 위해 노력해
왔다. 용어나 개념의 사용은 정치적인 의미를 가지며, 용어 사용을
둘러싼 토론은 그 자체로 성정치에 대한 관점을 드러내기 때문이다.
여성계는 한목소리로 '윤락(淪落)'이란 용어가 "스스로 타락하여 몸을
망친다"라는 뜻으로 성을 파는 자에게 도덕적 평가를 부과하는 지극
히 성차별적인 용어라고 비판해 왔다.9) 이에 손덕수와 이미경(1987)은
'매매춘(賣買春)'이라는 용어를 제안했고,10) 원미혜(1999)는 '성매매'라
는 용어를 제안했다. 그 이후 여성주의 진영에서 매매춘과 성매매는
윤락의 대안 용어로 사용되어 왔으며 2004년 성매매방지법으로 자리
를 잡게 되었다.11) 한편 '향락', '퇴폐', '유흥' 등의 용어도 비판의 대

의 성 사이에는 간극이 있다. 결혼과 동성애, 지속적인 관계와 일시적인 관계
등에 대한 사회적 평가는 동위에 놓여있지 않으며, 그것을 둘러싼 억압의 내용
또한 상이하다. 성을 파는 여성들의 열악한 지위는 단순히 성별권력 관계의 문
제일 뿐 아니라, 성을 위계화하는 사회구조 속에서 파악되어야 한다(Rubin,
1984). 이러한 접근은 성을 파는 일을 업으로 하는 여성과 그렇지 않은 여성 사
이의 연속성을 밝혀냈지만, 그들 사이의 차이에 충분히 민감하지 못하다.

9) 현행 「윤락행위 등 방지법」에서는 '윤락행위'는 '불특정인을 상대로 하여 금품
기타 재산상의 이익을 받거나 받을 것을 약속하고 성행위를 하는 것'(제2조 1
항)으로 정의된다. 여기서 '윤락행위'란 성을 파는 행위에 국한되고 손님은 윤락
행위자가 아닌 그 '상대자'로 규정되고 있다. 이렇듯 성매매에 대한 규정은 성
을 파는 '여성'에게 초점이 맞추어져 있다. 예를 들어 식품위생법 시행령(제8조
2항)에서 '유흥접객부'는 '손님과 함께 마시며 노래와 춤으로 손님의 유흥을 돋
우는 부녀자'로 정의되는데, 이 때문에 대중음식점 등에서 '여성' 접대부를 고
용하면 업태위반이 되지만, '남성'을 고용하면 이 법의 적용 대상에서 제외된다.

10) 한국교회여성연합회가 주최한 "매춘문제와 여성운동"이라는 세미나에서 성을
파는 여성만을 강조해 온 기존의 '매춘'이란 용어의 성차별성에 문제를 제기하
고, '매매춘'이란 용어사용을 제안했다(민경자, 1999 재인용).

상이 되었다(김은실, 2001). 이 용어들은 정상과 비정상의 개념을 기반으로 하고 있을 뿐만 아니라, 향락과 유흥을 '즐기는' 사람의 관점에서 만들어진 용어이기 때문이다. 여성운동이 제안한 용어들은 여러 공간에서 파급력을 가지고 사용되면서 성매매와 성판매 여성에 대한 성차별적인 관점을 바꾸고 개선하는 출발점이 되고 있다.

성매매 근절 운동은 성매매가 가부장제 질서의 산물이라는 사실을 밝혀주었고, 성을 파는 여성들에 대한 자매애적 시선을 가능하게 했다. 이러한 접근에서 성매매 문제의 해결은 남성 중심 성문화의 변화, 여성의 사회적 진출과 지위 향상, 다른 삶의 대안 등 모든 여성의 문제와 연결되어 있다. 그러나 성매매의 문제를 가부장적 남성 중심의 성문화에 집중함으로써 그것이 비가시화된 여성의 '일'로 존재한다는 사실은 간과된다. 성매매 문제의 해결이 성별질서 그 자체의 전복이라는 거대한 지평에 매혹되어 있을 때, 성을 파는 여성들이 당면한 문제들은 충분한 돌봄을 받지 못한 채 여전히 비가시화된 영역으로 남겨지게 될 위험에 처해 있다. '과연 여성의 전반적인 지위 향상이라는 만족할 만한 기대 지평에 언제 도달할 수 있을 것인가?' 게다가 지평선은 우리가 한 발씩 다가설 때마다 뒤로 물러나기 마련 아닌가? 불평등이 사라지는 곳에서 성매매는 사라지리라는 기대 아래, 여성 일반의 지위 향상이라는 거대 프로젝트의 정당성에 밀려, 성을 파는 여성들의

---

11) 성매매와 관련된 기존 용어들에 대한 비판과 새로운 용어의 도입은 제도화를 통해 더욱 파급력을 갖게 되었다. 낯설기만 하던 '성매매'라는 용어의 사용이 여성주의 진영에서 제안된 이래, 2000년대 '원조교제'를 '청소년성매매'로 규정함으로써 일반화되기 시작했고, 여성단체들과 여성부에서 추진한 '성매매방지법' 제정안과 더불어 쓰임이 확산되었다. 또한 '성매매 피해 여성/피해 청소년'이란 용어는 성매매에 대한 적극적인 조치를 취하는 여성운동 단체나 관련 정책을 펼치는 기관에서 널리 수용되고 있다.

당면 문제와 비가시적인 존재는 여전히 사각에 남겨지게 되는 것은 아닌지, 그들을 고립시켜 온 오랜 '분리의 경계'는 어떻게 해체될 수 있을 것인지, 이런 이론적 의미와 쟁점을 바탕으로 다음에서는 좀 더 구체적인 성매매 반대 운동의 이슈들을 살펴보고자 한다.

2) 착취적인 성산업 구조 드러내기

2000년 군산 화재사건[12)으로 고무된 성매매 근절 운동은, 그동안 여성운동이 성매매에서 여성들이 겪는 구체적인 '인권' 및 생존의 문제들을 등한시했다는 고백과 반성으로부터 출발했다(한국여성단체연합, 2000). 이제 여성주의 운동은 이론과 실천을 접목시키면서 여성들의 인권이 유린되는 현장에 직접적으로 개입하고자 한다.

성산업 구조하에서 선불금과 빚, 감금과 강요, 폭력으로 점철된 노예 생활을 하는 여성들의 긴급한 상황은 이 여성들의 '인권'을 문제 삼게 했다. 또한 성매매는 자아의 토대인 신체를 타인이 사용하게 함으로써 인간의 존엄성을 해치는, 근본적으로 비인간적인 행위로 인식

---

12) 2000년 9월 군산시 대명동에 있는 사창가(속칭 '쉬파리골목')에서 화재가 발생해 그 안에 있던 여성이 쇠창살에 갇힌 채 그대로 숨지는 사건이 발생했다. 이 사건은 '강제 매춘'이 여성에 대한 폭력이라는 사실을 인식할 수 있도록 하는 중요한 계기가 되었고, 이들이 착취 고리에서 벗어나게 하기 위한 법적 장치와 국가 정책이 필요하다는 공감대를 형성하게 하였다. 이에 여연을 중심으로 「윤락행위 등 방지법」이 성을 파는 여성들의 인권을 고려하지 못하고 있다는 본격적인 문제 제기와 함께, 성매매 현상을 '근절'시키는 새로운 법적 장치의 필요성이 논의되었고(한국여성개발원, 2001), 「성매매 알선 등 행위의 처벌에 관한 법률」이 국회를 통과하기에 이르렀다(2004.3). 이 법안은 '윤락행위'에서 '성매매'로 개념을 바꾸고, 특히 알선 행위자에 대해 재산을 몰수하는 등의 강력한 처벌 조항을 마련하고 있다.

된다. 인권 중심의 성매매 운동은, 성매매 피해자들의 목소리 내기, 성산업으로부터 여성을 구출하기, 남성들의 성문화 바꾸기, 손상된 여성들을 치유하고 재활시키기 등 적극적으로 성매매 정책에 개입하면서 성매매의 피해로부터 사회적인 안전망을 구축해 나가는 것을 중심 내용으로 한다.

이러한 접근에서 성매매를 반대/근절해야 하는 이유는, 그것이 성을 파는 여성들의 '인권'을 유린하는 행위이기 때문이다. 성매매는 성산업의 착취 구조, 성구매자의 폭력과 동일시되고, 성을 파는 여성은 곧 성매매라는 비인권적 상황의 '피해 여성'이다. 이 관점에서 '성매매=성산업에서의 피해와 착취=여성억압'은 공식이 된다. 이런 도식이 성산업 공간에서 머물고 있는 여성들의 현실을 극명하게 보여주는 것이 사실이지만, 착취의 조건이 성매매 그 자체로 본질화될 수 있는지는 의문이다. '성산업의 착취 구조=여성인권 억압=성매매'라는 도식은 성매매 반대논리로 사용되기에는 너무나 취약하며 순환론적이다. '성매매는 여성에 대한 착취이자 폭력이며 범죄'[13]라는 도식에서 성매매는 성산업의 착취 때문에 타파되어야 할 것으로 상정되기 때문이다.[14]

---

13) 이러한 접근은 '성폭력은 성관계가 아니라 폭력'이라고 규정하여 성폭력에서 성적 측면을 배제시켰던 성폭력운동과 맥을 같이한다. 브라운밀러에 따르면, 강간에서 성적 의미가 강조되면 강간의 잔인성, 폭력성, 파괴성이 비가시화되며, 개인적 사건으로 이해될 우려가 있다. 강간이 개인적 사건일지라도 그 의미가 개인적이지 않은 것은 가해자가 여성 개인을 강간한 것이 아니라 어떤 사회적 범주의 성원을 강간한 것이기 때문이다. 이러한 관점에 대해 변혜정(2004: 38)은 '유혹자로서의 위치를 모면하기 위해 여성을 남성에 의해 단순히 대상화된 존재로 간주하고 협상, 저항, 투쟁하는 여성 행위의 가능성을 고려하지 않는 것'이라고 지적한다.

14) 성매매의 합법화를 주장하는 이들도 여성들의 취약한 노동조건과 착취적 현실

최근에는 '성매매'라는 용어가 행위 중심적인 용어이므로 성산업 구조를 드러내지 못한다고 지적되기도 한다. 이는 "성을 파는 자는 성매매 여성이 아닌 '포주'다", "따라서 성을 파는 여성은 '성매매된 자'이다"라는 최근 여성계의 주장과도 연결되어 있다. 이러한 주장은 성매매가 거대한 성산업을 통해 이루어지고 있다는 사실과 (업주, 포주, 알선자 등) 매개자들이 성매매 행위에 깊이 관여하고 있다는 사실을 드러내면서, 성매매 문제의 무게중심을 착취적인 성산업으로 돌리는 효과를 갖는다.

그러나 이런 주장은 그 정치적 효과와는 별도로 성매매 문제를 성산업의 문제로 환치하는 오류를 안고 있다. 특히 성산업의 매개 없이 이루어지는 새로운 형태의 개인적 성거래를 포괄하지 못한다.[15] 그뿐만 아니라 성매매의 문제를 매개·구조의 문제로 환원함으로써, 그 구조 안에서의 여성들의 행위는 단순히 수동적인 것으로 축소된다. 성산업은 성매매가 벌어지는 공간이자 성매매를 매개하고 촉진하는 구조이지만, 그 자체가 행위는 아니다. 또한 성매매를 성산업으로 한정해

을 문제 삼는다. 이를 최소화하기 위해 일정한 법적 테두리 안에서 성매매를 인정하자고 주장한다. 그렇다면 성매매 근절의 논리와 성매매 합법화의 논리는 동일한 근원을 갖게 되는 것 아닌가? 성산업의 착취적 구조만이 성매매 문제의 중심이 될 수 없음은 분명하다.

15) 중간매개자 없이 개인적인 거래를 통해 이루어지는 성매매는 확산되고 있다. 특히 청소년성매매는 그 이전까지 '전통형'과 '산업형'만으로 구분되던 성매매 (한국여성개발원, 1996)의 분류로는 포괄되지 않는 유형으로 새로이 문제화되었다. 이에 대해 장필화 등(2002)은 '개인형'과 '업소형'이라는 새로운 구분과 틀을 제안하는데, 청소년들은 기존의 업소뿐 아니라, 인터넷, 이동전화, 전화방 등을 통해 별도의 구조화된 성산업의 매개 없이 성을 거래하기 때문이다. 중간매개자가 없는 개인적 형태의 성거래는 청소년성매매의 특징으로 간주되어 왔으나, 성인들 간의 성매매에서도 존재한다.

서 보는 관점은 성매매를 가부장적 사회의 지배적인 섹슈얼리티의 전형으로 분석해 온 급진적 페미니스트들의 성정치의 역학을 무화하면서, 다시금 성매매를 성산업의 경계 안의 문제, 성산업 종사 여성들의 문제로 수렴해 버린다. 앞서 언급했듯이 성매매를 가부장제 사회 안의 모든 여성들의 (잠재적) 문제로 인식한 급진적 여성주의의 관점이 제공하는 비판적 통찰의 힘은 여성주의 실천의 토대가 된다.

3) '성매매 피해 여성'으로 규정하기

성을 파는 여성들에 대한 사회적 낙인으로 인해, 그리고 성매매가 불법화된 한국 사회의 현실에서 여성들은 자신의 경험을 '말할 수 없었다'. 한국 사회의 이중적인 성도덕에서 성을 파는 여성들은 남성을 유혹하고 가정경제를 파탄나게 하는 '사회악'으로 여겨졌고, 여성들이 겪는 모든 피해의 책임은 자발적으로 그 일을 '선택한' 그녀들의 몫으로 간주되었다. 화대를 착취당하고, 빚에 의해 매매되어도 보호받을 수 없었다. 특히 법적 범죄자의 지위는 이들의 처지를 더욱 열악하게 만든다. 간혹 시사 프로그램에서 여성들에 대한 감금, 빚의 올가미, 선불금의 피해 등이 다루어지기는 하지만, 강제적인 인신매매가 아니면 여성들이 겪어내는 서러운 경험과 피해는 사회적으로 '들리지 않았다'.

이에 페미니스트들은 성을 파는 여성들에게 부과된 부정적인 시선을 생산하는 가부장제 질서를 비판하면서, 이를 제거하기 위해 노력해 왔다. 여성들의 '자발성'을 강조하는 자유주의적 논리를 공격하였고, 성산업의 억압적인 피해 사례를 제시하고, 자발과 강제라는 이분법을 넘어서 성매매가 본질적으로 여성을 억압하고 노예화하는 행위임을 강조했다(원미혜, 1999; 한소리회, 2002; 김현선, 2003 등). 성을 파는 여성은 성차별적인 사회구조의 피해자이자, 성적 권력의 피해자이며, 직접적으로는 성산업의 피해자이다.

새로운 용어들도 만들어졌다. '윤락여성'은 매춘(賣春)여성, 매매춘여성, 성매매 여성, 성판매자(장필화 외, 2002), 성매매된 여성, 성매매 피해 여성(새움터, 2001)으로, '그 상대자'는 매춘(買春)남성, 성구매자(장필화 외, 2001), 성매수자(한국청소년개발원, 2001)로 부를 것이 제안되었다. 여성들 사이의 이분법을 타파하기 위해 성을 파는 여성들을 '언니들'(새움터, 2001)이라는 명칭으로 부를 것이 제안되기도 했으며, 성폭력을 당한 여성들의 경우와 마찬가지로 '생존자(survivor)'[16]로 명명하기도 한다(김미령, 2003).

페미니스트들은 여성들의 억압과 고통의 목소리가 들릴 수 있는 장을 넓혀가기 위해 노력해 왔다. 특히 2000년대에 들어서면서 강연과 토론회, 연구를 통해 여성의 '증언'을 접할 수 있는 기회가 확대되었다.[17] 그 공간에서 여성들은 그들이 겪는 '피해' 경험에 대해 말할 수 있게 되었다. 아직은 너무나 한정적이지만 여성의 피해를 인정하는

---

16) 외국의 경우, 여성들의 탈성매매를 지원하는 'Whisper'라는 단체에서는 성폭력을 당하게 된 여성들과 마찬가지로 성판매를 경험한 여성들에게 '생존자(survivor)'라는 용어를 부여하고자 한다. 이와는 반대로 여성운동에 성을 파는 여성들의 권리를 포함시키고자 하는 단체들은 외부로부터 부과된 좋은 여자/나쁜 여자라는 이분법을 극복하고 여성들 간의 유대를 도모하기 위해 스스로가 '나쁜 여자', '창녀, 갈보(whores)'임을 드러내는 운동을 전개하였다. 이들은 자신들에게 부과되는 낙인을 그 자체로 수용하고 인정함으로써, 낙인이 더 이상 낙인으로서의 의미를 상실하게 하는 것에 의미를 두고 있다(Pheterson, 1989: 23~24).

17) 성매매 피해에 대한 목소리는 토론회(새움터·이주여성인권연대, 2001; 청소년보호위원회, 2002 등)에서의 증언과 수기집(청소년보호위원회, 2003), TV 인터뷰와 연구물을 통해 활발히 드러나고 있다.

판결이 등장하기 시작했고, 법률지원단이 구성되었다. 피해를 피해로 인정받을 수 있는 공간이 점차 넓어지고 있다. 또한 그동안 사회복지 서비스의 대상으로 인식하지 못했던, 사회적 안전망 밖에 존재하던 여성들이 고려되기 시작했다. 성매매 근절을 위해서 여성들의 성판매를 방지하는 것이 우선되어야 한다는 인식은, 여성들이 성산업으로 들어가는 것을 차단하는 조치에 주력하게 한다. 특히 사회적 안전망에서 비껴있던 가출 청소녀들이 성매매 위험군으로 지목되면서 적극적인 지원과 보호의 대상이 되고 있다.

성을 파는 여성들을 '피해자'로 규정하는 것은 그들이 그만큼 취약한 현실에 놓여있기 때문이다. 그러나 피해의 가시화가 여성들의 현실을 개선하는 데 도움이 되는 것이 사실이라 할지라도, 이들이 처한 구조적 피해와 사회적 편견을 변화시키기 위해 그들의 존재를 희생자/피해자로 고정하면 안 된다. 페미니스트들과 여성운동이 제안한 용어가 실제 당사자인 성을 파는 여성들의 경험과 욕구를 얼마나 반영하고 있는지도 성찰되어야 한다. 수동적 피해 대상이라는 고정적 규정은 성매매 공간 안에 살고 있는 여성들을 대상화할 위험이 있다.[18] 정치적으로 올바른 용어의 사용을 위해서, 여성주의는 여전히 논쟁적인 지점에 서 있다.

여성운동이 '성을 파는 여성들을 모두 피해자로 규정해서는 안 된다'는 주장의 의미는 그 여성들이 피해자가 아니라고 말하려는 것이 아니다. 피해는 구조적인 현실임과 동시에, 특정한 상황에서는 가장 극악한 현실이다. 그러나 문제는 이러한 규정이 피해를 특정한 형태로 유형화하고 여성을 피해자로 이미지화한다는 것이다. 또한 성매매의

---

18) 청소년성매매에 대한 한 연구를 보면, 청소년들은 자신들을 '성매수 대상 청소년'으로 지칭하는 것에 강한 거부감을 표현하는 것으로 드러난다(장필화 외, 2002).

문제를 드러내기 위해 여성들의 피해 경험을 증명해내야 하는 오류를 범하게 될 상황은 경계되어야 한다.[19)]

여성주의적 공간이 피해의 목소리만을 들을 수 있는 조건이 된다면, 성을 파는 여성들은 오직 '피해'만을 말할 수 있게 된다. 여성을 피해자로 보는 시각은 다양한 삶의 모습과 가능성을 놓치게 한다. 이러한 관점에서 성을 파는 여성들의 목소리는 유일하게 그것이 피해자일 때만이 들을 수 있는 것, 사실인 것으로 평가되고 검열된다. 그리고 다른 목소리는 예외적인 것, 남성문화에 의해 왜곡된 것으로 간주할 위험이 있다. 피해자로서의 규정과 목소리 내기는 다른 목소리를 침묵시키고, 모세혈관까지 포진한 숨겨진 억압을 드러내지 못하게 할 위험을 안고 있다.[20)]

성매매는 모든 여성들에게 동일한 경험이 아닐 뿐 아니라, 동일하게 놓여질 수 없다. 여성들은 '백지' 상태에서 외부에 의해 수동적으로 움직이는 존재가 아니다. 성산업에서의 착취 구조가 현재의 성매매를 이해하는 데 중요하고 핵심적이라 할지라도, 그것은 경험의 한 단면을 보여줄 뿐이다. 개인의 현실은 더욱 복잡하게 얽혀 있고, 여성들은

---

19) 페미니스트들은 성매매를 사회적으로 공론화하기 위해, 성매매의 피해가 얼마나 심각한지, 얼마나 큰 트라우마를 남기는지를 증명해 왔다. 김현선(2002)은 성매매를 경험하는 것은 전쟁 경험에 해당하는 심리적 트라우마를 남긴다고 주장한다. 이러한 주장이 빠지게 되는 오류는 그런 '피해'의 의미를 사회적으로 고정시키고 성매매의 본질로 규정하게 된다는 점이다. 또한 성을 파는 여성을 정신적으로 문제가 있는 집단으로 상정하게 되고 정신과적 치료가 필요한 대상으로 취급되게 하는 논리로 사용될 수 있다.

20) 쉼터 활동가인 백재희는 "성매매에 반대하지만 극단의 피해보다 더 많은 것이 피해로 간주되지 않는 것이 힘든 상황"(2003: 95)임을 지적한다. 인신매매, 감금, 업주와 손님, 공권력에 의해 발생하는 극단적인 피해에 가려 일상의 작은 피해들은 묻히고, 이는 여성들이 말할 수 없는 조건으로 작용한다.

다양한 조건과 관계 안에서 움직이는 역동적인 존재이기도 하다.[21]

4) 성매매 '근절'을 위한 연대, 협상, 그리고 공모

한국 사회에서 성매매는 주로 정책 논의를 통해 공론화되어 왔다. 여성주의는 정책을 통해 많은 문제를 해결할 수 있으리라는 신념으로 성매매 정책에 적극 개입해 왔다. 2000년대 들어서면서, 여성계는 성매매에 대한 이론적 공방을 넘어 금지주의 정책 기조를 강력하게 표방하면서 정책화에 매진해 왔다. 여성운동은 제도와 정책을 통해 성매매를 근절하고 여성들의 인권을 보호하는 것을 1차적인 과제로 삼는다.

청소년보호위원회, 여성부 등 관련 부서와 여성계는 먼저 여성의 몸에 대한 접근을 무제한 허용하는 성매매가 '범죄'라는 사실을 인식시키기 위해 노력하고 있다. 또한 성매매에 관한 인식 및 실태 조사를 실시하면서, 피해 여성에 대한 지원책을 마련하려 노력하고 있다. 관련 연구가 활성화되었고, 성매매 범죄 검거율은 눈에 띄게 증가했다(한국여성개발원, 2001; 청소년보호위원회, 2003). 입소자가 채워지지 않아 가출소녀 위주로 채워지던 '선도보호시설'도 성산업에서 벗어난 여성이 주를 이루고 있다. 「윤락행위 등 방지법」 제정 이후 유례없이 성매

---

21) 구조는 범주의 문제일 수 있으며, '범주'는 우리가 무엇을 주목해서 보는가에 따라 달리 보일 수 있다. 개인들의 행위와 사회적 구조는 이론적으로는 구분할 수 있지만 삶의 현실에서는 구분되지 않을 정도로 혼재된 것이다. 여기서 어떤 행위가 전적으로 사회구조에 의해 발생되는 것이라든가, 행위의 어떤 부분은 사회구조적이고 어떤 부분은 전적으로 행위성에 근거한 것이라고 도식화하는 것은 의미가 없을 것이다. 오히려 성매매를 만들어내는 다양한 권력관계들을 분석하고 여성을 단순히 피해가 각인되는 '대상'으로 간주하는 관점은 여성의 가능성을 봉쇄한다. 다양한 담론, 개인들의 조건, 관계성 등에 따라 문제는 전혀 다르게 상정될 수 있을 것이다.

매에 대한 집중 공격이 일어나고 있다.

특정한 주제가 공론화되고 제도화되는 과정은 담론의 경합을 통한 정치적 협상의 과정이다. 이러한 사회적 공론화와 정책화를 계기로 삼아, 여성계는 성매매 근절이라는 이슈를 중심으로 여성계 외부의 집단들과도 광범위하게 연대하게 되었다. 성매매 근절이라는 이슈에 합류하는 세력·집단이 여성계의 이념에 얼마만큼 동의하고 있는지를 판단하는 것은 쉽지 않은 일이지만, 표면적으로 그들은 여성계의 목소리를 적극 반영하고 있는 듯하다.[22] 성매매 관련 기관이나 단체들이 친여성주의를 표방하는 것은 아니지만, 외관상 여성주의는 기존 '여성계'의 범위를 넘어 확대되고 있는 것으로 보이기 때문이다. 일견 낙관적으로 보이는 이 가시적 주류화 현상은 여성주의적 관점의 확장으로 이해될 수도 있겠으나, 역으로 여성운동의 약화를 초래할 수 있다.

그동안 여성주의는 비가시화된 성매매의 문제를 '들릴 수 있도록' 만들고 성매매 반대의 세력을 규합하기 위해,[23] 지배적 담론의 언어와

---

22) 이들 움직임이 여성주의의 영향을 받은 것인지는 정확히 알 수 없다. 서울시 경우, 성매매 밀집 지역에 대한 '뉴타운 조성계획'이 발표되고 집결지를 철거해야 하는 문제가 불거지면서 성매매 문제가 이슈화되었기 때문이다. 그러나 출발이 어찌되었든, 서울시의 성매매 근절정책은 성인지적 관점을 의식적으로라도 지향, 도입하고 있음을 엿볼 수 있다. 서울시 여성정책과 신면호(2003)를 참조하라.

23) 최근 성판매 여성에 관한 연구물이나 논문, 토론문들을 보면, 성매매 반대 논리를 설득하기 위해 경제적 논리, 가정/가족 보호의 논리, 성도덕이나 성보호(특히 청소년의 경우)의 논리 등을 흡수하기도 하고, 정신적·의학적 측면에서도 성매매가 얼마나 위험한 행위인가를 설명하려 애쓴다. 특히 이러한 연구물에서는 성판매를 경험한 여성들이 겪고 있는 문제를 '바로잡아' 주고 건강한 사회인으로 '재활'할 수 있도록 돕고자 하는 선한 의도에도 불구하고, 이 여성들을 치유되어야 할 상처를 지닌 특정 집단으로 설정함으로써 '문제적인 존재'로 만들어버린다.

코드를 차용해 왔다. 그것은 마치 1970, 1980년대 여성계의 성매매 반대 운동(한국교회여성연합, 한국여성의전화, 한국여성단체연합)이 '민족의 착한 딸들', '정조를 유린당한 딸들'이라는 코드를 수용했던 것과 맥을 같이한다(민경자, 1999). 1990년대 말부터 이슈화된 청소년성매매(원조교제) 근절 운동도, '보호의 대상'으로 상정되는 청소년에 대한 지배적 관점을 그대로 안고 있다. 이러한 지배적 담론은 소녀들의 순결이 보호되어야 한다는 보수적 성담론과 가족주의같이 여성의 성을 사적인 영역에 제한하고 보호해야 한다는 성차별적 의식이 관통하고 있다.

성매매 근절을 위한 넓은 연대와 공모의 한쪽 끝에는 자원을 확보하려는 이해집단들이, 다른 한쪽 끝에는 전통적 여성상과 성도덕을 강화하려는 보수집단이 존재한다. 하나의 이슈가 사회적으로 공론화되고, 사회적 보호 시스템 안에 들어가기 위해서는 재원이 필요하다. 정부 사업의 다른 예산 규모와 비교한다면 '새발의 피'에도 못 미치겠지만, 예전과 비교했을 때 성매매는 자원과 관심이 투여되는 영역이 되고 있다. 이는 여성운동을 활성화시키는 등 정치적 효과를 낼 수 있는 기회이기도 하지만, 역으로 여성주의의 기본 관점이 투여된 운동성보다는 획일화된 집단의 안정성에 안주하게 될 기회 또는 위기일 수 있다.

성매매 근절이라는 이슈는 특정한 현상만을 문제시하면서도 이를 일반화하고, 지나치게 다양한 세력과 결탁하는 것은 아닌가 하는 우려를 낳는다. 특정한 현상과 문제를 해소하기 위해 전통적인 여성성과 여성에 대한 부정적 이데올로기를 관용해서는 안 된다. 오직 성매매 반대와 근절정책만이 여성주의적인 것이라고 간주할 때, 성판매 여성을 피해와 상처, 트라우마를 가진 집단으로 표상화할 때, 이를 경험한 여성들은 치료와 재활이 필요한 '문제 대상'으로 안착될 위기에 처하게 된다.

3. 성매매 '근절'이라는 위험한 도식, 경계짓기를 넘어서

한국 사회 페미니스트들은 성별 관점에서 성매매의 현실을 재규정하고, 성차별적 섹슈얼리티의 토대로 작동하는 성매매의 본질을 규명해 왔다. 그리고 보이지 않는, 또는 보려 하지 않던 성매매 문제들을 가시화하고 재개념화하면서, 성매매 옹호론에 맞서 근절을 위한 담론을 형성하는 데 주력했으며, 가부장제의 성별권력과 성산업의 구조적 피해자인 성판매 여성들의 구체적인 피해 상황을 밝혀내고 여성들의 목소리를 드러내려고 노력했다. 이런 관점을 바탕으로 여성학뿐 아니라 다양한 학제적 연구 방법론과 용어들을 차용·접목하면서, 여성주의 내부뿐 아니라 다양한 사회운동, 제도권과 연대하면서 성매매 근절을 위한 담론의 영토를 넓혀왔다.

그러나 페미니스트들의 성매매 근절 운동은 의도했든 의도하지 않았든 다음과 같은 문제들을 남기고 있다. 첫째, 비판의 초점을 남성 성문화에 둠으로써 성매매가 여성의 '일'로 간주되는 측면은 지나치게 간과된다. 둘째, 성산업의 착취 구조에 초점을 맞추고 그 구조와 성매매를 동일시하는 운동 전략은 성매매 문제를 성산업 구조의 문제로 축소시킨다. 셋째, 여성의 피해를 지나치게 강조함으로써 성판매 여성을 치유하고 재활해야 할 '대상'으로 고정시킨다. 넷째, 성매매 근절을 위한 광범위한 연대와 제도화는 청소년과 여성의 성을 통제하려는 지배담론을 강화한다.

한국 사회 가부장제하에서 여성주의가 성매매 근절을 그 목적으로 채택한 데에는 충분한 이유가 있으며, 그것이 가부장제 성문화를 바로잡고 여성인권을 향상시키는 데 기여해 왔다는 사실을 인정하지 않을 수 없다. 그러나 "남성 구매자가 콘돔을 사용하지 않는 현실에서 에이즈와 성병 예방을 위해 콘돔을 나눠준다면 그것은 페미니스트 운동이 될 수 있을 것인가(백재희, 2003)"? 성매매 근절 운동과 성매매 운동을 동일시해 온 여성주의의 가장 큰 맹점은 바로 지금 성매매를 하고 있는 여성들에 대한 지원이 없고 현장의 목소리를 사장시킨다는 점이다. 여성계가 주도하는 어떤 정책 논의에서도 현재 성을 파는 여성들의 목소리가 직접 반영될 수 있는 창구는 닫혀 있다.

성매매 근절이라는 목표가 페미니스트 성정치학을 담기에 한계가 있는 이유는 성매매 근절 운동이 여성의 현실과 조우할 수 없기 때문이다. 오히려 '성매매 근절'이라는 목적이 현장에서 살아가는 여성들의 다양한 목소리를 침몰시키고, 여전히 여성을 비난하거나 문제집단화하는 논리로 사용되면서, 궁극적으로는 여성주의가 추구하는 성정치학을 지나치게 축소시켜 페미니스트들을 이분법적 선택으로 내몰고 있다. 우리 사회의 정책 논의는 지나치게 도식적이며 지나치게 이분법적이다. 성매매 근절에 찬성하는가? 또는 반대하는가? 신상공개 제도에 찬성하는가? 아니면 반대하는가? 찬반의 입장 표명을 강요하는 이분법은 현실의 틈새, 그 사이사이에 놓인 문제들을 들여다보고 가시화하려던 그동안의 여성주의의 작업들을 무화시킨다. 이러한 이분법적인 신념의 표명이 페미니스트들 사이에 경계를 긋는 선명성의 경쟁이 되어버린다.

이제 페미니스트들은 이러한 이분법적 질문과 선택 자체를 문제 삼아야 하지 않을까? 성매매라는 성차별적 사회 상황에 대한 선명한 입장이, 여성들의 현실과 가능성을 돌보아야 한다는 여성주의의 에토스와 충돌한다면? 상황적·맥락적인 필요와 요구, 실질적·구체적인 지원과 공감, 그것은 성매매 현장의 안과 밖에서 다양한 전략과 접근을 요구한다. 제도화와 정책이 마련해 준 더 나은 조건하에서, 이제 여성주의는 복합적이고 뿌리 깊은 문제일수록 하나의 답을 발견할 수 없다는 불안정성을 인정하는 태도를 견지해야 한다.

성매매 관련 운동이 여성주의 성정치학에 입각하여, 성을 파는 여성들의 현실과 조우하기 위해서는 다음의 사실들이 기억되어야 한다.

첫째, 페미니스트들에게 있어 성매매는 특정한 여성의 인권 문제이자 모든 여성들과 가부장제의 문제이다. 여성의 몸을 대상화하는 남성 중심의 성문화에서 양성 간의 성관계, 연애, 결혼이 얼마나 성매매를 닮아있는가를 투영해 보는 것은 여성주의 성정치학의 주요 논제이다. 그러나 여성운동이 성매매에서의 선불금, 빚, 감금 등 특정한 형태의 착취와 폭력만을 강조하고 이를 본질화한다면, 성매매 문제에 대한 여성주의의 근원적인 인식은 오히려 사장될 위험에 처하게 된다.

여기서 성매매에 대한 여성주의의 입장은 딜레마에 봉착한다. 어떻게 성매매라는 특수한 현상을 근절하지 않고, 여성을 성적 대상화하는 일반적인 현상을 막을 수 있는가? 역으로 가부장제의 성차별적 구조가 사라지지 않고서, 어떻게 성매매가 근절될 수 있을까? 어떻게 성을 파는 여성들의 존재를 인정하면서 성매매를 문제 삼을 수 있을 것인가?

성매매는 가부장제가 만들어낸 산물이며 여성들에게는 '위험스러운' 선택이지만, 동시에 그것은 여성의 경제적 수단이고, 성적 관계이며, 삶의 한 유형이다. 결혼제도 안에서 삶의 모습이 다양하듯이 성매매에 있어서도 마찬가지이다. 현재 한국 사회의 성매매가 선불금, 빚, 억압적인 노동조건, 폭력에 쉽게 노출될 수 있는 성산업을 통해서 이루어지는 경우가 많고 이러한 피해는 반드시 제거되어야 한다. 그렇지만 성매매에서의 구체적인 피해 상황이 성매매 그 자체인 것은 아니다. 성매매가 삶의 수단이며, 성산업이 삶의 공간인 여성들이 온존하는 한, 성매매 문제의 해결은 그 현장 여성들의 존재로부터 출발해야 한다.

둘째, 우리는 '구조'와 '행위' 사이의 간극을 인정하고 가부장제 구조에 무조건 복속되지 않는 행위의 다양한 가능성을 열어두어야 한다.

'결혼'이란 형태의 성거래와 '성매매'의 상업적 성거래는 '연속선'으로 존재한다. 대부분의 페미니스트들이 결혼이 가부장제를 유지하는 핵심적인 제도라는 점을 인정하지만, 그 성차별적 구조 때문에 '결혼제도'를 근절되어야 할 대상으로 상정하지는 않는다. 그것은 결혼제도 안에 머무는 여성과 남성이 성차별의 화신인 것은 아니며, 그 안에서 다양한 협상과 행위, 차이와 모색을 인정하기 때문일 것이다. 페미니스트들이 구조와 행위성의 층위를 어느 정도 분리하지 않는다면, 아무리 여성들을 피해자화한다고 해도, 궁극적으로는 여성들을 비난하는 논리에 갇히게 될 것이다. 성차별적인 구조 안에서 끊임없이 모색하는 여성들의 행위성에 주목하는 것 또한 여성주의의 핵심적인 과제이다.

셋째, 여성들 간의 차이에 대한 민감성을 가져야 한다. 매매되고 거래되는 성격을 공유한다고 해도 '결혼'과 '성매매'의 사회적 위상은 다르다. 성매매 여성들은 사회적으로 스스로를 드러낼 수 없는 조건 속에 존재한다. 우리가 그들의 문제에 대해 '알고 있다'고 확신하고, 그들의 경험을 '이해한다'고 생각하는 그 지점에서, 우리 자신의 인식을 점검하고 추적해야 한다. 성매매를 근절하여 모든 여성들을 성산업 공간 밖으로 나오게 하겠다는 페미니스트들의 의지 또한 건전한 도덕, 정상성, 경계짓기의 오래된 시선에 묶여있는 것은 아닌지, 페미니스트들은 이제 성매매 운동을 '근절'이란 표식에 가두지 않으면서 어떻게 여성에게 유리한 조건들을 만들어낼 수 있는가를 고민해야 한다.

여성주의는 사회 현상을 그 표면에서가 아니라, 그것이 감추고 있는 성별 질서의 관점에서 분석해 왔다. 페미니스트들은 성매매라는 극단적인 여성 혐오와 대상화의 문제를 구조의 관점에서 해결하고자 모색해 왔고, 또 어느 만큼의 성과를 올리고 있기도 하다. 그러나 이러한 구조적 해결 노력이 그 안에서 살고 있는 여성들의 삶을 충분히 섬세하게 돌보지 못했다면, 여성주의는 자신의 주장과 논의를 성찰할 충분한 이유를 갖게 될 것이다. 그리고 여성주의와 여성운동은 성매매라는 이 막막한 난제 앞에서, 다양한 현장 여성들의 삶을 돌보기 위해, '근절'이라는 선명하지만 불충분한 답을 되물어야 할 것이다.

'불황을 모르는 거대한 공룡' 성산업, 소비주의, 가부장제, 남녀의 불평등한 성적 권력, 성매매를 권하는 사회에서 여성주의는 성매매라는 주제로 힘겨운 투쟁을 벌이고 있다. 성매매의 유구한 역사에 비해 그 싸움의 기간은 오래지 않으며, 자원도 전문 인력도 부족하다. 한 곳으로 힘을 집중해도 모자랄 판에, 이 글처럼 계속되는 여성주의 내부의 문제 제기는 활동가를 더욱 지치고 외롭게 한다. 필자 역시 성매매 반대 운동에 함께했던 사람으로서 여러 가지 감정이 교차한다. 그러나 이러한 문제 제기가 여성운동을 더욱 살찌우는 것이리라는 '지나친' 낙관과 더불어, 여성주의 '이론'과 지독하게 변하지 않는 '세상', 변덕스런 '현실' 사이의 소통을 꿈꾸며 이 글을 썼다.

■■■ 참고문헌

김미령. 2003. 「현장활동가가 본 성매매 실태와 가능한 대안들」. 종로여성인
　　　력개발센터. 성매매 종사자 전문 상담자 양성과정 자료집.
김은실 외. 2001. 「아시아의 원조교제와 청소년 성매매」. 연세대학교 여성연
　　　구소 국제학술대회 자료집.
김정숙. 1999. 「매춘여성을 위한 복지프로그램에 관한 연구」. 서강대학교
　　　석사학위 논문.
김현선. 1997. 「한국 기지촌 매춘여성과 이동 문제의 해결을 위하여」. 미간행.
_____. 2001. 「기지촌 여성들의 삶과 꿈」. 한소리회. 제3기 자원활동가 육성
　　　교육 자료집.
_____. 2002. 「성매매의 폭력적 특성과 성매매 피해 여성의 외상후 스트레스
　　　장애」. 성공회대학교 석사학위 논문.
_____. 2003. 「토론: 성매매 실태 축소의 심각성과 문제점에 대하여」. 한국형
　　　사정책연구원. "한국의 성매매 규모와 현황" 심포지엄 자료집.
노충래. 2003. 「성학대, 성매매 피해 청소년의 심리적 역동성과 치료」. 서울시
　　　늘푸른여성지원센터. 실무자 전문성 향상교육 자료집.
막달레나의 집 엮음. 2002. 『용감한 여성들, 늑대를 타고 달리는』. 삼인.
_____. 2003. 『탈성매매, 미래를 준비하는 여성들』. 막달레나의 집.
매매춘 근절을 위한 한소리회. 1996. 「한소리회: 매춘여성과 함께 한 10년」.
　　　매매춘 근절을 위한 한소리회.
민경자. 1999. 「한국 매춘여성운동사: 성 사고팔기의 정치사, 1970~1998」.
　　　한국여성의전화연합. 『한국여성인권운동사』. 한울.
_____. 2002. 『한국 매춘여성 운동사』. 미간행.
배리, 캐서린(Catherine Barry). 2002. 『섹슈얼리티의 매춘화』. 정금나·김은
　　　정 옮김. 삼인.
백재희. 2002. 「성매매 공간의 다면성과 삶의 권리」. 한국인권재단. 『한국인
　　　권의 현황과 과제 2』. 제주 인권학술회의 자료집.
_____. 2003. 「현장에서 요구되는 민·관·학의 역할과 공조체제」. 한국여성학

회. 『성매매 방지를 위한 민·관·학의 공조체제』. 여성정책의 이념과
　　　공조네트워크 제3차 심포지엄 자료집.

새움터. 2001. 「성매매 방지 특별법에 대한 언니들의 주장」. 새움터·이주여성
　　　인권연대. 아시아 성산업 근절을 위한 네트워크 결성과 성매매 방지
　　　특별법 제정을 위한 국제 심포지엄 자료집.

선도보호시설 전국협의회. 2002. 선도보호시설 실무자들의 전문성 및 역량강
　　　화 프로그램 자료집.

신면호. 2003. 「성산업에 유입된 여성들의 탈성매매 지원을 위한 서울시
　　　중장기 계획, 다시함께 프로젝트」. 성매매 근절을 위한 한소리회. 성산
　　　업에 유입된 여성들의 탈성매매 지원을 위한 심포지엄 자료집.

원미혜. 1999. 「우리는 왜 성매매를 반대해야 하는가」. 『섹슈얼리티 강의』.
　　　동녘.

_____. 2003. 「성을 파는 여성들, 그 위반의 이름이 놓일 자리」. 『'탈영자들'
　　　의 기념비』. 생각의 나무.

이미경. 1987. 「매춘 문제에 대한 여성운동론적 접근」. 한국교회여성연합회.
　　　『매춘문제와 여성운동』. 한국교회여성연합회.

이영자. 1989. 「성일탈과 여성」. ≪한국여성학≫, 제5집.

이정미. 2001. 「성매매 청소년의 사회복귀 방안」. 한국불교청소년교화연합
　　　회. 『성매수 대상 청소년 어떻게 할 것인가?』. 청소년성보호 제2차
　　　토론회 자료집.

이효희. 1998. 「십대여성의 성적 서비스 경험에 관한 여성주의적 접근: 유흥
　　　업소 경험을 중심으로」. 이화여자대학교 석사학위 논문.

장필화. 2003. 「성매매와 여성」. 한국여성학회. 『성매매 방지를 위한 민·관·학
　　　의 공조체제』. 여성정책의 이념과 공조네트워크 제3차 심포지엄 자료
　　　집.

장필화·조형. 1991. 「국회 속기록에 나타난 여성정책 시각: A. 매매춘에 대하
　　　여」. ≪여성학논집≫, 제7집.

장필화 외. 2002. 「성매수 대상 청소년 심층조사 연구」. 청소년보호위원회
　　　연구용역과제.

전북여성단체연합. 2002. 군산 대명동 개복동 화재 참사백서.

정미례. 2003. 「자발과 강제의 이분법을 넘어서: 군산 성매매업소 화재사건」. 한국여성의전화연합 엮음. 『성폭력을 다시 쓴다: 객관성, 여성운동, 인권』. 한울 아카데미.

조영미. 1999. 「한국 페미니즘 성연구의 현황과 전망」. 『섹슈얼리티 강의』. 동녘.

청소년보호위원회. 2002. 2002 전국 가출 위기 청소년 보호시설 실무자 워크샵 자료집.

_____. 2003. 『희망까지 잃을 순 없어요!』 청소년보호위원회.

_____. 2003. 『청소년 대상 성범죄 연구: 제5차 신상공개 대상자를 중심으로』. 청소년보호위원회.

최정은. 2003. 「선도보호시설의 탈성매매여성 사회복귀지원 현황과 과제」. 성매매 피해 여성 지원을 위한 전문상담원 육성교육 자료집.

한국교회여성연합회. 2003. 『성매매 예방과 근절을 위한 성매매에 관한 시민의식조사 보고와 토론회』. 한국교회여성연합회.

한국여성개발원. 1996. 『산업형 매매춘에 관한 연구』. 한국여성개발원.

_____. 2001. 『성매매 방지 대책 연구』. 한국여성개발원.

_____. 2002. 『탈성매매를 위한 사회복귀지원 프로그램 연구』. 한국여성개발원.

한국여성단체연합. 2001. 『'성매매방지법' 제정을 위한 토론회』. 한국여성단체연합.

한국여성민우회. 1996. 『진단! 윤락행위등방지법』. 한국여성민우회.

한국여성연구원. 1999. 「십대여성의 향락산업 유입실태 및 방지대책 연구」. 대통령직속 여성특별위원회 연구용역과제.

한국여성의전화. 1985. 인신매매와 여성 토론회 자료집.

Alexander, Priscilla. 1987. "Prostitution: A difficult Issue for Feminists." Priscilla Alexander & Frédérique Delacoste(eds.). *Sex Work: Writings by Women in Sex Industry*. San Francisco: Cleis Press.

MacKinnon, Catharine A. 1993. "Does Sexuality Have a History?" Domna

C. Stanton(ed.). *Discourse of Sexuality: From Aristotle to AIDS*. The University of Michigan Press.

Pheterson, Gail(ed.). 1989. *A Vindication of the Rights of Whores*. Seattle: The Seal Press.

Rubin, Gayle. 1984. "Thinking Sex: Notes for a Radical Theory of the Politics of Sexuality." Carole S. Vance(ed.). *Pleasure and Danger: Exploring Female Sexuality*. Routledge & Kegan Paul.

Shrage, Laurie. 1989. "Should Feminist Oppose Prostitution?" *Ethics*, Vol.99.

Wynter, Sarah. 1987. "Women Hurt in Systems of Prostitution Engaged in Revolt." Priscilla Alexander & Frédérique Delacoste(eds.). *Sex Work: Writings by Women in Sex Industry*. San Francisco: Cleis Press.

"성판매 여성의 '인권', 어떻게 접근할 것인가"

일시: 2005년 6월 3일 (금) 오후 4시
장소: 서울대 사회대 교수소회의실
발표자: 원미혜(중앙대 대학원 문화연구학과 강사)
사회자: 이재인 박사(서울대 여성연구소)

1. 성판매 여성들은 어떠한 법적, 사회적 지위를 갖는가
2. 성매매 개념의 해체가 필요하다: '누구'의 '어떤' 경험인가
3. '피해자화'의 함정과 한계
4. 성매매방지법이 담지 못한 경험들에 귀 기울이기
5. '여성'에 대한 포지션이란
6. 법적 수단 외의 다양한 전략들이 필요하다
7. 가능성 열기: 성판매자의 비범죄화
8. 성판매 여성의 '어떤' 인권: 피해자가 되어야만 보호받을 수 있는 '인권' 개념을 넘어서

1. 성판매 여성들은 어떠한 법적, 사회적 지위를 갖는가

청중 1 성매매방지법이 '피해 여성, 그러니까 성판매자 여성이 문제다'라고 규정한다고 말씀하셨잖아요. 그런데 저는 「윤락행위 등 방지법」과 성매매방지법 사이의 가장 큰 차이가, 전자가 판매자 여성도 범죄자 취급을 했다면 후자는 범죄자가 아니라 피해자 여성으로 규정하고, 선생님이 강조하신 성매매 산업의 고리들에 대한 처벌이 굉장히 강화되었다는 것으로 보고 있거든요. 선생님께서는 여성을 범죄자로 규정하고 있다고 했는데 이거랑 좀 다르지 않나요?

발표자 「윤락행위 등 방지법」과 비교한다면 차이는 분명히 있죠. 그런데 만약에 페미니스트가, 또는 우리가 오늘 함께 법을 만든다고 생각을 해보세요. 법을 만들 때, '이 여성들에게 어떤 법적 또는 시민권적 지위를 부여할 것이냐'라는 물음이 가능하겠지요. '성매매는 범죄다. 파는 자, 사는 자는 범죄로 한다', 이런 규정이라면 성을 파는 여성은 1차적으로 '범죄자'가 되는 것이죠. 그렇기 때문에 이 법이 새삼 성을 판매한 여성을 범죄자로 규정했다는 이야기가 아니라, 여성주의자가 어쨌든 고민해서 만든 법인데 여전히 성판매 여성들은 기본적으로 범죄자인 지위에 있다는 것입니다.

사실, 법대로라면 '성매매 피해자'(성매매처벌법 제2조)가 되어야만 면책을 받을 수 있지요. 피해자 규정에 의하면 '피해'는 1차적으로 업주와의 관계에서의 '피해'를 전제하는 것입니다. 업주와 관계가 없는 여성들은 피해를 증명할 길이 없게 돼요. 법적으로 규정된 피해자 범주에 들어갈 수가 없으니까요. 이 법은 '구매자-업주-판매자' 모델에 포커스를 맞춘 법이에요. '독(獨)장사'나 프리랜서 등 업주 없이 일하는 여성들은 일단 피해자가 될 수 없다는 것을 의미하고, 이는 이 사람들이 범죄자가 되는 것을 의미한다는 것이죠. 또한 피해의 내용을 업주에 의한 피해로 한정하고 있어서 구매자에 의한 피해 같은 다양한 피해를 놓칠 수 있구요. 예를 들어, 2004년 성매매방지법 시행 이후 2개월 동안 7명의 여성이 구속되었어요. 나머지 여성들은 대부분 불구속 처리되어 약식기소, 벌금 10만 원 정도를 내고 훈방조치가 됐는데 이 여성들은 구속되었거든요. 그 여성들은 전단지를 돌려서 스스로 성판매를 하려고 했던 사람들이에요. 정책의 방향이 성판매 여성들의 처벌을 면제해 주려고 노력하고 있는 것이 사실입니다만, 현재까지도 단속된 여성들 중에는 성매매 '피해자'가 아니라 '성판매자'로 분류되어 '수강명령'을 받은 사람들이 있지요. 이들 대부분은 성매매 관련 지원센터나 쉼터를 통하지 않은 분들입니다. 그분들이 단속되기 전에 상담을 했더라면, 또는 단속된 이후에도 센터나 쉼터와 연결되었다면 피해자로 분류되었을 확률이 높죠. 똑같이 성판매 행위를 했는데, 누구는 '피해자'가 되고 누구는 '판매자'로 분류된 것이죠. 이러한 법적 구분에 대해 근절론 입장에 있는 페미니스트들도 문제를 제기하고 있기는 합니다만, 피해자 규정이라는 것이 매우 임의적일 수밖에 없음을 보여줍니다.

사실, '피해자'라는 규정은 임의적일 수밖에 없어요. 또한 '피해'라는 개념은 언제나 피해와 피해가 아닌 것을 구별짓게 하는 명명이기도 합니다. 여성이 자신을 정당화하는 방식이 " '피해자'이어야만 하는가? 피해자가 되어야만 비로소 보호받을 권리를 갖는가?"라는 아주 근본적인 문제가 있죠. 여성의 피해가 피해로 읽히지 않는 것도 문제이지만, 피해자가 되어야만 그 인권을 사회적인 것으로 인정받고 보호받을 수 있다는 것도 어떻게 보면 여성주의와 굉장히 모순되는 것입니다. 오직 피해자만이 보호될 수 있고 그것만이 문제 삼을 수 있는 유일한 방법이라는 식의 논리는 이 복잡한 여성의 현실을 개선하는

데 궁극적으로 별 도움이 되지 않는다고 생각합니다. 성산업에서 심각한 인권유린과 학대를 당하는 여성은 '피해자'로 보호되어야겠죠. 그러나 그렇지 않은 여성도 있을 수 있는데 그렇다면 이런 여성들이 범죄자가 되는 게 당연한 것인가요? 아니면 모두 다 같은 '피해자'라고 불러야 할까요?

물론, 성매매방지법과 「윤락행위 등 방지법」의 정책적 실현은 너무나 달라요. 기본적으로 성을 판매하는 여성은 범죄자가 될 수밖에 없는 것이 사실이고 피해를 입증할 수 있는 경우에 한해서만 피해자가 되는 것이거든요. 그래서 일부 여성단체는 성을 파는 모든 여성을 '성매매 피해 여성', '성매매된 여성' 이렇게 부르기도 하잖아요? 그렇지만 이런 명명도 상당히 문제가 될 수 있어요. 제가 성판매 여성에게 '성매매된 여성'이라는 용어에 대해 물으면 "내가 물건이냐?" 이런 식의 반응을 보이기도 합니다. 그리고 '성매매는 노예노동이다' 이렇게도 이야기하는데, 저도 오래전에 그런 표현을 썼지만, 어떤 집단을 '노예'라는 말로 표현하는 것은 사실 상당히 비윤리적이죠. 이런 용어들은 여성을 성매매로 강제하는 구조, 열악하고 착취적인 성산업의 구조, 피해자로서의 주체성을 극단적으로 드러내는 표현이기도 하지만, 그렇지 않아도 부정적인 낙인이 강한 당사자를 지칭하는 용어로 그 용어를 사용하는 것은 문제라고 생각합니다.

특히 법이라는 것은 굉장히 닫힌 체계를 갖잖아요. '뭐는 뭐다'라는 식의 규정이 그 사람을 규정해 버릴 수 있기 때문에 용어 사용에 있어서 각별히 신중해야 되겠죠. 용어는 새로운 사고와 실천을 만든다는 점에서 정치적으로 중요한 행위라고 생각해요. 제가 1998년에 '성매매'라는 용어를 제안하긴 했지만, 성을 파는 사람들에 대해서는 솔직히 아직까지도 어떤 용어를 써야 할지 모르겠어요. 그래서 고민하면서 우물쭈물하다가, 2001년에 장필화 선생님과 함께 '성판매자(성판매 여성, 성구매 남성 등)'라고 개념 정리를 하고 쓰고 있어요. 그 연구에서 '성판매 여성'이라는 용어를 사용한 것은, '성매매 여성'이라는 용어 가 문제를 가지고 있기 때문이었죠. 성을 사고파는 것이 성매매이고 '성매매 여성'이라고 하면 성을 살 수도 있고 팔 수도 있는 여성을 지칭하는데, '성매매 여성'이 성을 파는 여성을 지칭한다는 것은 이미 여성은 '성을 파는 존재'라는 것을 전제하는 셈이니까요. 또 '성매매' 나 '성판매자'라는 용어가 '중립적'이라는 지적도 있을 수 있겠지만, 워낙 낙인이 강한 집단이라는 점을 고려한다면 중립적인 표현도 매우 정치적인 의미를 갖는다고 생각합니다. 한편, 저는 어떤 면에서는 성 매매 개념이 해체되어야 한다고 생각하기 때문에, 성을 파는 여성, 성판매를 경험한 여성 등으로 풀어서 쓰는 것도 한 방법이 될 수 있겠 다는 생각이 들어요. 대안적인 용어들을 좀 더 고민해야 한다고 생각 합니다.

사회자 성매매방지법에서는 아직도 기본적으로 성매매 행위 자체는 범죄 행위인데, 살인 사건에서 정당방위가 인정되는 것처럼, 여성들의 경우에는 특정한 조건을 달면 범죄자가 아닌, 그 조건에 따라서 분별 되는 그런 정도로 달라졌다, 이렇게 이해가 되거든요. 그럼 여기서 스웨덴의 성구매자 처벌법이라는 것은 같은 성매매인데 판매하는 쪽 은 범죄가 아니고 구매하는 쪽은 범죄로 이렇게 규정이 되어 있는 건가요?

발표자 스웨덴의 성구매자 처벌법뿐 아니라 한국의 청소년 성보호법 도 지금 그런 구조이죠. 성구매, 즉 성매수 행위에 대해서 처벌하는 거예요. 그리고 구매행위 자체만이 아니라 성구매를 위한 흥정행위를 처벌하는 나라들도 있어요. 이를테면 최근 콘돔 사용을 성매매 행위의 증거로 채택하느냐 안 하느냐의 논란이 있죠. 그리고 얼마 전 '성매매를 해서라도 확실한 증거를 확보하라'는 경찰 지침은 정말 충격적인 것이었죠. 이런 문제가 나타나는 것은 성매매 현장을 발각해서 범죄를 입증하고 처벌하기가 굉장히 어렵기 때문이에요. 그런데 흥정행위를 처벌하는 경우에는 좀더 용이하죠. 이런 법체계에서는 경찰관이 성을 팔기 위해 나온 여성처럼 변장하고 함정수사를 하는 것이 가능하구요.

2. 성매매 개념의 해체가 필요하다: '누구'의 '어떤' 경험인가

사회자 어떤 수업에서 여성주의 방법론 교재를 함께 읽으면서 '기존의 언어가 가부장적인 이데올로기에 오염되어 있다고 할 때 새로운 지평을 열어가려고 하면 불가피하게 새로운 언어가 확립될 때까지는 다양한 언어를 함께 쓰면서 틈새를 만들어 나가는 방식이 있지 않느냐' 이런 제안을 하는 여성주의자를 봤는데, 지금 비슷한 이야기를 들어서 반갑습니다. 그런데 의미를 좀 더 분명히 하면, 지금까지 매매춘과 관련해서 사용된, 역사적으로 다양한 함축(connotation)이 들어있는 용어(terminology)를 그때그때 영역에 따라서 다채롭게 구성을 한다는 의미로 받아들여도 되는 것인지, 아니면 그 용어(terminology), 매매춘, 성매매 이런 것을 빼고 풀어서 그냥 쓰자 이런 이야기인지 궁금합니다.

발표자 페미니스트가 다양한 전략을 구사하는 이유는 현실의 억압이 그만큼 다층적이고 복합적이기 때문일 것이라 생각해요. 그리고 용어 사용이라는 것이 규정적 요소를 가지고 그 개념 세계가 생활 세계를 전유해 버릴 수 있기 때문에 현실의 역동성에 민감해야 하겠죠. 새로운 용어를 만들어야 한다는 것은 페미니스트가 어느 이슈에서든지 중요하게 다루는 부분이라 생각해요. 제가 말한 해체의 1차적 의미는 성매매를 둘러싼 많은 '문제들'을 좀 구분해 보자는 의미에서 해체를 강조하는 것입니다. '성매매'라는 용어가 지금 어떻게 표상되고 있는가를 보면, 이것이 성매매 자체의 문제인지, 성산업 구조의 문제인지, 집결지 여성의 문제인지, 산업형 성매매의 문제인지, 이것이 재해석되는 과정의 문제인지, 모든 여성들의 문제인지, '어떤, 누구'의 경험이 빠지고 마치 단일한 무엇처럼 취급되고 있습니다.

캐서린 배리의 지적대로, 결혼이든 노동을 하는 공간이든 여성의 섹슈얼리티가 성매매의 연속선상에 존재하고 그 안과 밖의 구분이 모호한 것이 현실입니다. 배리의 날카로운 지적은 어디서나 성을 팔도록 강요하는 남성 중심의 사회에, 그리고 특히 실제 성매매를 하지 않는 여성들에게 중요한 자극이 될 수 있을 겁니다. 그러나 여성의 섹슈얼리티가 어떤 '연속선'을 갖는 것은 분명하지만 그것이 '동일함'을 의미하는 것은 아니지요. 수퍼모델과 나이 드신 기지촌의 성판매 여성이 모두 자신의 성을 상업화한다는 것만으로 같은 것이라고 말할 수 없겠지요. 이 둘의 차이를 생성하는 것에는 계급, 문화 자본, 나이, 국가 등 다양한 코드들이 개입되어 있지요. 모든 여성의 섹슈얼리티를 '성매매'의 문제와 등가적으로 취급한다면, 성매매를 하지 않는 여성과 성매매를 경험한 여성 사이의 구분, 현실에 존재하는 '경계'의 문제를 간과할 수 있습니다. 경계, 구분짓기 또한 그것이 '허상'에 불과할지라도, 여성을 위계화하는 현실과 실제가 존재하니까요.

어떤 면에서 아무리 정치적으로 훌륭한 의미를 가진 용어라고 해도 당사자, 특히 지배적 사회로부터 배제된 사회적 소수자를 고려할 때는 더욱 조심해야 합니다. 이제까지 사회적 낙인은 그 여성들을 '무엇(What)'으로 규정해 왔죠. 그런 용어는 여성의 경험을 본질화할 위험으로부터 결코 자유롭지 못합니다. 성매매 개념을 새롭게 개념화할 수도 있겠죠. 대안적인 다른 용어를 만드는 것도 가능하겠구요. 그러나 성매매를 둘러싼 용어를 세분화함으로써 해체하는 방법도 모색할 수 있을 것 같아요. 왜냐하면 우리 머릿속에 성매매의 전형은 고정되어 있거든요. 성을 파는 여성과 성을 팔지 않는 여성 사이에 존재하는 차이뿐 아니라, 성을 파는 여성들 사이의 차이도 동일한 어떤 것으로 환원되고 있다는 문제가 있습니다. 기지촌 여성, 청소년, 나이 든 여성, 대학생, 자원을 좀 더 가진 여성과 그렇지 못한 여성 등 성매매의 공통적 경험에도 불구하고, 그들의 경험, 조건, 당면 문제들은 조금씩 다르겠지요. 성매매 경험이나 성산업 구조, 인권의 구체적인 문제들이 동형적이지 않은데도 다 똑같다고 생각을 하기 때문에 그것을 세분화해서 쓸 필요가 있습니다. 예를 들어 성매매 자체의 문제와 성산업 구조에서 발생하는 인권 문제는 다르겠지요. 업주의 착취를 주로 말하고 싶다면 그것은 '성산업에서의 착취'로 문제를 좁혀야겠지요. 그냥 성매매라고 하는 것이 아니라 '어떤' 성매매의 경험인가를 명확히 드러내야 합니다. 성산업의 구조적 동형성에도 불구하고 개인형 성매매가 다르고 산업형과 집결지 성매매가 다르니까요. '성매매 여성'이 아니라 '어떤 성판매 여성' 등으로요. 예를 들면, 연구자가 만난 인터뷰 대상이 단란주점 여성인데 그 여성의 경험 자체를 '성매매 경험'으로 환원한다면 그것은 정확한 것이 아니죠. '단란주점'이라는 성산업의 유형이 가진 속성이 인권의 문제에 큰 영향을 미칠 테니까요. 또한 성판매를 그만둔 여성이나 쉼터에 있는 여성과 현직에 있는 여성들은 각기 '현재의 위치'에서 자신의 경험을 재구성하는 방식이 다를 테구요. 뭉개져 온 '차이들', 차이에 대한 민감성은 여성이 놓인 조건에 대한 섬세함을 요구하죠. '성매매'라는 공통점, 다른 관계·일과의 유사성만큼이나 각기 다른 중요한 '차이'들, 그러한 차이를 만드는 조건들을 분석해 내야 합니다. 성매매와 관련된 용어에서 개념을 세밀하게 쓰는 것, 쪼개서 쓰는 것이 하나의 전략이 될 수 있다고 생각합니다. 이제까지 성매매는 단일한 하나의 원형처럼 취급되고 있지요. 저는 구체적인 여성 개인이 당면하는 문제를 모든 여성의 문제로 동질화하거나, 성매매를 단일한 것으로 환원해 버리는 태도가 매우 문제라고 생각합니다. 성매매를 둘러싼 많은 문제들을 '성매매' 행위 자체의 문제로 본질화해 버리면 구체적인 접근도 가능하지 않고 언제나 구조 환원론적 설명만을 반복하게 되지요. 차이들이 뭉뚱그려져 있는 한, 현실적인 조건을 이해하고 이를 바꾸고 변화를 모색한다는 것은 쉽지 않아요. 논의되어야 할 구체적인 조건들이 누락된 상태에서 대안을 모색한다는 것은, 그야말로 지식인들의 숨은 그림 찾기, 사색게임이 되기 쉽죠.

여성들의 경험적 차이가 단 하나의 틀로 환원되는 한, 여성들의 구체적인 경험에 토대한 인권의 내용은 대의명분에 가려진 채 언제나 부차적인 것이 되어버리기 십상이지요. 우리 사회의 안정과 발전을 위해 성매매가 존속되어야 한다 또는 근절되어야 한다는 식의 명분은 그 뒤에 가려져 온 여성의 인권을 되묻게 합니다. 성판매 여성 개개인이 겪는 '인권' 문제는 기실 언제나 '성매매'라는 사회문제로 귀착되어 왔고, 실제 여성들이 직면하게 되는 문제들은 사회 공동체를 위해 후차적으로 남겨져 왔으니까요. 민족담론이 전유한 '윤금이 씨 살해사건'이 구체적인 기지촌 클럽 여성의 문제가 아니라 '미군 범죄'로 환치되었듯이, 그동안 여성 개인의 구체적인 인권은 공동체, 대의를 위해 환치되고 유보되어 왔다는 것을 말씀드리고 싶습니다. 공동체의 안녕이 여성 개인보다 언제나 우선시되어 왔던 가부장제 역사 속에서, 이제는 당사자 여성들의 '인권' 문제에 천착해 보아야 한다고 생각합니다. 그것은 여성 개인의 권리가 무엇보다도 우선되어야 한다기보다는, 어떤 가치가 '공동체'라는 우선권을 대변하게 하는지에 대해 비판적으로 분석하고, 개인과 관계들, 공동체적인 것과 개인적인 것의 긴밀한 연관성과 팽팽한 긴장 관계를 파악하는 것을 의미합니다.

3. '피해자화'의 함정과 한계

청중 2 아마도 법을 만들고 집행하는 과정에서 '어떤 사람에게 어떤 이름을 붙이느냐'는 것이 항상 문제가 되고, '이걸 이렇게 부르면 당연히 이렇게 되고 이걸 그렇게 부르면 그렇게 된다'는, 그러니까 뒤에 따라오는 것에 대한 이야기 없이 '이렇게 규정을 한다'는 것에만 집착하는 모습이 선생님께서 선명성 투쟁이라고 보신 부분하고 연관이 되지 않을까 생각하는데요, 우선 선생님께서 그런 부분에서 많은 다양성을 생각할 수 있는 지점을 열어주셔서 굉장히 감명 깊었습니다. 그런데, 저는 이런 생각을 해봤어요. '성매매'라는 용어의 해체를 말씀하셨는데, 그것이 법이라고 하는 지평, 그것도 사실은 형법적 지평에서 이루어지고 있는 문제잖아요. 그런데 처벌 이외에 다른 제도들도 이야기할 수 있어야 하고, 실제로 이 현상이 어떤 것인가를 우리가 인지하고 사회적으로, 우리 스스로 알 수 있기 위한 명명도 필요하잖아요. 실제로 용어 규정이라고 하는 것은 여러 가지 지평에서, 여러 가지 제도적인 부분에서 일어나야 하는데 어떻게 잘못하다 보면 법이라고 하는 형법적인 체계와 처벌에 빠지게 되는 위험성을 한번 생각해 볼 수 있을 것 같아요.

그런 차원에서 제가 한편으로 제안하고 싶은 것은, 법이라는 것과, 다른 사회적 제도 논리의 담론과 용어들을 구분해서 사용할 수 있지 않을까 하는 것입니다. 예를 들어 형법 체계 속에서 피해자라고 이야기를 할 때 그것이 피해자라는 정체성을 바로 규정하는 것은 아니거든요. 그러니까 형법 체계 속에 절도 피해자도 있고 뭐 다른 피해자도 있는데, 형법 피해자라고, 절도 피해자라고 했을 때 이 사람이 피해자화(victimization)되는 게 아니잖아요. 그런데 실질적으로 이런 법 속에서, 실제 '피해'라고 하는 용어를 사용하는 것이 곧바로 피해자화냐, 이런 문제를 생각할 수 있을 것 같습니다.

이런 측면에서 저는 옛날 용어가 오히려 그립기도 합니다. 성매매 여성을 성판매 여성, 성구매자 여성 하면 정말로 내가 뭘 갖고 있어서 요걸 딱 사고팔 수 있는 그런 걸로 만들어버리는데, 성매매라고 이야기하기 전에, 가령 예전에 겸업매춘 같은 용어를 쓸 때에는 겸업매춘, 전업매춘 이렇게 이야기를 하면서 겸업매춘업이라고 하는 부분에서는 이런 것은 단란주점, 이런 식으로 분류를 하기도 했고, 오히려 정치적으로 올바른(politically correct) 성매매에 대한 지칭이 나오기 전에는 굉장히 많은 이야기를 했던 것 같아요. 그래서 매춘여성을 윤락녀라고도 부르면서 매춘업 종사 여자, 매춘업 종사 여성 이런 식의 용어들도 썼던 것 같고, 그러니까 뭐라고 불러야 할지 모르기 때문에 대충 불렀던, 그런 지점이 있었던 것 같은데, 그러면 여성주의자들이 그런 식으로 개념화를 해서, 그것을 법으로 넣는 게 아니라, '법은 법이고 우리가 현실을 포착하기 위해서 다양하게 이야기를 할 수 있는, 그런 지점들을 생각할 수 없을까' 이런 생각이 듭니다.

발표자 법적인 피해자 규정과 '피해자화'의 문제를 구별해야 한다, 이런 말을 하신 것 같은데요. 제가 좀 전에 법에서 말하는 '피해자' 규정에 대한 말씀을 드렸잖아요? 그 이야기를 했던 이유는 성매매가 기본적으로 범죄이기 때문에 처벌을 받아야 하는데, 피해자 규정이 면죄부를 주는 근거가 되기 때문이죠. 그렇기 때문에 절도나 강도로 인한 피해와의 비교는 좀 다른 측면이 있지요. 강도사건에서의 '피해'는 타인(강도)에 의해 침해받은 사실이고 범죄자는 강도이고, 피해자는 강도를 당한 사람이지요. 반면 성매매 피해자 규정에서의 가해자/범죄자는 업주나 알선자이고 피해자는 성을 판매한 여성이 되는 것이긴 해도, 피해자가 동시에 '성매매'라는 범죄행위의 당사자라는 점에서 미묘한 차이를 갖는 것입니다. 그렇지만 말씀하신 바와 같이, '피해자'와 '피해자화'는 다르지요. 그럼에도 현 정책에서 이 둘은 관련성이 깊습니다. 법적으로 볼 때 그야말로 '피해자'인 여성들이 있지요. 그렇지만 나머지 여성들은 어떻게 하나요? 업주한테 구체적으로 피해를 당한 사실은 없지만 성산업 일을 그만두고 직업 교육을 받기 원하는 여성이 있다면? 업주 없이 일했던 여성이 오갈 데 없어 쉼터에 오고 싶다면? 이들을 어떤 근거와 논리로 지원할 수 있을까요? 법의 피해자 규정에 의하면 이들은 피해자가 아닌데 말이지요.

문제는 여성인권의 기치를 내건 이 법이 실행되는 과정에서 여성들에 대한 처벌을 완화하고 지원하는 근거가 '피해자' 논리라는 것이지요. 1차적으로는, 법적으로나 명분적으로 성판매를 한 여성에게 피해 사실이 없다면 범죄자가 되기 때문에 여성이 처벌을 받지 않으려면, 즉 여성의 인권이 보호받기 위해서는 '피해자가 되어야 한다'는 의미에서 '피해자화'를 문제 삼는 것이구요. 이런 피해자화의 논리는 성판매 여성에 대한 우리 사회의 시선이 곱지 않은 현실에서, 지금 말씀하신 분과 어느 정도 공감이 가는 부분이기도 합니다. 그러나 피해자화의 문제는 좀 더 근원적인 데 있지요. 이는 '그 여성들은 구조적인 피해자다'라는 전제와 관련된다고 생각합니다. '피해자화'에 대해 일부 여성주의자는, 여성의 피해를 강조하는 것이 여성의 행위성을 부정하는 것은 아니며, 피해가 피해자로 환원되는 것은 아니라는 주장을 하고 있습니다만, 피해자 논리에서 더 핵심적인 문제는 이러한 피해 논리가 성매매를 반대하는 강력한 근거로 사용되고 있다는 것이지요. 성판매 행위를 하는 당사자 여성이 피해를 받기 때문에 그 행위를 '처벌'해서라도 막아보겠다는 논리를 확보해 주니까요. 어떤 상황에서 여성의 '일'이기도 한 행위를 그 자체로 피해받는 일로 만들어버리는 것, 성을 팔면 그 자체로 피해자가 되어버리는 것, 이것이 바로 피해자화이지요. 여성에게 비난이 쏟아지는 현실에서 성산업에서의 피해를 피해라 말할 수 없었던 현실과 마찬가지로, 피해자화(化)되는 과정에서 여성은 '피해' 외적인 것에 대해 침묵을 강요당하게 되는 것이죠. 성매매의 안과 밖이 선명하지 않은 남성 중심적 사회에서 왜 성매매 공간만이 '유독', '언제나 더' 억압적인 것일까요? 난센스이지요.

아무튼 성매매 근절론은 여성을 '피해자화'한다는 치명적 한계를 갖습니다. 피해자화는 지배적인 질서의 틀을 그대로 유지하면서 그것에서 배제되어 온 여성과 대화할 수 있는 유일한 방법이었는지도 모르겠습니다. 성산업에 있는 여성들의 '피해'를 강조하고, 나아가 성판매를 경험한 모든 여성들을 피해자로 취급하는 것은 "피해자가 되어야만 보호받을 수 있는 '인권'으로 인정한다"라는 케케묵은 논리를 그대로 답습하는 것이라 생각합니다. '여성 비난'이라는 눈에 보이는 함정을 피하려다가 같은 사냥꾼이 쳐놓은 다른 덫에 걸린 셈이죠. 사실, '피해자화'하는 것은 '타자화'하는 것과 크게 다르지 않아요. 그것은 남성 중심적 질서가 여성을 타자화해 왔던, 너무나 익숙한 방식이기도 합니다. 성판매 여성에 대한 도덕적 비난만큼이나 '희생자'로서의 표상은, 자신의 관심과 이해에 부합하는 관점을 정당화하기 위한 수단이 되어오지 않았습니까? 예를 들어 '양갈보'라는 비난에는 단순히 '헤픈 여성'이라는 도덕적 비난뿐만 아니라, '외국 남성'에게 몸을 판다는 민족주의적 비난이 공존하지요. 이러한 비난에 반대하여, 기지촌 여성을 미군에게 희생되는 '불쌍한 누이'로 표현하는 민족주의 진영의 담론은 '자국 여성의 순결을 지키지 못한' 남성의 자존심을 자극하고 고무시키죠. 기독교 사상이 강한 서구와는 달리, 소설, 영화 등 한국 사회의 재현물을 보면, 성판매 여성을 희생자로 이미지화하는 것을 유난히도 많이 보게 됩니다. 식민사회의 남성 주체가 자기 좌절을 '여성'으로 동일시해 내고 있기 때문이죠. 남성들이 여성을 성적 대상으로 타자화하는 논리나 여성을 희생자로 타자화하는 논리는 매우 흡사하지요. 그곳에는 주체성과 관계들을 가진, 피와 살과 감정과 판단력을 가진 '개인' 여성이란 없으니까요.

청중 2 이미 법 안에도 그런 논리가 들어와 있다는 말씀이신가요?

발표자 이 법을 중심으로 한 일부 여성주의의 전제가 그렇다는 것입니다. 지금 법체계는 피해자화의 논지를 충분히 담지는 못했어요. 피해자 논리로 여성의 비범죄화를 주장하던 여성단체가 한 발짝 물러선 것이니까요. 만연한 성매매 근절/감소라는 우선적 목표를 위해 여성 당사자의 문제가 협상의 우선순위에서 밀려난 셈이지요. 법의 근간은 파는 사람과 사는 사람을 모두 처벌하는 것이 원칙이니까요.
'피해자화'는 여성들이 비난받는 상황에서 어떤 유리한 지평을 열어 주기도 하지만, 구조적 차원만을 강조하다 보면 행위성은 부정된다는 문제가 있어요. 물론, 개별 주체들의 행위성, 여성의 '행위성'이란 것이 그 공간에서 전적으로 힘을 행사할 수 있다거나 주어진 상황을 오롯이 통제할 수 있다는 것을 의미하진 않습니다. 그렇지만 강제적인 구조만을 강조하면서 여성의 행위성을 부정하고 말살해 버리고 나면, 어떤 행위 주체가 그 문제를 바꾸고 해결해낼 수 있겠습니까? 사실, 여성의 행위성을 부정하게 되면, 구체적인 상황에서 발생하는 '인권'의 문제는 전적으로 그 상황의 외부에 의존할 수밖에 없게 됩니다.

인권은 곧 당사자가 아닌, 외부가 해결해 주어야 할 문제로 남겨지게 되는 것이죠. 한편, 성판매 행위가 그것을 경험하는 여성에게 동일한 트라우마를 남기는 것은 아니지만, 다른 '일'과 마찬가지로 그냥 아무렇지도 않은 '경험'에 불과한 것 또한 아닙니다. 현재 상황에서는 분명히 몸에 어떤 상처를 입게 하는 경험이지요. 그리고 어떠한 행위가 상처가 되는 것은 그것을 상처로 만드는 과정, 관계성과 사회적 조건들이 존재하기 때문이라 생각합니다.

저는 성판매 여성의 인권에 접근하는 데 있어 '피해자'보다는 '주변인 (the marginalized)'이라는 개념적 접근이 필요하고, 차별의 문제로 접근하는 것이 중요하다고 생각합니다. 특히, 사회적 낙인(stigma)은 이들의 문제에 접근하는 키워드라 생각해요. 성매매의 안과 밖은 불분명하지만, 여성에게 주어지는 낙인의 경계는 선명하니까요. 낙인은 성산업에서 착취를 용이하게 하고, 성산업으로부터 벗어나는 것도 힘들게 하며, 스스로 성노동자로 호명하며 자신의 권리를 찾는 것도 어렵게 하는 가장 중요한 요인이죠.

4. 성매매방지법이 담지 못한 경험들에 귀 기울이기

청중 2 기술적인(technical) 질문 하나 하겠습니다. 우리가 여성주의자들이라고 하면서도 성매매 현장을 잘 모르기 때문에 어떤 업소의 이야기를 하면서 '그런 업소에서 일하는 여성들은' 이런 식으로 단편적으로 생각하는 경우가 많고 그 여성들의 실제적인 경험이나 그 사람의 생애 과정에 대해서 생각하는 경우는 거의 없었던 것 같습니다. 저 같은 경우에도 현장감이 없는 이유로 '이런 여자들은 어떻게 봐야 되나' 이런 고민들을 했었구요. 그런데 선생님께서 독장사 이야기를 하셨는데 그 여성들이 실제 어떤 식의 삶을 살아가는지, 어떤 식의 업태가 되는 것인지, 이런 것들을 여성의 입장에서 풍부하게 말씀해 주시면 어떨까 싶습니다. 저희가 상상하기는 참 어렵잖아요.

발표자 집결지의 '독장사'의 경우, 업주 없이 혼자 일하는 여성을 말하지요. 나이 든 여성이나 그 지역에서 어느 정도 오래 살아온 여성이 방을 얻어서 자신이 직접 호객을 하고 손님을 받습니다. 예를 들어 용산 집결지의 경우, 업주들이 '아가씨'[24]를 두고 영업하는 '유리관 업소'와 '히빠리 골목'으로 구분되어 있기도 하지요. 히빠리 골목에 계시는 분들은 업주 없이 일하기 때문에 '착취'로부터 어느 정도 자유로움을 경험하신 분들이지만, 오랫동안 포주 밑에서 '아가씨' 생활을 해왔고 성판매 일을 스스로 하고 있기 때문에 '아가씨들'의 이해관계에 민감한 분들이지요. 히빠리 골목에는 또한 핌프(호객꾼)를 하는 나이 든 여성들도 있는데, 거의 대부분이 '아가씨' 출신이지요. 그들에게 있어 방지법 이후 강화된 단속은 아주 무서운 것이지요. 핌프는 알선자가 되는 것이고, 법에 의해 훨씬 무거운 처벌을 받게 되니까요. 실제 벌금 때문에 빚을 진 경우도 많구요. 방지법 이후 돈이 없어서 이래저래 빚을 지고 끼니를 못 먹을 정도로 가장 극악한 상황에 몰려있는 분들이 바로 이런 분들이지요. 법으로 구제의 대상이 될 수 없지만 실제로는 가장 열악한 상황에 놓여있습니다. 이 여성들은 호객을 직접 해야 하는 상황이기 때문에 눈에 띌 수밖에 없고, 단속의 주 타깃이 되기도 합니다.

또한 어느 정도인지 정확하진 않지만 포주나 업주 중에는 여성도 많

---

24) 성매매 집결지에서 '아가씨'란 손님을 받는 여성, 곧 성판매를 하는 여성을 일컫는다.

은 거 같구요. 여성업주 중에서는 특히 '아가씨' 출신이 많다고 합니다. 점차 브로커나 업주 없이 성을 파는 개인형 성매매, 인터넷을 통한 성매매, 외국인 성매매가 느는 추세인 것 같구요. 집결지나 유흥업소 단속이 강화될수록 인터넷 성매매는 더 늘게 되겠지요. 우리 사회에서는 성매매방지법 이후에 여성들이 외국으로 나가서 더 위험하고 열악한 조건에서 성매매를 한다는 사실에 대해 별다른 반응을 보이지 않는데, 실제 외국에서 활동하시는 분들의 말을 들어보면 성매매를 위한 한국 여성들의 이주가 심각하다고 합니다. 국가 횡단 시대에 성매매라는 이슈도 '한국'이라는 국가 경계 내의 문제만은 아닐 테니까요.

제가 이런저런 사례를 말씀드리지만, 성매매 현장이나 현장을 둘러싼 경험이 유일하다거나 가장 중요하다고는 생각하지 않습니다. 다만 문제를 해결하는 출발점으로서 구체적인 현실을 얼마만큼 직시하면서 실천하는가가 중요하겠지요. 성매매처럼 일상적으로 접하기 어렵고 통계화하기 어려운 주제일수록 이를 접할 수 있는 사람이 그 경험을 절대화할 위험성이 커지게 됩니다. 현장 경험자, 연구자, 성매매 관련 실무자들이 그들이 본 성판매 여성들과 자신의 경험에서 출발하는 것은 의미 있는 일이지만 그것을 절대화하는 것은 매우 위험하다고 생각합니다. 경험을 둘러싼 조건들이 언급되지 않는다면, 그것은 그저 고정된 차이를 드러내는 증거가 될 따름이겠지요. 불 끄는 소방서에서의 경험이 소위 '현장' 경험이라면 세상에는 천지사방에 불낼 일밖에 없겠지요. 현장은 또 현장 나름대로 또 다른 차이를 갖습니다. 어디서, 어떻게, 어떤 관계로 만났는가도 중요합니다. 내가 성판매 여성의 사례를 접했다면 '어떤' 현장에서 경험한 것인가, 이에 대한 한계를 분명히 하는 것이 반드시 필요합니다. 경험은 부분적일 수밖에 없는데, 이것을 절대화하거나 전체화하는 오류를 경계해야 합니다.

제가 '독장사'의 예를 들었던 것은, 독장사도 있고 뭐도 있고 뭐도 있는 실태를 말하려는 것이 아니라 성매매 정책이나 법률에서 상정하는 기본 모델을 검토해 보기 위해서예요. 여성주의자들의 관심은 극악한 성산업 구조, 그 부정의에 대한 분노였다고 생각하거든요. '여성주의자가 이렇게 열악한 상황을 어떻게 그냥 두고 보겠느냐' 이게 1차적이었죠. 2000년대 들어 이렇게 성매매가 이슈화된 이유에 대해서는 더 많은 분석이 필요하지만, 가장 선명한 것은 여성인권에 대한 '분노'였고 이를 기초로 성매매 문제에 접근했다고 봅니다. 그런데 그 분노의 진원지는 특정한 유형의 성매매, 업주와 여성들 간의 억압적인 관계였고, 이를 바탕으로 법이 만들어지고 어떤 형식, 체계를 갖추는 과정에서 그 모델이 굉장히 많은 것을 담아내지 못했음이 드러나고 있다고 생각합니다. 제한된 것이 전체를 대표한다면, 그만큼 인권 보호는 제한적일 수밖에 없다는 이야기죠. 그것이 태생적 한계를 갖는다는 것입니다. 사실 지금의 법과 정책은 어떤 특정한 종류의 성매매 행위에 대한 것이죠. 특정한 모델이 성매매를 판가름하는 고정된 기준, 표준이 된 셈입니다. 법 시행이 제대로 되고 있는가 아닌가를 떠나서, 그것이 기준이 될 때의 문제를 지적하고 싶었습니다.

청중 2 제가 여쭤본 것은 바로 그 지점 때문인데요, 지금 하나의 성매매 이렇게만 생각을 하잖아요. 그런 일반의 인식을 깨기 위해서는 드러나지 않은 다양한 예들을 발굴하고 알리는 작업이 필요하잖아요. 그런데 이게 보통은 '법에서 이런 것도 있는데 법망을 피해서 이런 것도 생긴단 말이야, 이런 것도 생긴단 말이야' 이런 식으로 법 안에서 빠지는 걸로 얘기를 하잖아요. 그런데 그렇게 하지 않으려면 선생님의 지금 접근 방식처럼 성매매의 다양한 패턴들을 하나하나 드러내주는 것이 필요하지 않을까, 이런 생각이 들었거든요.

발표자 동의합니다. 우리 사회가 제대로 논쟁을 하기 위해서도 1차적으로 다양한 연구, 다양한 경험들이 나와야 합니다. 현실은 복잡한데 논의는 빈약하고, 참고할 만한 자료가 빈약한 만큼 논쟁은 경직되고 '경험'은 획일적인 것 또는 고정된 것으로 취급됩니다. 고정된 경계 자체를 문제 삼는 것도 여성주의의 중요한 전략이라고 생각해요. 이를 위해서는 다양한 연구, 다양한 목소리 내기, 새로운 재현 방식과 글쓰기가 필요합니다. 지금 우리의 논의가 더 진전되지 못하고 합법/근절론, 섹스 워커(sex worker)냐 피해자냐, 이런 식으로 환원되어 버리는 것은 연구 주제와 틀이 너무나 제한되어 있고 고정되어 있기 때문이기도 합니다. 우리 사회에서 동성애 성매매, 여성의 성구매 행위 등에 대한 연구는 없는데, 그런 연구가 나온다면 성매매 논의의 지평도 다르게 재편될 것입니다. 성판매 여성의 일상적 삶에 대한 문화적 접근도 필요하구요.

2004년 '막달레나의 집'에서 진행한 연구를 보면 '집결지'와 '산업형 성매매'에서의 경험과 그 경험에 대한 여성들의 인식이 매우 달랐고, 집결지의 경우에도 천호동하고 용산을 연구했는데 그 둘도 달랐어요. 그 이유는 지역마다 룰이 있고, 그 룰에 차이가 있었던 것이죠. 예를 들어 단란주점처럼 산업형 성판매를 하는 여성들은 매상을 올려야 하기 때문에 술을 많이 마셔야 하는 반면, 집결지에서는 상대적으로 술을 많이 먹지 않지요. 이들이 경험하는 질병도 다르고 건강에 대한 태도와 인식도 다르죠. 또한 선불금을 주는데 이자가 없는 데도 있고, 업주와 화대를 나누지 않고 방값만 받는 데도 있고, 방값은 안 받는 대신 화대를 나누는 데가 있고, 화대를 나눌 때도 손님이 몇 명 이상 되어야만 나누는 데가 있는가 하면 모든 화대를 나누는 경우가 있고, 어떤 곳은 벌칙이 심하지 않고 어떤 데는 벌칙이 굉장히 심하고, '긴 밤 손님'을 받는 업소가 있는가 하면 받지 않는 업소가 있고……

이런 차이가 현실에서는 상당히 크게 나타나요. 지역, 업종, 매개자, 업주, 운영 방식 등에 따라 일상에서 차이가 큰 거죠. 그래서 여성들이 이동할 때는 대개가 룰이 비슷한 데를 돌아요. 그리고 그런 생활 패턴이나 경험 자체가 이 여성들이 탈성매매할 때까지 영향을 미친다는 거예요. 게다가 어떻게 보면 미래의 전망까지도 그 영향을 받고 있더라는 거죠.

우리가 차이를 드러낼 때 패턴을 드러낸다는 것은 '산업형 성매매는 이렇고 어떤 업소는 이렇고' 이런 것을 '실태' 차원에서 다 드러낸다는 것을 의미하지 않습니다. '실태'를 기술하는 것만으로 앎이나 지식이 될 수 있는 것은 아니니까요. 중요한 것은 성매매에 대해 이야기할 때 그것이 전부를 대표하는 사례가 될 수 없음을 인정하는 것입니다. 여성의 성판매 경험은 동일한 강도로 존재하지 않습니다. 여성의 성판매 경험이 구체적인 조건에서 굉장히 다양할 수 있다는 사실을 드러내는 것은, 남성 중심의 질서가 여성에게 부과해 온 고정된 이미지를 깬다는 점에서도 의미를 갖는다고 생각합니다.

우리 모두는 사회적 존재이지요. 그러면서도 동시에 각각 유일무이한 자아를 갖고 있잖아요. 비슷한 구조 속에서 살지만 우리는 모두 다 유일한 존재입니다. 그리고 이 유일무이한 자아, 주체들이 만나게 되는데, 인터뷰를 하다 보면 분명히 공통된 것들이 지속적으로 나와요. 이런 구조적인 분석이 가능하기 때문에 또 사회적 접근이 가능해지는 면이 있죠. '살았던 생애(life as lived)'와 '이야기된 삶(life as told)'을 통해 '체험된 생애사(life as experienced)'를 구성해 내고 공통된 부분을 재구성하면서 사회구조 분석이 가능하지요. 제가 차이를 강조하고, 차이를 봐야 한다고 말씀드리는 것은 이런 이유에서입니다. 연구자나 활동가는 자신의 일관성에 대한 욕망을 가지고 있고 또 이론화, 추상화의 과정에서 '맥락'이 빠지게 되는 경우가 많지요. 그런데, 이러한 오류를 성찰하려는 태도가 '모든 것을 다 고려해야 된다'거나 차이 때문에 연대할 수 없다는 회의론으로 빠질 필요는 없다고 생각해요. 자신의 경험이나 지식이 부분적일 수밖에 없다는 것을 인정한다면, 다른 경험과 지식에 대해 열려있는 태도가 필요하지요. 그래야 보완과 수정이 가능하니까요. 모한티(Chandra Talpade Mohanty) 말대로 차이를 지우지 않으면서 경계는 열려있는, '경계의 정치학'이 필요하지 않나 생각합니다. 또 억압이 복합적이고 다층적으로 존재하는 사회에서, 단 한 가지 전략만으로는 해결이 불가능할 수밖에 없지요. 우리에게 필요한 것은 '가부장제를 변화시키기 위해 어떤 전술이 필요한가'이고, 차이를 인정하면서도 그 차이 때문에 운동의 실천력을 떨어뜨리는 것이 아닌 방법을 모색하는 것, 어떻게 공존을 채택하는가 하는 것이 과제 겠지요. 이는 발표에서 말씀드린 첼라 샌도벌(Chela Sandoval)의 '전술적 주체성' 개념이기도 합니다.

5. '여성'에 대한 포지션이란

청중 1 비범죄화의 필요성을 말씀하셨는데, '성매매를 비범죄한다'라는 것의 의미가 무엇인지 궁금합니다. 저는 성매매방지법이 유사 이래 처음으로 정부, 시민단체, 성매매 문제에 관심을 가지고 있었던 사람들이 함께 힘을 모아서 모양 좋게 본격적으로 시도하고 있는 것이라는 점에서 굉장히 의미가 크다고 생각해요. 그리고 법이라는 것은 사실 어떻게 보면 윤리나 도덕, 이런 것의 최소한이고 '사회에서 이런 행위만은 하지 말아야 되지 않는가'라는 공통의 합의를 반영하는 거잖아요. 그래서 성매매에 대해서 이것을 범죄로 생각할까 비범죄로 생각할까, 성매매 여성을 피해자로 생각할까 그렇지 않게 생각할까,

이런 부분은 각자의 판단에 맡길 수밖에 없는 여지가 분명히 있는 거죠. 그렇다면 '이제 법은 성매매 행위에 대해서 어떻게 접근해야 되는가'라는 문제가 남는데, 저는 선생님의 말씀에 그다지 동의가 되지 않거든요. 한국 사회 같은 경우에는 섹슈얼리티 영역에서 서구와 비견될 만한 정도의 고민이나 변화가 없었단 말이에요. 그리고 제가 생각하기에 여전히 너무나 가부장적이고 남성 중심적인 성도덕이 있는 사회에서 법마저도 이 성매매를 범죄화하지 않는다는 것은 좀 상상하기 힘듭니다.

발표자 저는 성산업이 아니라 성매매 행위 자체를 처벌하는 것에 대해 문제를 제기했던 거잖아요. 그러면 왜 '성매매에 대해서는 처벌해야 된다'고 생각하시는지 묻고 싶어요. 왜 절대로 그것은 안 된다고 생각하시는지 그 근거를 이야기해 주시면 제가 대답하기 훨씬 수월하겠습니다.

청중 1 저는 일단 섹슈얼한 것 자체가 돈으로 사고팔 수 있는 행위가 아니라고 생각을 하구요. 그 다음에 사실은 이 성매매라는 것이 다른 영역의 문제가 반영된 것이라고 생각합니다. 다시 말해서 성매매 여성이라든지 성매매와 관련된 성산업, 이런 구조가 독자적으로 굴러가는 것이 아니라 그 사회의 성도덕, 부부 관계, 남녀 간의 관계, 노동시장의 문제 같은 것들과 함께 생각되어야 한다고 보거든요. 그런데 '법에서 성에 대한 것을 어떻게 규정할 것인가'를 볼 때, 저는 최소한의 것이 윤리적인 가치라고 봐요. 섹슈얼리티라는 것은 사고팔 수 없는 것이라고 법으로 금지가 된다 하더라도 사고파는 사람이 나올 수도 있죠. 그것까지는 사회적으로 접근할 수 없다고 치더라도 항상 최소한 법의 태도에 의해서만은 그 가치가 지켜져야 한다고 봅니다.

발표자 다른 분들 중에 혹시 이것에 대해서 말씀하실 분 있으세요?

청중 3 저는 '그렇게 다양한 상황·문제의 결과로 성매매가 드러나게 되는데 왜 유독 그 결과인 성매매 행위만 처벌하는 걸까' 하는 생각이 듭니다. 노동시장에 대해서 누구더러 책임을 지라고 할 것이고, 만족스럽지 못한 결혼 생활에 대해서 누구에게 책임을 물을 거고 하는 등의 문제가 있는데, '왜 유독 그 인터코스(intercourse, 삽입성교) 행위에 대해서만 법적인 책임을 물어야 될까'라는 의문이 들거든요. 그리고 '섹스는 돈으로 사고팔 수 없는 거다'라는 것은 개인의 윤리적 판단일 수 있을 것 같아요. 그것이 얼마나 사회적으로 합의가 되었는지 저는 사실 좀 의문이거든요. 왜냐하면 남자들은 성매매하는 것을 너무나 당연하게 생각하고 있는데, 그것이 과연 윤리적으로 사회적 합의가 이루어져 있다고 할 수 있는 것일지 저는 잘 모르겠거든요.

청중 1 주부와의 관계에서 그 남편이 외도와 같은 성매매를 한단 말이에요. 그러면 그 남자랑 같이 사는 여성은 고통이 없는 건가요? 그건 관계가 없는 건가요?

발표자 '주부'의 고통, 존재할 수 있습니다. 그러면, 우리는 그 사례에서 누구의 고통, 누구의 안녕에 천착해야 할까요? 문제의 근원이 어디에 있을까요? 좀 극단적으로 이야기를 해보겠습니다. 남성이 여성의 '몸'과 '관계'를 제멋대로 주도할 수 있는 현실에서, 남성의 외도가 문제의 초점이라면, 외도를 하게 만드는 모든 근원을 싸그리 몽땅 없애야 하나요? 그것도 다른 여성을 견제하는 방식으로요? 성을 파는 여성은 남성의 외도를 촉진하게 만드는 유혹녀, 주부에게 고통을 주는 근원, 사회적 악인가요? 그 고통의 싹을 없애는 것이 페미니스트가 여성을 위해 접근하는 대안적 방식일까요? 외도의 위협은 성을 파는 여성뿐 아니라 남성을 둘러싼 모든 여성에게도 있지 않나요? 그러면 모든 여성들은 '정실부인'을 위협하는 존재로 취급되어야 하나요? 실제로 정실부인과 성판매 여성이 대립되게 만드는 현실이야말로 남성 중심적 사회의 가장 극악한 자기유지 전략이라 할 수 있죠. 여성들 간의 경쟁 말입니다. 다른 여성들이 여성인 자신의 행복을 뺏을 것이란 혐의를 두고 언제나 의심하고 의식하고 긴장하고 갈등하고, 때론 창녀처럼 헤프게 보이지 않기 위해 때론 정실부인처럼 지루하지 않게 몸을 섹시하게 가꾸고 치장하고……. 이렇듯 남성 중심 사회가 만들어 놓은 이분법적 구조의 틀 속에서 여성 간에 연대가 가당키나 하겠습니까?

그러니까 한편 '정실부인'과 자기동일시를 하는 많은 여성들에게 성판매 여성을 '피해자'로 규정하고 성매매를 근절하자는 주장은 힘을 발휘하는 것이겠죠. 성을 파는 여성이 경쟁자가 아닌 피해자가 되는 순간, '정실부인'은 우월감과 자신감을 훼손하지 않아도 되고, 거부감도 완화시키게 되고 성판매 여성들을 조금이라도 이해할 수 있는 심리적 계기를 마련하는 셈이니까요. 그러나 이는 또다시 여성을 이분화하게 되는 겁니다. 성노동자와 피해자. 여전히 동일한 논리 안에 있는 것이죠. 극단적으로 말하자면, 피해자는 그나마 인정할 수 있는 것이고 성노동(sex work)을 인정해 달라고 요구하는 여성들은 용납할 수 없는 것입니다. 이러한 논리, 정실부인이 성판매 여성으로 인해 고통을 받을 수 있고, 그래서 남성이 외도하지 못하도록 하기 위해 성매매를 반대하는 것이라면, 그것은 '여성들(women)'의 입장을 대변하는 것이라기보다는, 정실부인의 포지션이 대표단수가 되어 '여성(Woman)'을 대변하는 것이겠지요.

1차적으로 주부와 성판매 여성이 대립하게 만드는 것은 경제적, 심리적 자원으로서 '남성'을 공유하고 이를 경쟁하게 만드는 구조 때문이겠지요. 가부장제에서 고통받는 것은 주부나 성판매 여성이나 마찬가지 아니겠습니까? 정서적으로나 경제적으로 그런 이분법을 만들어내고 유지하는 큰 메커니즘을 들여다보고 그 이분법을 극복하는 것이 여성학의 과제겠지요.

우리가 성매매를 논할 때 성매매를 문제 삼고 있는 우리 내부도 면밀히 분석해야 한다고 생각해요. 대다수의 여성에게 성매매는 매우 불편한 주제임에 틀림없습니다. 성매매를 논할 때 남성과 여성은 전혀 다른 심리적, 경험적 토대에서 이야기하게 되는 거지요. 사실, 성매매에 대해서 대다수의 여성은 '쿨'하지 못하지요. 여성들에게 '성매매'는 매우 복합적인 감정을 자극하지요. 남성들은 '권리'를 중심으로 말하는데 그것이 '꼭 성매매를 하고야 말겠다'는 의지라기보다는, 그런 의지도 없지는 않겠지만, 권리 중심적 사고에 익숙하기 때문이기도 하죠. 어떤 문제를 해결하려 할 때 개인 간의 '권리'의 문제로 사유하는 것은 남성들에게 가장 익숙한 방식일 거예요. 반면, 여성들은 '권리' 중심적 사유에 익숙하지 않을 뿐만 아니라 감성적으로 훨씬 더 복잡하지요. 집결지를 지날 때 여성들은 일단 수치심을 느끼죠. 불쌍한 느낌이 들거나 화가 나기도 합니다. 마치 '내'가 전시된 듯한 느낌, 남성들은 그런 복합적인 감정을 느끼지 못하죠. 아니, 안 느껴도 되지요. 사회생활을 할 때 남성들이 동료 여성을 소외시키고 자기들끼리 2차를 가는 문화, 성적 서비스가 뒷거래되어야 돌아가는 정치·경제적 문화, 여성의 몸이 팔릴 수 있다는 문화적 조건은 여성(Women)에게 열악성을 강요하는 토대가 됩니다. 그렇기 때문에 성매매는 단순히 성판매자만의 문제가 아니라 여성 전체의 문제가 되는 것이죠.

제가 앞서 주부와 성판매를 하는 여성에 대해 극단적으로 말씀을 드렸지만, 그것은 여성을 대립적으로 취급하는 태도를 문제 삼기 위한 것이구요, 실제 여성들의 경험 속에서 성을 파는 여성들이 언제나 대립적으로 존재한다고 생각하지는 않습니다. 제가 강의나 인터뷰를 해 보면, 커리어 우먼이나 지식인 여성보다 오히려 주부가 성을 파는 여성들이 다방면으로 겪는 '고통'을 더 잘 이해하기도 하고 또 적극적으로 연대를 원하는 태도를 갖고 있음을 보면서 종종 놀라게 됩니다. 주부 자신의 경험, 도무지 빠져나올 수 없었던 상황, 관계의 고통을 경험했고, 모순된 현실 속에서 희망을 가지고 살고 있다고 생각하기 때문에 더 잘, 그리고 민감하게 다른 여성들의 현실에 '공감'하게 되는 것이 아닌가 싶습니다. 저는 이것이 여성 연대를 논할 때 아주 흥미로운 단초를 제공하고 있다고 생각해요. 결혼과 성매매가 다를 바가 없기 때문에 '너나 나나' 똑같다거나, 결혼을 정당화하기 위해 성매매를 본질적으로 악한 것으로 구분하는 태도와는 매우 다르니까요. 원칙 중심적인 사유가 아닌, 상황에 대한 이해와 열린 '공감'은 여성 연대를 위한 매우 중요한 에너지요, 출발점이라 생각합니다. 여성 억압은 남성이 중심이 되는 사회에서 여성을 주부, 사회적으로 성공한 여성, 성판매자 등으로 대립적인 구분을 하는 태도나 어느 한 편의 포지션 만으로는 해결될 수 없는 문제이니까요.

그러나 여기서 중요하게 고려해야 할 지점은 이제까지 성매매는 언제나 사회적 일탈의 문제였고 지금도 그것을 문제 삼는 방식이 성에 대한 안정된 '정상성' 안에서 이루어지고 있다는 사실입니다. 소위 '정상적인 성'의 테두리 안에서 성에 대해 안전하게 말하는 방식에 너무 익숙하지요. 정상성을 토대로 하는 시각에서 조금 벗어나서 저는 오늘 성판매 여성의 지위에서 생각해 보기를 제안하고 있는 것입니다. 그 지위 안에서 제 말을 해석해 주셨으면 좋겠어요. 초점은 '어떤 성이 올바르냐 그르냐'의 원론이 아니라, 성판매 여성에게 '범죄자'라는 법적 지위를 줄 것이냐의 문제입니다. '성매매 행위는 처벌되어야 한다'

는 규정으로 범죄자의 지위를 주면서 이 문제를 해결할 것이냐, 아니면 다른 방법을 강구해 볼 것이냐, 이런 것들을 고민해 볼 수 있는데, 우리는 너무나 손쉽게 '처벌'만을 고집하는 것이 아닌가 되돌아봐야 한다는 것이죠.

그리고 저희가 남성들과 싸울 때의 언어와 지금 여기서 이야기되고 있는 것들은 굉장히 다릅니다. 남성들은 말도 안 되는 논의를 하고 있어요. 그리고 성매매방지법 이후, 생계나 이주 문제 등 성판매 여성들이 당면한 문제를 남성들의 성구매 행위를 합리화하는 논리로 점유해 버리는 현실이 존재합니다. 그러한 현실에서 여성주의 언론이나 글에서조차도 이 여성들의 목소리는 거의 다뤄지지 않았죠. 헛소리하는 남성들과 싸워야 되니까, 위험스럽다는 것이죠. 그런데 힘 있는 '그곳'과 싸우느라 여성주의자들이 정작 고민해야 하는 것들을 놓치고 있는 것은 아닌가 돌아볼 필요가 있을 것입니다. 저의 이야기는 이런 문제 제기입니다.

6. 법적 수단 외의 다양한 전략들이 필요하다

청중 2 저는 성매매라는 용어를 그다지 사용하고 싶지 않습니다. 정확하게 성을 매매하고 판매하는 상황이 아니니까요. 어쨌든 '매매춘'이라고 하는 것이 제도적으로 여성주의자들에 의해서 용인될 수 있는가' 하는 문제와 '현실적으로 개별 행위자들을 처벌할 것이냐 말 것이냐' 하는 문제가 굉장히 거리가 먼 것이잖아요. 그래서 '그 거리를 확인하는 작업이 좀 필요하지 않을까' 하는 생각도 들어요. 그리고 한국의 여성주의 운동이 법 제정운동을 통해서 남성들이 가지고 있던 말도 안 되는 규범을 깨뜨려온 운동의 역사도 있기 때문에 법 차원의 유용성을 인정하면서도 개별 행위자를 처벌하느냐 안 하느냐에 대해서 유형 정리가 필요할 것 같아요.

제가 드리고 싶은 질문은 지금 하고 있는 법 개정 등의 작업에서 처벌 외에 다른 방법들, 이를테면 카드 사용 제한 같은, 이런 것들도 고려하고 있는가 하는 것입니다.

발표자 예를 들면, 지금 집결지와 성매매방지법이 대치하고 있는 상황인데요. 사실 성매매방지법이 아니어도 집결지를 칠 이유는 많아요. 무허가 지역 정비, 도시개발, 주택가, 청소년 유해 환경 등 명목은 많습니다. 성매매를 감소시킬 수 있는 방법도 다양할 수 있겠죠. 성매매 방지법 이후에 법인 카드 사용 제한 이야기가 쏙 들어갔잖아요. 경제계 쪽에서는 '세금만 어떻게 해도 엄청나게 줄어들 것'이라고 이야기를 하거든요. 그런데 성매매방지법은 이름 자체가 '성매매'니까 여기에 초점이 있는 거예요. 명명이 이러다 보니 명분적으로도 성매매가 가장 빈번히 일어나는 집결지가 타깃이 될 수밖에 없지요. 또한 논쟁의 중심이 원론적으로 성매매를 인정하느냐 마느냐에 초점이 맞춰지는 것이구요. 저는 어떤 면에서는 성매매방지법이란 명명 말고 '성산업 방지와 착취 방지법' 이런 것으로 갔으면 좋겠어요. 성매매가 엄청난 구조의 복합물, 그 결과물이잖아요. 이건 단순 논리로는 설명이 불가능하고, 또 설명된 것 같지만 하나도 설명이 안 되어 있죠. 그래서 이게 성매매를 처벌하느냐 안 하느냐의 문제가 아니라는 거예요. 처벌을 해서 잘될 수도 있지만, 그게 잘된다고 해도 어떤 종류의 문제가 남는 위험성이 있다고 아까 말씀드렸죠.

정책을 만드는 것은 단순히 현실을 반영하거나 최소한의 행위를 제한하는 것에만 그치지 않습니다. 법은 가치 지향을 담을 수도 있고, 단순히 현실을 반영하거나 사회적 합의를 넘어서 지향하는 세계를 끌고 나가는 원동력이 되지요. 그래서 여성주의가 정책 분야에 관심을 두는 것 아니겠습니까? 그런 점에서 성매매가 없는 세계를 목표로 하는 이 법의 의미가 있는 것이겠지요. 그리고 저도 성매매나 결혼이 여성에게 강요되지 않는 사회를 꿈꿉니다. 성매매 행위를 비범죄화하는 것이 곧 '성매매는 좋다'라고 인정하는 것은 아니에요. 지금 제가 성매매 합법화나 '성매매가 온당하며 좋다'라는 이야기를 하는 게 아니죠. '어떻게 하면 성판매 여성들에게서 범죄자로서의 지위를 없애면서 성매매 문제를 해결할 수 있을까'를 고민하는 것입니다. 그렇기 때문에 제 논의를 확대해석하셔서 '비범죄화는 성매매를 완전히 용인하는 것이다'라고 생각하지 않으셨으면 합니다.

그런데 지금 이 문제의 초점이 어디에 있냐는 거죠. 사실 착취를 근절하는 어떤 종류의 조치를 취하고 그 다음에 카드 사용 제한이든 뭐든 여러 가지 것들로 접근을 할 수도 있어요. 예를 들어 캐나다는 성매매가 합법화된 나라예요. 그런데 몇몇 주에서 그 정책의 시행은 금지주의 버금가요. 경찰들이 위장하고 서 있다가 구매자가 '여보쇼, 얼마요?' 이러면 잡아다가 교육시키고 처벌하고, 그게 합법화하는 나라에서도 일어나는 일이란 말이에요. 그러니까 법의 입법 태도 외에 다른 장치들이 많이 달라붙을 수 있다는 겁니다. 그런데 그 여성을 굳이 범죄자로 만드는 것은 문제라는 이야기를 하는 거죠. 다양한 전략들이 얼마든지 구성될 수 있다고 생각하거든요. 여성주의가 성매매 근절의 목표를 가지면서도 법적으로 금지를 하지 않는 다양한 전략을 구상할 수 있을 것입니다.

청중 4 비범죄화 주장에 대해서 굉장히 공감을 하면서도 '구매자는 어떻게 하지?' 이런 의문이 남습니다.

발표자 구매자뿐 아니라 성문화를 바꾸기 위해 노력해야 합니다. 돈을 주고 자기 마음대로 여성의 몸을 살 수 있다는 문화, 여성을 사회적으로 왕따시키는 문화가 바뀌어야 할 테니까요. 돈 몇 푼으로 별의별 짓 다하고 자기들 마음대로 할 수 있다고 생각하는 한국 남성들의 인식도 제일 극악할 것입니다. 돈 몇 푼으로 이상한 짓을 할 수 있다는 의식은 어쩌면 성판매 여성에 대한 사회적 낙인이 그만큼 강하기 때문이기도 합니다. 물론 여성의 몸을 함부로 대하는 이들에 대해 응징할 필요가 있습니다. 용인이나 이해가 아니라 남성들이 두려워할 수 있는, 공개적인 응징 말입니다. 개한테도 한 번 심하게 물려봐야 발로 안 차죠. 그러나 그것이 비단, 성매매에 국한된 문제는 아니겠지요. 인터코스는 아니지만 모욕적인 성적 서비스를 요구하거나, 회사에서 성희롱을 일삼거나, 심지어 결혼이나 연애 관계에서도 그런 문제들은 발생합니다. 단란주점에서 돈 몇 푼으로 여성에게 온갖 굴욕적인 행위를 요구하는 행위와 집결지에서 인터코스만 하는 행위 중에 무엇이 여성에게 인권침해적인 행위이고 무엇 때문에 처벌의 대상이 되는 것일까요? 모두가 인권에 위해를 가하는 행위인데, 왜 어떤 행위는 불법이 아니고 어떤 행위는 불법일까요? 무엇이 보호되어야 할 최소한의 인권이지요? 그것이 성매매만 아니면 되나요? 중요한 것은 그것이 성매매냐 아니냐로 구분될 것이 아니라, 모든 곳에 존재하는 여성 '인권'의 문제라는 것입니다.

사실, 금지주의의 가장 큰 장점은 구매자를 적극적으로 다룰(handle) 수 있다는 점인 것 같아요. 그러나 비범죄화한다고 해서 남성들에 대한 접근을 할 수 없다는 것은 아닙니다. 아까 말씀드린 대로 다른 나라들의 경우에도 그렇구요. 저는 비범죄화의 스펙트럼이 다양하다고 생각을 합니다. 한편에서 '어떻게 동의와 자발을 구분하느냐. 그 구조에서는 모두 피해자이다' 이런 의미에서 비범죄화를 이야기하고 있고,

또 한편에서는 성을 사는 사람이나 파는 사람이나 1차적으로 그 행위에 범죄를 부여하는 것은 무리라고 보고 있는 거죠. 저는 후자의 입장입니다. 그러나 현재, 성매매가 만연해 있고 성산업의 착취 구조를 생각할 때, 전략적으로는 성판매자의 비범죄화가 우선되어야 한다고 생각합니다. 이것은 성을 파는 사람과 사는 사람이 다른 조건에 놓여 있다는 것을 고려하는, 일종의 '적극적 조치'라고 할 수 있겠지요.

7. 가능성 열기: 성판매자의 비범죄화

청중 4 그랬을 때 현실적으로 굉장히 많은 비판들이 있을 것 같은데요.

사회자 '일단은 엄청나게 큰 규모로 놓여있는 성매매 구조를 어떻게든 일단 잡자, 악순환의 고리를 끊자' 이것이 법의 취지라고 생각되는데, 성산업이나 성착취 구조를 끊어내야 한다는 것을 담론화하더라도 그 행위 자체를 합법화해 두면 …….

발표자 합법화는 아닌데요.

사회자 합법화와는 의미가 좀 다른데, 범죄가 아닌 걸로 두면 그게 우리가 성매매를 줄여나가는 방향으로 나아가는 데 도움이 될까 의문입니다.

발표자 비범죄화가 성매매에 대한 어떠한 제재도 할 수 없다는 것을 의미하지 않아요. 성매매를 비범죄화하는 외국의 경우도 성매매와 관련된 모든 행위를 비범죄화하는 것이 아니라, 청소년성매매, 거리 성매매 등 특정한 성매매 유형이나 호객 행위 등에 대해서는 제재합니다. 그리고 세금 등 다른 조치들이나 문화운동 등으로 성매매를 줄여가는 것이 가능하구요. 그리고 제가 합법화를 좋은 대안이라고 생각하지 않는 이유는 성매매는 익명적 특성이 강하기 때문에, 합법화가 불법적 상황을 포괄하기 어렵고 필연적으로 불법적 상황과 대치될 수밖에 없기 때문입니다.

한편, 비범죄화의 결과는 다른 방식으로 나갈 수도 있다고 생각을 해요. 예를 들면, 일단은 거기에서 여성들의 목소리가 나올 거라고 생각해요. 사회적 낙인은 엄청나지만 일단 범죄자라는 법적 굴레를 벗게 되면 어느 정도 목소리를 내는 것이 가능하겠지요. 『서울에 딴스홀을 허하라』 이런 책이나 서지영 씨의 연구를 보면 일제 강점기 당시 성매매가 범죄가 아닌 상태에서는 여성들의 목소리가 굉장히 활발했어요. 여성들이 「기생도 신성하답니다」 이런 글도 쓰고 ≪여성(女聲)≫(목소리 '성'자를 써서요)이라고 하는 잡지도 있었어요. 그러니까 법적인, 기본적인 태도가 다를 수 있기 때문에 굉장히 다른 지점들이 나올 거라고 보는 거죠. 그 '목소리'가 하나는 아니겠죠. 우리가 원론적인 논쟁만을 반복하게 되는 것도 경합할 수 있는 그들의 목소리가 없기 때문일 수 있어요. 그것을 접할 기회도 많지 않구요. 성판매자를 비범죄화하는 것은 연대할 수 있는 폭을 굉장히 넓힐 것이라 생각합니다. 저는 성매매방지법 직후 일부 여성주의자들이 보인 태도는 어떤 점에서 이해는 되지만, 매우 문제적이었다고 생각합니다. 집결지 여성 중에서는 기름값이 없어서 난방도 못하고 몇 개월 동안 불도 못 켠 채 오들오들 떨면서 겨울을 나야 했던 분들도 계세요. 그분들의 분노는 대단한 것이었죠. 그런 사실을 접하는 사람이라면 아무리 성매매에 반대하고 성매매방지법을 옹호한다 해도 '성매매방지법에 반대하는 여성은 업주와 결탁한 자, 사주를 받은 자, 꼭두각시다'라는 말만 되풀이하면서, 그들이 왜 그러는지조차 보려 하지 않는 태도를 유지할 수는 없겠지요. 마치 채식주의에 반대하는 사람조차도 도살장에 가면 다른 느낌을 갖게 되는 것처럼요. 공감은 중요한 것이지요. 다른 여성의 열악한 조건을 직면해서 이해하는 것은 중요하다고 생각합니다. 성매매방지법으로 자살한 여성, 더 많은 빚을 지게 된 여성, 경찰의 단속에 항의하는 여성, '여기까지 몸 팔러 나왔냐?'는 희롱을 들으며 거리에서 시위하는 여성, 탈성매매를 원하는 여성, 성산업에서 착취당하고 피해 입은 여성, 쉼터에서 열심히 전업을 준비하는 여성, 그 모두는 각각의 조건에서 극악한 가부장제를 공유하는 여성들입니다. 여성들이 성매매를 하지 않아도 되는 조건을 만드는 것은 우리 모두의 몫이겠지요. 여기서 아군 적군을 가르는 것이 거대담론에서는 가능할지 몰라도 구체적인 상황 속에 있는 여성의 인권을 모색하는 데 있어 뭐가 그렇게 중요할까요? '성매매 근절 또는 합법'이라는 명분으로 고개를 돌려 어느 한 쪽이 당면한 고통을 안 보면 되는, 그런 간단한 문제는 아닐 것입니다.

성찰이 중요할 때입니다. 하지만 여성주의자들이 항상 성찰만, 반성만할 수는 없잖아요. 지금 이런 이야기를 하는 것도 무언가 새로운 시작을 만들어내기 위해서라고 봅니다. 저는 비범죄화를 이야기하는 것이 어떻게 보면 지금의 문제를 드러내는 방식이라고 생각해요. 아까도 이야기했듯이 성매매 행위 자체를 불법으로 규정하는 것은 섹슈얼리티의 위계 속에서의 판단이라고 생각합니다. 섹슈얼리티 위계에서 본다면 성매매 행위자는 성적 소수자이고 저항성을 갖지요. 그러나 한편 성판매 여성은 가부장제의 지배 질서에 종속된 존재이기도 합니다. 성판매 여성들은 딱히 성적 소수자로만 말하기 어려운, 이중적 포지션을 갖는 셈이지요. 이런 구조적 난제들을 풀어나가는 데 있어서 행위

자에 대한 처벌이 효과적일까에 대해서는 의문이 듭니다. 성매매 처벌주의는 성매매 문제가 가지고 있는 너무나 많은 '문제들'을 덮어주고 포장하는 것이기도 하지요.

사회자 한국에서는 성구매 남성들에 대해 누적범일 경우 구형을 많이 하고 초범일 경우에는 덜 하는데, 예방이나 축소 차원에서 보면 초범일 때 확실하게 교육시키는 것이 훨씬 효과가 크다, 이런 식의 이야기를 본 것 같아요. 일종의 성구매자 교육인데, 교육이라는 것도 법 체제에서 강제로 교육하려고 하면 어느 정도 신체의 자유를 제한하는 거잖아요. 남자들을 성매매하는 대로 그냥 내버려두는 것보다는 교육의 기회를 주고 생각할 기회를 주는 정도의 어떤 정책이 병행되는 것이 빠른 길이 아니겠는가 이런 생각이 듭니다. 이것에 대해서 어떻게 생각하십니까? 처벌이라는 것이 구형이나 구류 같은 단순한 신체적 징벌에 그치는 것이 아니라 교육의 의미까지 부여된다면 말입니다.

발표자 오늘 제 논의의 주제가 성판매 여성을 중심으로 하는 것입니다만, 성매매는 비단 성을 파는 여성만의 문제는 아니죠. 2000년대 들어 여성계가 주도한 성매매 정책의 초점은 성을 사는 남성문화에 근본적인 문제를 제기한 것이라 생각합니다. 제가 두 번 정도 외국 정책을 조사한 경험이 있는데요, 사실 존 스쿨(John school, 구매자 교육)에 대해서는 외국에서도 논란이 많습니다. 그런데 무엇보다도 정책의 기본 마인드가 중요한 것 같아요. 궁극적으로는 성매매를 통해서 사회적 문제를 해결하려는 의지가 중요하다고 생각해요. 개인의 행위를 개인들의 몫으로 돌리기보다는 사회적 책임을 나누는 것이죠. 성매매를 처벌하는 방식을 통해서 이런 접근도 가능해요. 스웨덴에서는 구매자 처벌법이 만들어졌잖아요? 그런데 이 남성들을 잡아다가 일방적으로 교육을 시키는 것이 아니라 한편에서는 상담을 해요. 성판매 여성들에게 상담의 기회를 주는 것이 우리에게 익숙한 것처럼요. 성판매를 하게 된 배경에 존재하는 어떤 개인적인 문제들을 사회가 책임져야 할 문제로 보는 것이죠. 스웨덴의 한 상담소의 경우, 적은 규모이긴 하지만 이 남성들을 상담하고 가족 치료까지 하는 경우도 있어요. 성매매 문제를 통해서 사회가 그 개인이 갖고 있는 사회적 문제를 덜어 주는 방식의 접근이라 할 수 있겠죠.

남성의 성구매 행위는 근본적으로 남성의 '관계성'에 대한 태도와도 밀접히 연결되어 있다고 생각해요. 사랑, 보육 등 관계와 케어노동의 성별화의 문제이지요. 남성에게 있어 관계 얻기란 그저 이벤트이고 프로젝트일 뿐이고, 관계 유지의 몫은 온전히 여성의 역할로 할당되고 있지 않습니까? 관계를 돌보고 유지하기 위한 노고를 여성에게만 부과하는, 남성들의 '거저 먹기식' 태도를 바꾸어야겠지요. 관계에 대한 그런 태도가 손쉽게 성을 살 수 있는 관성을 만들어내는 것이니까요. 남성 성문화 변혁의 핵심은 여기에 있다고 생각합니다. 그렇지만 성구매를 안 하도록 하기 위해, 건전하고 정상적인 성, 유혹에도 넘어가지 않는 깨끗한 성, 가족 중심의 성, 오빠나 아빠로서의 올바른 역할, 성구매 행위를 여성의 인권을 '짓밟는' 행위로 과도하게 묘사하는 식의 메시지와 캠페인은 문제라고 생각해요. 그 안에 정상과 비정상의 경계를 가르고, 성판매 여성들을 비난하는 논리를 담고 있기 때문입니다.

8. 성판매 여성의 '어떤' 인권: 피해자가 되어야만 보호받을 수 있는 '인권' 개념을 넘어서

청중 5 성판매 여성 인권이라는 타이틀을 봤을 때, '아, 저기서 나올 수 있는 얘기가 너무너무 많을 거다'라고 기대를 했는데 실제로 제가 기대했던 내용들을 말씀해 주셔서 너무나 감사드립니다. 제가 질문하고 싶은 것은 '인권'이라는 것입니다. 선생님께서 인권이라고 이야기 했을 때 '누구의, 어떤 인권'인지를 꼭 봐야 된다고 말씀하셨는데, 지금 계속 말씀하신 내용을 들으면 '누구의 인권이냐'고 했을 때 성판매 여성이라는 관점에서 봐야 된다는 말씀을 하신 것 같아요. '어떤 인권이냐'에 대해서는 비범죄화나 질적 연구의 방법에서 말씀을 해주신 것 같고, 마지막으로 '무엇을 할 것인가'에 대해서는 모든 걸 다 말씀해 주시지 못하니까 정책적인 관점으로만 말씀을 해주셨는데, '성판매 여성의 어떤 인권인가'에 대해 듣고 싶습니다.

발표자 인권이란 '인간의 존엄성에 기반한 고유한 권리'죠. 그리고 인간이라면 누구나 동등한 보편적 인권을 갖는다는 것을 전제하고 있습니다. 그러나 오늘 제가 '어떤 인권'인가에 대해 문제를 제기한 이유는, 2000년대 들어 성판매 여성의 '인권'에 대한 언설들은 많지만 실제 인권 개념이란 '비어있다'고 할 정도로 너무나 포괄적이어서, 누가 말하는가에 따라 인권의 내용이 달라지는 사실을 제기한 것입니다. 성판매 여성에 대한 기존의 접근은 '인권' 문제가 발생하는 한 단면들, 예컨대 성산업의 착취 구조, 업주와 구매자에 의한 폭력, 노동권이 보장되지 못하는 불법적 상황을 부각시켜 왔죠. 성판매 여성에 대한 '인권'이 논의될 때마다, 한편에서는 극단적인 피해자로 '인권 보호'라는 측면이 부각되기도 하고, 한편에서는 합법화로 성적 자기결정권이나 노동자의 권리가 주창되기도 합니다. 합법론에서는 "모든 인간의 성적 자기결정권은 보장되어야 한다", "모든 인간은 노동자로서의 권리를 갖는다"라고 주장하고, 근절론에서는 "성을 매매하는 행위는 인권 존엄성 자체를 위해(危害)한다"라고 하죠. 보편적 인권을 보호하기 위해 한편에서는 노동권 보장을 외치며, 한편에서는 근절을 주창하지요. 근절론은 착취적인 성매매 공간 유입을 차단한다는 점에서 유용할 수 있고, 합법화론은 성산업에서 스스로를 보호하고 노동자로서 착취받지 않을 수 있는 공간을 모색할 수 있다는 점에서 의미를 갖습니다. 그러나 이러한 인권 개념이 성판매 여성의 경험과 현실에 얼마나 부합되느냐는 것이죠. 또한 성판매 여성의 문제를 가난한 여성, 계급의 문제로 환치시켜 그 특수성을 강조하거나, 사회적 낙인과 착취구조가 끔찍한 현실에서 여성들 스스로 노동자로서의 권리를 찾게 하자는 주장 또한 얼마나 인권에 접근할 수 있는가 의문이 듭니다. 저는 이러한 보편주의나 상대주의적 관점을 전제로 한 '인권' 담론이 여성들이 겪는 일상적 억압과 구체적인 '차별'의 문제를 담아낼 수 없었다고 생각합니다.

저는 성매매방지법이 의미를 갖는 부분은 성산업의 끔찍한 착취 구조에 대해 문제를 제기하고 그 문제를 적극적으로 해결하려는 것이라고 생각을 해요. 그런 점에서 최소한의 인권 개념을 담고 있는 거죠. 최소한의 보호받아야 될 권리, 이를테면 빚이 계속 쌓여서 내 몸이 내 의도와는 상관없이 팔려나가는 상황에 있어서는 반드시 보호되어야 할 인권이 내용을 갖는 것이죠. 그러나 그런 사례가 성매매 근절론으로 바로 환치될 수 있는 것은 아니겠죠. 만약 그런 사례에서 보호되어야 할 '인권'을 위해 '근절'을 주장한다면, 여기서 인권 보호의 내용은 성판매 여성의 일할 권리와 상충될 수 있다는 것입니다. 어떤 여성들의 '생계', 익숙한 삶의 수단이라는 관점에서 보았을 때, 성매매 근절이라는 목표와 여성의 인권이라는 논쟁적인 개념이 그렇게 딱 만날 수 있는 것은 아닐 것입니다. 인권의 내용은 보편성을 견지하면서도 사회·문화적이고 그것을 말하는 자에 따라, 경합적일 수밖에 없는 것이죠. 이러한 경합에서, 성매매 공간에서 조금이라도 자신의 권리를 확보하길 기대하는 성판매 여성들의 입장이 전면 봉쇄되는 것은 부당하다고 생각해요. 게다가 그들은 낙인을 가진 집단이 아닙니까? 그리고 남성 중심적인 '결혼제도'에 머무는 여성이 남성의 이해를 그대로 반영하는 것이 아니듯이, 성산업에 있는 여성이 남성의 이해를 그대로 대변하는 것은 아니라고 생각합니다. 결혼제도에 머무르면서 가정폭력 추방을 원하는 '주부'의 말에 귀 기울이듯이, 성산업 공간에 머무르면서 '폭력과 착취 추방'을 외치는 성판매 여성들의 이야기에도 관심을 쏟아야 하지 않을까요?

사회자 그럼 그 내용을 더 담아나가야 한다고 말씀하시는 건가요?

발표자 성매매방지법은 최소한의 보호해야 될 인권의 부분을 담고 있습니다. 아까 말씀 드렸듯이 피해자 규정에 따른, 사회적으로 용인 가능한 것에 국한되어 있지만요. 피해자로서 보호받아야 하는 권리, 감금당하지 않을 권리, 이런 인권도 있고 노동권도 있겠죠. 업주와의 관계에서 옛날에 70 대 30이었으면 이제 좀 덜 착취적인 관계를 맺는 그런 종류의 인권도 있을 수 있을 것입니다. 『용감한 여성들, 늑대를 타고 달리는』에 나와 있듯이, 여성들에게는 경찰 단속 시 문단속할 권리, 성폭력을 당했을 때 경찰에게 희롱당하지 않을 권리 등 일상적인 권리들도 존재합니다. 그리고 그러한 구체적인 인권은 외부의 힘만으로는 가능하지 않죠. 여성 스스로의 임파워먼트(impowerment)가 필요합니다. 그리고 그것은 정책만으로는 부족합니다.

성매매 근절정책은 그 선명성 때문에 모든 것이 성매매를 그만두는 것을 전제로 이루어지고 있다는 한계를 갖죠. 이런 체제에서 여성의 인권은 언제나 사후적으로 관리되는 것이기도 합니다. 20대 초반 여성의 치아가 3개밖에 없는 것, 그것을 어떻게 설명해야 할까요? 그 여성이 돈을 구할 수도 있었을 텐데 왜 그 지경이 되었느냐, 왜 병원에도 못 가느냐 말이죠. 성매매로부터 벗어나서 이빨이 모두 빠진 상태에서 틀니를 지원해 주면 되는 문제일까요? 또는 왜 집결지를 못 떠날까요? 성매매를 벗어나기 쉽지 않다는 것의 의미에는 어떤 요소들이 존재할까요? 단순히 업주의 강압 때문에? 노예와 같은 습관 때문에? 사회적 낙인 때문에? 이 많은 지점들은 사실 공백으로 남아있습니다. 성매매에 관해서는 문화적, 심리적 연구물도 없습니다. 그냥 '실태와 대책'에 대한 연구들뿐이죠. 연구의 다양성의 부재는 곧 우리의 상상력을 제한합니다. 이미 모든 문제가 설정된 틀에 채워넣기식인 연구방식은 새로운 논의와 대안의 지평을 불가능하게 합니다.

성매매방지법이 정의 실현을 위한 새로운 도전이라면, '정의' 개념 자체도 재고되어야 한다고 생각해요. 성매매 근절을 위한 '공평무사'라는 명목하에 원칙적, 획일적으로 적용되는 '정의'와 법 시행은 복잡한 현실에 존재하는 '인권'과 조우할 수 없기 때문입니다. 만성화된 성매매 문화와 성을 파는 여성을 둘러싼 구조적 조건들이 변화되지 않은 상태에서, 선명하고 투명한 목표, 공동체를 우선으로 하는 목적론적 접근은 여성에게 또 다른 억압적 상황을 재생산해 낼 위험성을 갖습니다. 열악한 여성의 인권 보호를 위한 구체적인 대안들은 때론 모순적이며 심지어 충돌할 수도 있기 때문에 법적 측면에서 본다면 중요한 것은 적용과 해석의 유연성일 겁니다. 정책적 측면에서 말씀드린다면, 저는 1차적으로 '성판매자'에게, 일탈자나 범죄자나 피해자가 아닌 '사회적 주변인'이라는 관점으로 접근해야 하며, 예외 없이 성판매자에 대한 처벌을 면제하고 성매매 현장 안과 밖에서 발생하는 인권 문제와 차별 그리고 전업을 위한 지원체계를 강화해야 한다고 생각합니다.

발표자 성을 파는 일을 하는, 또는 했던 여성들을 빈번하게 만나게 되고, 여성주의 안에서 성매매방지법의 한계들을 이야기하는 사람들이 워낙에 없기 때문에 저는 입장을 왔다 갔다 하면서 이야기를 하지만 성매매방지법에 대해 굉장히 의미있게 생각하는 점이 있어요. 불과 10년 전만 해도 성매매 분야는 여성들에게 불가침 영역이었거든요. 그런데 얼마 전에 어떤 워크숍에 갔었는데 전문직 여성들이 모여서 밤을 새워가며 성매매에 대해서 토론하는 모습을 보고 감명을 받은 적이 있습니다. 전문직 여성뿐 아니라, 주부, 대학생, 고등학생 등 그동안 자기 일이 아니라고 생각했던 많은 여성들이 성매매에 대해 토론하고 깊이 고민하기 시작했습니다. 여성들이 이 문제를 왜 해결해야 되나, 어떻게 다가가야 되나, 이런 고민과 에너지를 모으는 것만으로도 엄청난 변화의 시작이라고 생각합니다. 그리고 무엇보다도 당사자 여성들 역시 정책에 관심을 갖고 어떻게든 목소리를 내보려고 하고 있지요. 성매매방지법이 의도했든 의도하지 않았든 간에 성산업 공간에 있는 여성들의 협상력과 발언권을 높인 것만은 분명합니다. '열악한 여성들의 편에 서겠다'는 강한 의지가 만들어낸 또 다른 변화이지요. 그리고 성매매방지법의 도전을 성찰하고 새로운 전략들을 모색하는 과정에는, 성매매 문제를 해결하려 하는 여성단체, 페미니스트들의 도전과 노고를 의미화하는 작업도 마땅히 포함되어야 한다고 생각합니다.

저는 오늘 토론에서 비범죄화에 대해 말씀을 많이 드렸지만 정책 논의가 오늘 이야기의 초점은 아닐 것입니다. 정책 이야기가 중심으로 오간 이유는, 아무래도 성매매가 정책 이슈와 밀접하게 연결되어 있기 때문이죠. 또 워낙 문제 중심적으로 생각하다 보니 빨리 대안을 만들어야 한다는 조급함 때문이기도 할 것입니다. 법은 분명히 여성의 삶을 지배하고 구조를 바꾸는 데 중요하게 작용합니다. 특히 성판매를 하는 여성들의 경우 사회와 단절되어 생활하는 경우가 많기 때문에 법은 '사회'를 접하는 다른 이름이기도 합니다. 특히 그들에게 법은 '경찰'로 표상되는 경우가 많아요. 하지만 궁극적으로 법이나 정책은 하나의 수단에 불과합니다. 그것도 위험스러움을 감수해야 하는 도구 이죠.

법의 논리 내부에서 이것이냐 저것이냐를 선택하려 할 때 여성주의가 근본적으로 고민해 온 경계의 문제들, 큰 틀을 놓칠 수 있습니다. 그래서 어떤 면에서는 법의 논리로 싸우는 것이 아니라 다른 것들을 보아야만 우리가 성매매를 논하기 위한 토대가 마련되지 않을까 생각합니다. 우리 사회는 성매매 연구 경험도, 정책 경험도 부족하고, 여성들 간의 차이와 인권에 대한 논쟁의 경험도 별로 없지요. 여성주의 안에서 담론의 경합도 거의 없었구요. 추상적인 '자매애'에 대한 판타지와 강박증만 있지, 포지셔닝(positioning)에 대한 치열함이나 여성들 간의 차이에도 불구하고 어떻게 소통하는가에 치열했던 경험도 별로 없지요. 우리가 배우고 논쟁하는 것들을 보면 보편적 '여성'에 매우 익숙합니다. 특히 연구 분야의 경직된 틀과 다양성의 부족은 새로운 대안에 대한 상상력을 제한합니다. 이렇게 축적된 자원이 없는 상황에서 논의는 아무리 현실을 문제 삼는다고 해도 그 내용은 추상적이고 원론적일 수밖에 없지요.

법이 완벽하지 않다는 사실만 인정하더라도 여성주의자들이 성매매방지법에 찬성하느냐 아니냐로 갈라질 필요는 없다고 생각합니다. 합법론이나 근절론이 적어도 여성들의 인권을 고민하는 과정에서 출발하고 있다면, 그것은 당면한 여성들의 현실을 개선하기 위한 노력이라는 점에서 의미를 가질 것입니다. 열악한 현실에서 폭력과 착취를 감소시키는 방법, 그만둘 수 있는 권리가 보장되는 조건, 인권을 보호하기 위한 방식이며 전술의 일환이라 할 수 있겠죠. 그러나 그것이 타자를 배제하고 자신의 이익과 입장을 내세우기 위한 것이라면 비판되어야 하겠죠. 가부장제 사회에 대한 전복성과 저항성은 근절론에도 합법론에도 존재하며, 그 위험성과 함정 또한 동일하게 존재합니다. 이슈에 대한 전략적인 입장표명과 그 선명성만으로 흑과 백을, 아군과 적군을 가르는 것은 무의미합니다. 그러나 더 근본적으로는 권리냐 피해냐, 근절론이냐 합법화냐, 페미니스트야말로 이런 이분법 자체에 문제를 제기할 수 있어야 하지 않을까요? 물론, 이분법을 깨는 것 자체가 딜레마를 완전히 넘어서거나 가로지를 수 있는 '제3의 대안'이라고 생각하지는 않습니다. 그럼에도 불구하고 성매매라는 난제를 풀기 위해서는 이분법이 놓치고 있는 과제들, 여성의 경험과 목소리를 페미니스트들이 좀 더 진지하게 성찰하고, 모순된 현실을 헤쳐 나갈 지혜를 모을 수 있길 기대합니다. 그런 점에서 오늘 다른 곳이 아닌 여성학을 공부하는 사람이 함께 고민하는 이 자리가 의미 있었다고 생각합니다.

제4장 성매매방지법 제정운동 평가와 이후 과제

조영숙 (전 한국여성단체연합 사무총장, 현 여성인권중앙지원센터 소장)

여성운동이 성매매방지법 제정 과정에서 어떻게 대응하고 행동했는가보다는, 논의를 어떻게 전개했는가를 중심으로 살펴보는 것이 도움이 될 것 같다. 지난 5년 동안 똑같은 얘기가 반복된 것 같지만 이렇게 저렇게 변해오는 과정이었다. 이것은 기본 틀이 어떤 형식으로 어떻게 현실에 적응(adaptation)했는지를 보여주는 과정이기도 하다.

1. 법 제정 논의의 흐름

1) 성매매방지법 이전의 논의들

성매매방지법에 대해 처음 이야기하기 시작한 것은 2000년 9월 군산 대명동 화재사건부터이다. 그러나 여성운동 영역에서 성매매 관련 담론을 논의한 것은 1994년 「윤락행위 등 방지법」 개정 때였다. 1994년 이전에는 쌍벌주의도 아니어서, 「윤락행위 등 방지법」이라는 명칭이 의미하는 대로 윤락행위를 하는 사람, 즉 '몸을 버려서 타락한 행위를 하는 여성'이 처벌받는 법이었다. 반면 '타락한 여성'의 몸을 사는 남성은 처벌받은 적이 없었다. 그런데 1994년에 이것이 너무나 명백한 성차별이라는 문제가 제기되었고, 그때에야 비로소 쌍벌주의가 도입되고 남성도 처벌받게 되었다.

1994년에 쌍벌주의로 변화하는 과정에서 이미 "공창하자. 이미 공창 아니냐?"라는 솔직한(?) 지식인들의 문제 제기가 있었다. 1994년 이전까지는 성매매를 매춘이라고 했다. 1994년 이후 쌍벌주의가 되면서 사고판다는 개념의 매매춘(賣買春)이라는 용어를 쓰게 되었다. 매춘(賣春)은 여성이 몸을 파는 것이었다면 매매춘은 남녀가 몸을 사고판다는 의미로, 둘 다 나쁜 짓이라는 도덕적 판단을 반영했다. 여자만 나쁜, 그래서 여자만 처벌했던 매춘의 단계에서 남녀 모두 처벌하는 쌍벌주의가 되면서 매매춘이라는 용어로 전환된 것이다. 그러한 매매춘의 단계에서, '그러면 이미 이렇게 된 것, 매춘을 근절하기란 어렵다는 사실을 솔직하게 인정하고 가자'며, 그때 일부에서 공창 제도에 대한 이야기가 나왔다.

당시 여성운동 진영에서 이루어진 매춘에 관한 논의에서, 공창제는 가부장적인 힘의 우위를 전제로 이루어지는 여성에 대한 폭력을 구조적으로 합법화시키는 것이므로 인정할 수 없다는 것이 주류의 입장이었다. 성매매는 남녀의 권력 차이 때문에 한국 사회뿐만 아니라 전 세계에서 발생하는 문제이고, 우리가 이것을 해결할 수는 없지만, 그렇다고 해서 성매매를 인정하거나 제도로서 법적인 지위(status)를 갖게 할 수는 없다는 것이 기본 입장이었다. 오히려 금지주의를 기본 입장으로 해서 쌍벌주의로 규율해 가되, 실질적인 처벌과 구매 남성에 대한 처벌이 더욱 강화될 수 있도록 규제주의적 측면을 보완함으로써 매춘여성만이 처벌받는 차별적 법 적용을 우선 해결해 보자는 입장이었다. 각 국가의 정책을 금지주의, 규제주의, 합법주의 등으로 구분하지만, 국가마다 규제주의 방식이 너무나 각양각색이라서 일원화된 시스템이 존재하지 않는다. 그렇기 때문에 '규제주의라 함은'이라고 각주를 붙여야 한다. 우리가 1994년에 이야기했던 규제주의적 보완은 불법 성매매 행위를 알선하거나 성매매 행위를 하는 것에 대해 철저히 단속하되, 매춘여성만이 일방적으로 처벌되는 현실에서 성구매 남성에 대한 처벌을 현실화할 것을 요구한 것이었다.

1994년 논의 후 거의 7, 8년이 지나 다시 보건사회부에서 법 개정 논의가 일단락된 후에는 산업형 성매매가 급증했다. 보통 올림픽과 같은 대규모 스포츠 행사가 국제적으로 개최되고 난 후 성매매가 급격히 늘어난다. 2002년 독일에서 성매매가 합법화되자 2006년 월드컵을 앞두고 '카라반' 성매매라고 불리는 성매매 오두막(Hut)촌이 경기(match)가 개최되는 독일 각지에 준비되었다. 이것은 경기가 이루어지는 곳을 따라다니면서 성매매 오두막이 형성되는 것으로, 일종의 유목민처럼 텐트나 버스 등의 형태로 경기장을 쫓아다니면서 남성 관중을 대상으로 성매매를 하는 것이다. 이런 현상은 성매매가 합법화된 이후 훨씬 더 성행하고 있다. 성매매의 수요와 공급이 국경을 넘나들며 이동하기도 한다. 성매매를 금지하는 스웨덴에서 빠져나와 합법화된 독일로 점점 옮겨서 2002년 대비 2005년의 독일 성매매 규모가 거의 세 배에 이르기도 했다. 2002년에 약 40만 정도의 규모였다면 현재는 거의 100만이 넘는다는 분석이다. 합법화가 성매매를 훨씬 투명하게 하거나 '쿨하게(?)' 한다기보다는 양적인 확산을 가져오고, 또 규모가 늘어나면서 문제의 각(角) 자체가 훨씬 확장되는 결과를 낳고 있다. 한국여성단체연합의 경우 이런 지점에 대해 기본적으로 문제의식을 갖고 있는 입장이었다.

2) 군산 성매매업소 화재사건으로 촉발된 인식의 전환

군산 화재사건으로 다시 논의가 촉발되면서 조금 달라지기 시작했다. 그 시절에 쌍벌주의는 '여자만 처벌하고 남자는 면책'되던 것에서 남자도 처벌하는 것으로 어느 정도 차별을 극복하고 한 발짝 나가기 위한 단계론적인 것이었다. 2000년과 2001년의 화재사건에서 5명과 14명, 2년 동안 20명이 동일한 방식으로 숨졌다. 2000년 화재사건을 통해 성매매 여성들이 죽어간 과정이 드러났고, 그때 노예 매춘의 개념을 보게 되었다. 그 과정에서 이전과는 다른 문제의식이 형성되었다.

사실 1994년의 논의 과정까지는 여성운동 내에서도 '타락한 여성'이라는 대중적 인식의 한계를 확실하게 지우지 못했던 단계였다. 그런데 2000년과 2001년의 화재사건은 여성인권 문제를 전면에 부각시켜 냈다. 인권 문제를 놓고 볼 때, 인권을 억압하거나 착취하는 주체로서 알선하는 자의 정체를 개인이 아니라 구조화된 산업과 조직화된 범죄집단으로서 보게 된 것이다. 2000년 이후 여성운동의 대응 과정은 그것을 가시화시키는 과정이었다.

성매매를 분석할 때 수요(demand), 공급(supply), 법적 시스템(legal system) 삼자를 놓고 이야기한다. 수요와 공급의 측면, 그리고 그것을 사회가 어떻게 제도적으로 규율하는가의 측면을 놓고 수요·공급의 법칙, 세이의 법칙(Say's law)을 가지고 무엇이 먼저인지를 따진다. 그런데 1994년 이전에는 수요 측면보다는 공급 측면에 문제의 초점이 있었다. 예를 들면 성폭력이나 여성에 대한 폭력 일반에 대해 그렇듯이, 기본적으로 공급 측면에 대해 여성이 치마를 짧게 입었거나 맞을 짓을 했다는 등의 비난을 했던 것이다. 특히 '성매매 여성이 돈을 쉽게 벌고 싶어 한다'거나, '성매매는 돈을 쉽게 벌 수 있는 방식'이라고 보았다. 2000년에 가진 문제의식은 이런 공급 측면에 대한 강조를 수요 측면으로 전환해 내는 것이었다. 즉, 구매하는 남성들의 가부장적이고 폭력적인 성적 욕망과 그것을 부추기는 구조화된 성매매 알선이라는 수요의 측면에 대한 논의로 전환하는 것이다. 그것은 집결지 화재에서 너무나 명백하게 드러났다. 화재사건을 직접 조사하러 갔을 때, 바깥에서 문이 잠겨 있어서 그 문 주변에서 …… 열네 명이 빠져 나오려다 모여서 죽은 흔적을 목격했다. 이는 그들이 아무리 자발적으로 들어갔다 할지라도, 불이 났는데도 문을 열고 나올 수 없었던 강제라는 증거이다. 이것은 분명히 노예 매춘이고 여성인권에 대한 침탈로서, 그것이 용인되는 차별적인 한국 사회에 대해 인식하게 했다. 그렇기 때문에 성매매는 성적 착취이며, 매춘여성은 피해자이기에 처벌의 대상이 아니라 보호의 대상이라는 입장을 갖게 되었다. 이전에 전개한 성폭력과 가정폭력에 대한 입법운동의 결과로 폭력의 피해자를 사회적으로 보호하고, 피해자의 권리를 부여했듯이, 성매매의 피해자에게도 그런 형태의 보호를 해야 한다는 것이다. 따라서 "성매매 여성은 처벌이 아니라 보호의 대상이 되어야 하며, 결코 범죄자로 규정되어서는 안 되는 게 원칙이 아닌가, 그리고 그들을 위한 사회복귀 프로그램과 지원을 위한 인프라 구축이 필요한 것이 아닌가"라는 문제를 제기하게 되었다.

최근에 국제사회의 인권운동 진영에서 국가에 의한 범죄의 공모(compliance)라는 개념이 제기되고 있다. 이것은 인권 문제에 대한 국가의 사법적 책임을 촉구하는 개념의 하나로 '듀 딜리젼스(due diligence)'[1] 개념이 사용된다. 국가 폭력이 아닌 영역들, 즉 사인(私人)에 의해서 이루어지는 여성에 대한 폭력에 국가가 책임을 지는 것이다. 국가가 폭력을 예방할 책임, 법을 집행할 책임, 피해자에 대해 보호하고 보상할 책임이 있는 것이다. 이런 측면에서 볼 때 지금까지는 성매매 문제에서 국가 영역이 없었다. 한국의 입법 체계와 사회의 책무 범위에서는 여성의 성을 사야 하는 '절박하고 못난 남성'(어떤 남성이 성을 구매

---

1) 사전적 의미는 '어떠한 사업 의사 결정 이전에 적절한 주의를 다하고 계획을 수립하여 수행하여야 하는 주체의 책임'이라고 할 수 있다. www.naver.com의 용어사전 참조.

하는가를 계층적으로 나눠볼 때 대체로 그렇다는 것임)과 '자기 필요에 의해 성을 파는 여성들'에 의해 거래가 이루어졌다고 보았다. 그런데 성매매를 여성에 대한 폭력과 성적 착취라는 개념으로 보게 되면, 이에 공모하거나 가담하는 사람들에 대해서 처벌해야 하는 국가의 책임이 강하게 제기된다. 이 사회에서 남성이 여성의 몸을 상품화하거나 착취하는 것을 상거래로 받아들이는 것이 용인되는 것 자체가 문제다. 그리고 더 나아가 여성주의적 관점으로 볼 때, 관용적으로 성매매가 이루어지는 사회에 문제를 제기하려면 남성 문제를 제기해야 한다. 이것이 2000년에 성매매방지법 제정운동을 하면서 가졌던 문제의식의 단초이다.

3) 법 제정운동에 반발하는 사회의식

2000년에 성매매방지법 제정운동을 할 때, '자발적 성매매가 더 많다'며 반발을 하는 사람들이 있었다. 당시에 강남 테헤란로 벤처 붐이 일면서 많은 돈이 강남 룸살롱으로 흘러 들어갔고, 그 곳을 전초기지로 해서 많은 유흥 문화가 있었다. 그 과정에서 "강남 룸살롱에 가면 다 여대생들이다. 강남 룸살롱 여성들은 보통 루이뷔통 가방을 들고 있다"라는 이야기들이 많이 나왔다. 즉, 룸살롱 여성이 허영과 사치를 만족시키려고 능동적으로 성을 거래하는 주체로 전제되었다. 그리고 남성들에 대해서는 사업이나 비즈니스를 위해 필요한 사교 공간으로 룸살롱을 이용한다고 보았다. 남성들은 비즈니스를 위한 것으로, 룸살롱 여성들은 루이뷔통과 프라다로 이미지 메이킹을 하는 것이다. 그러니까 남성들은 먹고살고 가족을 부양하기 위해 하는 불가피한 행위이고 여성들은 사치와 허영을 위해 하는 행위라는 사회적 인식이 지배적이었다. 성매매 문제를 여성인권의 문제로 제기하면 이런 사회 인식 때문에 어려움이 많았다. 그런 인식이 깊게 자리한 상태이기 때문에 '자발적 매춘'이라는 이야기가 가능한 것이다. 게다가 구매 남성의 처벌과, 업무 시간 이외에 그런 곳에서 비즈니스가 이루어지는 것에 문제를 제기하자 경제학자들의 반론이 나왔다. "경제에 문외한인 여성들이 경제에 장애를 초래하는 법을 제정하려고 한다"는 비판이었다. 그리고 당시 이것을 어떻게 돌파할 것인가가 기본 문제의식이었다.

4) 새로운 입법의 필요성

또한 「윤락행위 등 방지법」과 관련되는 법들이 너무 많았다. 보통 윤락업소에 대한 처벌은 성매매가 이루어지는 순간에 현장을 덮치는 경우가 거의 없기 때문에 「윤락행위 등 방지법」으로는 이루어질 수 없다. 그래서 주로 「공중 위생 관리법」, 「식품 위생법」, 「소방법」 위반 등으로 처벌을 한다. 따라서 성매매를 법으로 규율하려면 관련법까지 함께 일체의 법체계를 건드려야 하는 것이다. 실제로 성매매를 「윤락행위 등 방지법」으로 규율해 본 적이 별로 없어서, 「윤락행위 등 방지법」은 사문화된 법이라는 인식이 이미 존재해 왔다. 그래서 법제정운동을 할 때 "「윤락행위 등 방지법」이 있는데 무슨 법을 또 만드느냐? 그것만 제대로 집행해도 되는 것 아니냐?"라는 이야기가 나오기도 했다. 그러나 「윤락행위 등 방지법」은 집행하기에는 이미 죽어버린 법이었다. 그리고 법의 취지나 정신의 측면에서도, 「윤락행위 등 방지법」에는 쌍벌주의만 있었지 알선에 대한 규율과 규제는 없었다. 따라서 "왜 「윤락행위 등 방지법」의 개정이 아니라 새로운 입법이어야 하는가, 왜 기존 법의 폐지와 새로운 법의 제정인가"라는 논의를 정리하고, 알선 부분을 사회적으로 가시화시킴으로써 수요 측면에 대한 새로운 사회적 문제의식을 형성해야 한다고 봤다.

2. 성매매방지법 제정운동 주체들의 기본 관점

1) 용어의 변화

이미 오랫동안 이야기되었던 것으로 용어의 변화를 살펴볼 수 있다. 윤락이라는 말 자체가 '타락해서 몸을 버린다'는 뜻이고, 여성에 대한 낙인이 전제되어 있었다. 그것을 바꾸기 위해 수많은 단어를 조합해 보았다. 영어권에서도 'sex worker'라는 용어를 사용하는 흐름과 'women in prostitution'이라는 용어를 사용하는 흐름으로 크게 나뉜다. 'prostitution industry'라는 개념과 'sex industry'라는 개념, 착취(exploitation)로 보는 개념과 자기 결정권(self-determination)으로 보는 개념, 선택으로 보는 것과 착취로 보는 것, 이렇게 두 흐름에 따라 지칭하는 용어가 다르다. 최근에는 한국에서도 성노동자, 자기 결정권, 직업 선택의 자유, 생존권으로 보는 흐름과 성적 착취, 여성에 대한 폭력 등으로 보는 흐름으로 이원화되고 있다.

당시에는 매춘, 매매춘, 윤락이라는 세 가지 용어가 있었다. 그래서 "어떻게 중립적인(neutral) 용어를 만들 것인가. 중립적이어야 하는가 아니면 가치를 내포해야 하는가. 만약 가치를 내포한다면 어떤 가치를 내포할 것인가"의 문제로 논의를 했다. 결국 가치를 내포하는 용어는 찾아내지 못했고, 중립적인 용어로 성매매라는 용어가 나왔다.

그런데 또 거기서 "성이 거래될 수 있는 것인가"라는 문제가 논의되었다. 예를 들면 "성 노동, 두뇌 노동, 질 노동(vagina work)이라고 하는 개념을 병렬할 수 있는가. 질 노동이 합치될 수 있는 용어인가"라는 논의가 제기되었다. 또한 "일부일처제하에서 부부 간의 성은 증여인가, 거래인가, 매매인가"라는 이야기를 비롯해, "결혼제도 자체에 모순이 많은데 부부 간의 성관계나 연애가 금전적 보상을 전제로 하는 거래와 어떻게 다른가. 노동 일반이 자신의 노동력을 제공해서 그에 상응하는 대가를 받는 것인데, 성은 그렇게 거래할 수 있는 부분인가. 만약 그럴 수 없다고 한다면 이것이 도덕주의적 관점인가 아니면 인권의 관점인가"라는 논의들이 이루어졌다.

2) 성매매는 여성인권의 문제

성은 거래될 수 없다고 하면 보통 도덕주의, 과도한 금욕주의, 너무 엄숙한(serious) 관점이라고 규정한다. 하지만 그것을 도덕으로 볼 것인가 인권으로 볼 것인가는 또 다른 지점이다. 2000년 군산 화재사건에 대해 인권의 측면에서 접근했으나 현재 성매매방지법에 대해 도덕주의적 관점이 들어있다는 비난이 일정하게 이루어지고 있다. 그러나 그것은 인권의 관점에서 접근한 것이었다. 예를 들면 사회적 양극화가 심화되는 사회에서, 머리 좋고 재력 있고 능력 있으면 소위 몸을 팔 필요는 없다. 그러나 그렇지 않은 경우 기본적으로 노동시장 자체가 여성에게 차별적이고 배제적이다. 반면에 성매매는 이름, 나이, 학력, 경력, 능력을 불문하고 월수입 300~400만 원(?)을 보장해 준다고 주장하는 거의 유일한 직업이자, 오로지 여성에게 완전히 개방된 여성의 직업이다. 여기에서 성매매를 인정해 주는 것 자체를 여성들의 생존과 노동에 대한 권리를 보장하는 것으로 볼 것인가, 아니면 인권침해를 구조화하는 것으로 볼 것인가라는 논쟁점이 형성되었다.

2000년에서 2005년까지 전국의 성매매 업소를 조사한 결과, 일부 성매매만 극악한 것이 아니라 그것이 보편적인 형태였다. 강남 룸살롱의 여성들이 루이뷔통과 프라다를 들고 있어서 상당히 화려할 줄 알았지만, 실제 조사해 보니 거기도 똑같은 구조였다. 포주, 삐끼, 마담, 선불금 시스템, 들어가는 비용에 대한 비율 분할 시스템……. 성매매 시스템 자체는 섬과 같지만, 집결지 성매매나 산업형 성매매나 강남 룸살롱 등 형태에 상관없이 동일한 구조를 갖고 있는 것이다. 조사 결과를 놓고 보니, 업태와 유형의 차이에도 불구하고 착취 구조와 시스 템이 동일하기 때문에 인권의 관점으로 봐야 한다고 이해하게 되었다.

이것이 우리가 헤아린 범위에서 내린 판단이다. 물론 우리가 헤아 리지 못한 것들이 분명 있을 수 있다. 완벽하게 헤아리고 조사하고 모든 변수(variable)를 파악해서 분석한 결과라고 할 수는 없지만, 우리 가 헤아릴 수 있는 범위에서 그때 이 운동에 참여했던 사람들이 헤아 린 총량이다. 당시에는 그런 결론을 내릴 지점들이 분명히 존재했다. 당시 우리는 성매매가 여성에게 너무나 극악한 해악을 미친다는 것을 보았다. 광범위한 여성 성매매 집단군이 존재하는 사회에서, 여성에 대한 성적 착취와 여성의 성을 돈으로 살 수 있다는 인식이 지배적인 사회에서, (상층 여성들은 상관이 없겠지만, 그것을 넘나드는 경계선에 있는 모든 여성들의 지위를 놓고 보면) 성매매는 여성 내부의 차이를 확대시키 는 것을 구조화한다는 것이 우리의 판단이었다.

3. 여성운동 전략과 성매매방지법

1) 성주류화라는 여성운동 전략의 한계

2000년 이후 성주류화가 하나의 여성운동 전략으로 시도되었다. 당 시 거의 모든 여성 관련 입법운동을 주도했던 한국여성단체연합은 그런 상황에서 주류화 전략의 한계를 어떠한 형태로 보완할 것인가에 대해 고려했다. 즉, 성주류화 전략이 여성을 주류로 집어넣기는 하지 만, 주류 자체를 전환해 내지는 못하는 한계를 인식하고 있었다. 상층 여성들이 주류로 들어가기는 하지만 거기에 들어가지 못하는 다수 여성들의 생존은 성매매에서 자유롭지 못했다. 성매매 산업만 확장시키는 소비자본주의, 상품자본주의, 착취자본주의가 구조화되는 상황을 승인할 것이냐 아니면 저지하기 위한 투쟁을 할 것이냐의 문제였다.

또한 그 지점에서 "진보성의 담론과 개념을 어떻게 형성할 것인가"라는 내부 토론이 이루어졌다. 그런데 지금 사회에서 여성운동의 진보성은 여성인권의 가치가 노동시장, 여성의 직업과 생존과 노동의 형태로 보장되도록 해야 한다. 그래서 한 축으로는 극단적인 형태의 성적 착취나 폭력이 구조화되는 시스템이 제도화되는 것을 막아내면서, 다른 한 축으로는 성주류화 전략을 취하는 보완적인 이중 전략을 추구해야 한다. 그렇지 않으면 소위 하이디 하트먼(Heidi Hartman)이 이야기하는 '불가능한 결혼(impossible marriage)'이 되는 것이다. 즉, 상층 여성들의 주도권을 위한 주류화 전략만을 추구하고 하층 여성의 인권침해를 보완하지 못하는 것이 아닌가라는 진보성에 대한 내부 고민을 한 결과 금지주의를 유지해야 한다고 생각했던 것이다.

2) 한국 형법 구조의 한계

또 한 가지의 고민은 한국의 형법 구조에서 발생했다. 우리가 원하는 성매매방지법, 즉 필요로 하는 요소들을 담은 법을 조합하는 데 가장 장애가 되었던 것은 한국의 형법 시스템이었다. 우리가 처음 입법 전략을 세웠을 때, 대표적인 외국의 사례나 가장 좋은 실천(best practice)을 모으는 과정에서 보통 1차적으로 조직범죄 방지 협약이라고 하는 2000년 UN 협약을 봤다. 거기에서 가장 큰 핵심은 인신매매에 있어 자발적 동의는 아무 의미가 없다는 것이었다. 예를 들면 유입(entering)에 대한 자발적 동의는 바깥으로 나오는 것에 자발성이 보장되지 않으면 의미가 없다는 것이다. 한국 사회에서는 유입의 자발성만 강조한다. 그래서 청소년성매매에 대해서도 아이들 자세가 껄렁껄렁하고 불량스러우면 집어넣지 못해 안달하는 것이 보통 경찰의 태도이다. 그런데 형법이 금지주의를 채택하지 않을 경우 그것이 한국 사회에서 어떻게 수용되고 인식될까, 얼마든지 성매매를 할 수 있다고 인식하는 것은 아니냐는 우려가 있는 것이다.

기혼남들 중 일부는 아내에게 요구할 수 없는 행위를 하고 싶을 때 성매매를 하기도 한다. (물론 그것이 전부는 아니겠지만) 가학적·변태적이거나 포르노에서 배운 것을 실습하고 싶을 때 성매매를 하는 것이다. 올 여름에 집결지 여성들의 건강 상태를 조사해 보니까 보통 5년에서 10년 했다고 하면 자궁이나 허리뼈가 다 상해 있었다. 그 여성들에게 엄청난 부담을 주는 체위를 요구하는 것이다. 그러다 보니 보통 자궁 질병과 디스크 등의 질병을 앓고 있는 것이 기본이고, 여성이 수용할 수 없는 것을 요구하는 인권 유린과 폭력성이 있는 것을 확인할 수 있었다. 이런 측면에서 금지주의적 입장과 원칙을 그대로 견지해야 한다는 논의들을 하게 되었다.

그래서 그때 명쾌하게 '성착취 반대법'으로 하는 게 어떻겠냐는 이야기도 있었다. 하지만 그러기에는 '착취'가 아니라 '성매매'라는 인식이 너무 강했다. 앞서 이야기했듯이 프라다, 루이뷔통으로 대변되고 쉽게 돈을 벌려는 여성들이라는 이미지가 보통의 인식이었던 것이다. 그런 이야기를 하는 사람들을 조금 더 실제적으로 분석해 보니, 그들은 강남 룸살롱 경험과 자기들의 인식 범위에서 그렇게 말하는 것이었다. 또 이 사람들이 여론의 주도층이고 정책 결정자들이기도 하다. 그래서 '성착취 반대법'은 룸살롱이나 산업형 성매매가 아닌 집결지에 대한 반대법에 그치게 된다. 이것으로 규제하기에는 이미 한국 사회의 성산업 범위나 층위가 이미 너무 나뉘어 있기 때문에 성매매 일반을 규제하는 것으로 해야 한다고 본다. 그리고 진보의 이름으로 개입할 것이라면 근본을 다루어야 한다. 만약 금지주의로 규제하게 되면 스웨덴처럼 여성은 비범죄화하고 알선 자체는 형법으로 처벌하고 남성은 수요 측면에서 처벌하면 된다. 하지만 현재 한국의 형법으로는 이것을 수용해 낼 수 없다.

그래서 그것을 돌파하려고 계속 논의를 하다 보니, 몇 차례에 걸쳐 비슷하지만 다른 이야기라고 할 수 있는 용어를 만들기 시작했다. 즉, 피해자 개념을 확장시켜서 'prostitute'가 아니라 'prostituted', '성매매 된 자'라고 하자는 것이었다. 그런데 여기서 여성학에서 말하는 선택과 자기 결정이라는 또 하나의 딜레마가 생긴다. 피해자가 아닌 생존자의 개념을 사용하기 시작한 지 한참 지난 상황인데, 성매매에서 다시 수동의 개념을 놓게 되면 여성 존재의 수동성이라는 구조적인 함정에 빠지는 딜레마가 생기는 것이다. 그러나 현실적으로 한국의 형법 구조에서 여성들을 보호하려면, 알선으로부터 피해를 당한 여성의 범주를 어떻게 더 확장할 것인가를 고민하는 방법 외에는 돌파할 길이 없었다. 그것이 현실과의 협상과 타협(compromise)의 과정이다. 여성학적인 관점에서 보면 그것 자체가 딜레마임을 인지하면서도 불가피한 선택인 것이다. 그렇지 않으면 형법을 먼저 바꿔야 하는데, 한국의 형사법은 50년간 한 번도 개정된 적이 없다.

따라서 형법 체계를 흔들어서 성매매 여성들의 권리를 보장하려면 앞으로 50년쯤 더 지나야 한다고 본 것이다. 그러면 그 사이에 성매매는 거의 내재화, 구조화, 제도화되는데 그것을 그냥 둘 것인가. 물론 힘차게 투쟁을 할 수는 있다. 그러나 누가 얼마만큼 끝까지 투쟁할 것인가에 대해서는 답이 없다. 그 투쟁을 끝까지 할 것인가는 자기 문제로 놓고 고민해야 하는 것이다. 단계적이고 인식론적인 한계를 지적하며, 쉽게 타협하는 개량적인 활동이라는 문제를 제기할 수 있다. 하지만 그런 비판은 그 인식론적인 한계를 극복하고 근본적인 것을 초지일관 밀고 나갈 투쟁의 주체에 대한 고민이 담보되어 있지 않은 것이다. 그것은 아무도 책임질 수 없는 이야기이다. 그런 점에서 단계적인(step by step) 입법 전략을 현실적 대안으로 택할 수밖에 없다.

3) 성매매방지법 입법을 위한 로비 활동

그런 지점들을 논의하면서 '성매매 알선 등 범죄의 처벌 및 방지에 관한 법률'을 만들게 되었고, 그 법률 체계로 2001년 11월에 입법 청원을 했다. 그런데 입법 청원한 법률에는 '처벌과 보호를 하나의 법 안에 담을 것인가'라는 딜레마가 있었다. 이미 제정된 성폭력 및 가정폭력 관련법이 서로 다른 두 개의 시스템이기 때문이었다. 성폭력 관련법은 하나의 법률에 보호와 처벌이 다 있고, 가정폭력 관련법은 보호법과 처벌법이 따로 있다. 그렇다면 "성매매는 어떻게 할 것인가"라는 문제가 제기된다. 처음 법안을 논의할 때는 보호와 처벌을 하나의 법안에 넣었는데, 나중에는 분리하는 게 낫겠다고 판단했다. 하나의 법으로 할 경우, 형법상의 금지주의를 놓고 볼 때 성매매 여성들을 보호할 길이 별로 없다. 두 개로 분리하게 되면 보호를 위한 법에 의해서 가능한 한 피해자의 범주를 넓히고 보호할 시스템을 만들 수 있다. 또 다른 이유는, 법무부가 성매매 여성에 대한 피해 지원 시스템을 만들 수 없는 조직이라는 현실적 판단 때문이다. 실제 일을 집행하는 사람들의 인식 차원에서, 법무부보다는 여성부에서 피해자의 보호와 지원 업무를 담당하도록 하는 것이 낫겠다고 판단했고, 2002년 9월 23일 의원 발의에서는 처벌법과 보호법을 분리했다.

그 법의 기본 방향은 중간매개자에 대한 부각과 형사법 적용에서 최대한의 차별적 법 적용, 즉 피해자 범주를 최대한 확장함으로써 여성들을 실제로는 비범죄화하려는 의도였다. 「윤락행위 등 방지법」은 성매매 여성들에 대해 '요보호자' 개념으로 감호 위탁을 하도록 하여 인권이 스며들 여지가 없었다. 그런데 피해자 개념을 도입하면 국가의 책임이 부과되고, 그 피해자는 국가로부터 보호·지원을 받을 권리를 갖는다. 그래서 쉼터 같은 시설을 이용할 권리, 시설에서 서비스를 받을 권리의 개념이 부여되고 '요보호자' 개념이 삭제되었다.

오랫동안 입법운동을 하며 터득한 것이 있다면, 국회의원들과 협상할 때에 사수할 조항과 협상할 조항으로 나누어 활동하는 것이다. 예를 들면 '요보호자' 개념을 빼는 것과 권리 개념을 넣는 것은 협상할 수 있는 것이 아니었다. 이런 입법운동 과정을 통해 지금의 성매매방지법 내용이 갖춰지게 되었다.

우리가 고민한 지점 중 하나는 성매매방지법이 여성인권법으로서 요소를 갖추도록 하는 것이었고, 또 다른 하나는 '제정된 법이 사문화되지 않고 실효성을 갖추려면 어떤 장치를 마련할 것인가'였다. 「윤락행위 등 방지법」의 사문화 과정을 알고 있기 때문에 그렇기도 하다. 보통 입법운동에서 이상이 너무 높으면 그 법은 죽은 법이 된다고들 한다. 이상적인 법은 경찰과 검찰, 사법부가 움직이지 않아 법은 있으되 현실에서 적용되지 않는다는 것이다. 그리고 아무도 고소·고발하지 않는 법이 될 수도 있다는 것이다. 알선은 조직범죄이기 때문에 마피아 영화에서처럼 내부 고발자를 확보하거나 침투시켜서 처벌하는 방법 외에는 별다른 방법이 없다.

포주는 성매매 여성들이 어찌할 수 없는 권력을 가진 것으로 보이기도 한다. 실제 지금까지 포주들이 그 여성들에게 실력을 보여주기도 했다. 포주들은 경찰이나 그 이상의 권력과 유착하여 사건을 얼마든지 무마시켜 왔다. 그래서 아무리 여성단체가 '보호해 주겠다. 법이 만들어졌다'고 해도 성매매 여성들은 결코 신뢰하지 않는다. 심지어 법이 제정되고 1년여가 지날 때까지만 해도 성매매 여성들 사이에서 '저 법은 1년 안에 바뀐다'는 이야기가 돌았다. 포주들이 다 그렇게 이야 기했고, 성매매 여성들은 그 이야기를 듣고 그렇게 생각한 것이다. 조직범죄인 성매매 범죄를 균열시키기 위해서는 이름만 올리는 '바지 사장' 말고 돈을 대는 진짜 업주를 처벌해야 한다. 하지만 성매매는 그것을 밝히기 힘들게 하는 은폐 장치를 구조화하고 있기도 하다. 그 런 점에서 볼 때 성매매 여성들이 공포로 사육된 환경에서 피해 사실 을 자기 입으로 말하는 것은 불가능하다. 또 그 여성들이 역사적으로 오랫동안 경찰과 법에 대한 불신을 경험해 왔기 때문에 자신이 피해 자라는 말을 할 수 없게 되고, 자신의 피해를 고소·고발하거나 신고할 수 없게 된다. 그러면 이 시스템이 실제로 가동될 수 있는가 하는 문제 가 제기된다. 따라서 우리는 이 법안에 내부 비리 고발자의 신변보호 에 관한 조항, 중간매개자의 고발을 지원할 수 있는 일체의 시스템 등을 도입하려 했다. 그러나 이 조항은 관철되지 못했다. 한국의 법체 계에서 그런 것을 도입해 본 적이 없는 데다가, 그러려면 형법 체계를 바꿔야 하는 문제라는 것이다. 결국 그 제안이 수용될 수 없었고, 이 법의 집행 자체가 상당한 제약을 갖게 되었다. 이 점 또한 너무나 안타 까운 지점이다.

4. 성매매방지법의 집행을 위한 과제들

그런 이유로, 법의 초안을 만들면서 원래의 기본 취지와 틀에서 끝 까지 사수한 조항, 변형된 조항, 포기한 조항들이 있다. 성매매방지법 이 원활히 작동하지 않는 부분은 분명히 존재한다. 그러나 그것은 법 만을 놓고 이야기할 수 없으며, 환경의 조성이라는 점에서 법 집행의 가장 큰 당사자인 사법부 전반의 교육과 관행의 개혁이 필요하다. 이는 남성 중심의 법 집행 체계에서 그러한 관행을 어떻게 바꾸어낼 것인가라는 문제이다. 나아가서 성매매방지법이 작동할 수 있는 사회 환경을 조성하는 일은 가부장제와 전면전을 치르는 것이다.

성매매방지법에 반대하는 남성 중심적 세력이 가장 좋아하는 것은 여자들끼리 서로 싸우는 것이다. 그래서 언론이나 여론 주도층은 성매매 여성들의 성노동자 요구집회를 집중적으로 보도하기도 한다. 그 목적은 "그것 봐라. 너희들이 틀리지 않았느냐? 과거대로 돌아가자"는 것이고, 그 방식은 공창이고 합법화이다. 그런 가부장적이고 남성 중심적인 행위가 언론을 통한 확장 전략을 작동시킨다. 또한 거기에는 암묵적 동조와 일사불란한 협력이 있는 것 같다. 그래서 여성에 대한 폭력과 착취 구조가 증폭되는 가부장적 사회로 귀결되지 않도록 담론적·실천적 논의, 입법에 대한 논의가 충분히 이루어져야 한다. 결국 여성들끼리 싸우다가 소모되어 버릴 수도 있기 때문이다. 여성의 지위가 향상되었다고는 하지만, 이제 막 여성이 가시화된 단계이다. 여성 전체의 지위 향상은 앞으로도 한참 이루어져야 한다.

"성매매방지법 제정운동 평가와 이후 과제"

일시: 2005년 11월 10일 오후 4시

장소: 서울대 멀티미디어동 402호

발표자: 조영숙(전 한국여성단체연합 사무총장,

현 여성인권중앙지원센터 소장)

사회자: 이재인 박사(서울대 여성연구소)

1. 타협과 선택의 산물, 성매매방지법
2. 성매매 여성의 인권을 말하기까지
3. 2004년 국회의원 선거와 성매매방지법
4. 여성인권을 온전히 담아내기에 부적합한 현행 형법 체계
5. 성매매방지법 관련 논의 부재에 대한 책임 문제
6. 성매매 여성의 비범죄화는 시급한 문제이다
7. 입법운동에서의 협상 과정과 탈각되는 성매매 여성들의 이해
8. 미성숙한 입법운동이었나
9. 성노동자 운동을 어떻게 보는가

사회자 감사합니다. 오늘은 성매매방지법이 나오기까지의 과정, 고뇌 등을 들을 수 있었습니다. 자유롭게 질문이나 의견을 말해주시기 바랍니다.

1. 타협과 선택의 산물, 성매매방지법

청중 1 법을 만들 때의 관행, 국회의 관행이라든지 형사법 체제가 갖는 문제 등을 많이 지적해 주셨는데요. 굉장히 새로웠습니다. 그런데 그런 내용이 그 과정 바깥에 있는 사람들에게는 알려지지 않았기 때문에, 실제 법을 만드는 과정에서 문제의식이 장애를 만나고 그것을 돌파하는 과정에서 변환되는 부분이 역동적으로 전달되지 않는 측면이 강했던 것 같아요. 그런 부분을 '여성단체에서 직접 말하기 어렵다면 정치학자나 법학자라도 말하도록 했더라면 좋았겠다'는 아쉬움이 듭니다. 선생님의 발표 자료에도 그런 내용을 포함시키지 않고 어떻게 보면 후일담 정도로 이야기하셨는데, 꼭 그래야 될 이유가 있다고 보시는지요?

발표자 정리할 시간이 없었어요. 보내드렸던 자료는 예전에 만든 자료를 참고하시라고 드린 것입니다. 제가 2000년에 이 이슈를 다루기 시작하면서부터 거의 정리할 시간이 없었어요. 정말로 단 한순간도 쉴 틈이 없었어요. 정리할 시간조차 없는 거예요. 그만큼 돌파해야 될 영역들이 너무 많았던 거죠. 제가 좀 안타까웠던 것 중에 하나는 성폭력이나 가정폭력 관련법 제정운동의 경우에는 연구자들이 많이 결합을 했어요. 그러나 성매매 현장에 결합한 연구자는 거의 없었어요. 또 연구자가 있다 할지라도 입법운동 과정에서 같이 결합하지는 않았어요. 그러니까 성폭력과 가정폭력 같은 경우에는 지금 말씀하신 대로 지난한 그 타협의 과정, 불가피한 선택의 과정이라고 하는 것을 같이 목격하고 회자시킬 수 있었습니다. 하지만 2000년에 제가 처음 성매매방지법을 이야기했을 때 함께 하겠다고 나서는 여성단체는 거의 없었고 시민단체도 없었어요. 한국여성단체연합(이하 '여연')에서 이 문제를 제기하려고 했을 때 다들 '왜 그걸 하냐'고 그랬어요. 앞서 이야기한 대로 저희가 양보할 수 없는 입장으로 세운 인권적 가치를 성매매 여성들에게 대입하는 것에 대해 대부분의 여성단체나 시민단체들이 갸우뚱했어요.

2. 성매매 여성의 인권을 말하기까지

청중 1 '그 사람들을 인권으로 보호해 주어야 하느냐'는 것인가요?

발표자 프라다와 루이뷔통, 이 이미지가 너무 강했어요.

청중 2 여성운동 진영에서도 성매매방지법이 제정된 후에는 성매매에 대해 다른 목소리가 제기되고 있지만, 그 이전에는 거의 인권의 관점에서 성매매를 보지 않았나요?

발표자 아니요. 한 가지 놓치고 있는 것이 있는데요 예를 들면 여성단체에는 종류가 무지 많아요. 저는 여성단체라고 하면 여연만 있는 줄 알았는데 여연은 한 줌도 안 돼요. 나머지 단체들은 한마디로 말하면 다 조강지처의 관점이에요. 성매매 여성은 나의 남편을 타락시키는 여성, 유혹하는 여성이에요. 2000년까지만 해도 여성 대 여성으로 놓았지 남성에 의해 여성들이 착취당하거나 폭력이나 인권침해를 당한 다는 개념이 형성되어 있지 않았어요.

청중 2 사실 그런 점에서 성매매방지법 제정운동 기간을 볼 때 다른 법 제정운동에 비해서 길지 않았다고도 볼 수 있잖아요. 근데 그런 상황에서 성매매방지법이 제정될 수 있었던 데에는 여러 가지 원인이 있을 것인데, 이런 것들을 어떻게 보시는지요?

발표자 성매매 관련 담론을 보면 비약이 너무 심해요. 제가 이야기했 죠? 우리가 처음에 성매매방지법안을 만들었을 때는 모두 프라다·루 이뷔통을 이야기했어요. "쉽게 돈 벌려는, 정신 썩은, 정신 빠진 집단 의 여성한테 권리라니, 인권이라니?"라는 반응이었어요. 그건 여성들 도 마찬가지였어요. 그리고 그 이전에 성매매 문제 자체에 대해 어떤 집단도 인권으로서 제기해 본 적이 없어요. 보통 그 이전에 성매매 문제를 다루었던 단체는 주로 기독교적인 단체였고 죄인에 대한 구원 으로 봤죠. 기독교가 창녀에 대한 이야기 참 많이 했잖아요? 실제로 창녀에 대한 구원 이상의 개념을 넘어가지 않았어요. 그때는 그게 최 대치였어요. 근데 인권으로 접근하는 것은 확장이 아니라 개념의 전환 이에요. 그 개념의 전환을 하려다 보니까 우리 안에서도 이것이 아닌 거예요.

여담이지만, 제가 여성노동운동 출신이기도 해서 처음에 이 문제에 대해 한번 여성노동자 그룹과 이야기를 했어요. 그런데 어느 여성노동 자 출신 활동가의 첫마디가 "나도 똑같이 걔들처럼 힘들었지만 나는 내 힘으로 일했어"라는 말이었어요. 여성노동운동을 했던 사람이 "나 도 걔들처럼 똑같이 어렵고 불우한 환경이었지만, 나는 내 손으로 일 했다"라고 말하는 거예요. 계급적 관점은 있지만 성매매 여성을 여성주의적으로 여성 연대로 끌어안은 것은 아니었던 거죠. 솔직히 그것이 2000년도 한국 사회의 인식수준이었습니다.

지금 성노동자(sex worker)의 권리, 생존권 등을 이야기하지만 솔직히 언제 우리가 성매매여성들의 인권과 생존권에 대해 진지하게 들여다보고 또 고민한 적이 있었습니까? 그런 천박한 인권 인식의 단계에서 어떻게 5년 안에 법 제정이 가능했을까. 제가 2001년에 청원하고 2002년에 의원 발의하고 2004년에 제정했으니까 실제로는 3년이네요. 우선 이것은 너무나 명백한 증거를 갖고 시작한 운동입니다. 화재사건은 너무나 명백한 증거입니다. 그 이후에 부산 완월동에서 화재가 났어요. 충청도에서도 화재가 났구요. 청량리에서도 화재가 났어요. 법 제정되고 난 후는 미아리에서 화재가 났어요. 제가 이야기했듯이, 이것이 극단적 상황이 아니라 보편적 상황인 것이에요. 그런데 예전에는 똑같이 화재가 나더라도 제기하는 주체가 없었던 것입니다. 문제 제기를 구조로 끌어들일 주체가 없었던 거죠. 거기에 운동 전략이 개입되지 않았던 거죠. 따라서 첫 번째로는 주체가 형성되어 있었다는 거죠. 그 다음에 그것을 바라보는 인권의 관점이 형성되고 인권의 관점에서 그 문제를 구조적으로 대응하는 여성운동 진영이 있었던 거죠. 그리고 그 여성운동 진영이 앞서 많은 입법운동의 경험을 갖고 있기 때문에 캐치업(catch-up)2) 전략을 가질 수 있었던 거예요.

그리고 또 하나는, 큰 거래(big deal)를 한 것입니다. 사실 이것을 글로 써야 되는지 고민하고 있어요. 2004년 4월에 선거가 있었잖아요? 저희가 2003년에 입법운동의 막바지 박차를 가하고 있었을 때인데요. 여연은 선거를 앞두고 여성정책과 여성유권자라는 입장에서 끊임없이 캠

---

2) (스포츠 경기·생산 따위에서) 따라잡기 위한 노력; 뒤진 것을 만회하기, 격차 해소. YBM 시사영한사전 참조.

페인을 벌이고 있었기 때문에 그들한테 상당한 압력단체였어요. 그때 저희가 두 개를 압박했어요. 하나는 호주제이고 하나는 성매매방지법입니다. 그런데 지역 선거에서 유림들은 아주 막강한 비토(veto)세력이에요. 국회의원들의 입장에서 호주제를 받아들일 수는 없는 것입니다. 그들이 수용하기에는 성매매가 덜 부담스러웠던 것 같습니다.

3. 2004년 국회의원 선거와 성매매방지법

청중 1 호주제는 트레이드 오프(trade-off)[3]가 되어버린 것이네요?

발표자 네, 그래서 저희가 논의를 했어요. "호주제는 범여성적 이슈인데 성매매는 범여성적 이슈로 인정되지 않은 한계가 있다. 그러니까 우리가 입 다물고 호주제를 밀 수도 있다"라는 거죠. 이 단계에서 '무엇을 먼저 할 것인가, 어떤 것을 더 우선순위로 볼 것이고 어떤 것을 더 심각하게 볼 것인가'라는 논쟁을 내부에서 했어요. 그래서 거래(trade)하기로 한 것입니다. 둘 중에 한 가지는 얻어내야 하는데 국회의원들이 호주제는 완강하게 안 주려는 것이에요. 두 개가 모두 안 될 수도 있지만 어떤 전략을 채택할 것이냐는 것이었죠. "그러면 성매매를 우선적으로 하자"라고 했죠. 성매매 여성의 인권침해가 너무 심각하니까요. 그래서 2004년 3월 2일에 통과된 것입니다. 저희가 2003년 말까지 하라고 요구했는데, 2003년 말에 소방방재청 관련법 등 온갖 법들과 섞이고 연말이라 또 연기되었죠. 그러다가 결국 선거를 앞두고

---

3) 두 개의 정책 목표 가운데 하나를 달성하려고 하면 다른 목표의 달성이 늦어지거나 희생되는 경우의 양자 간의 관계. 네이버 백과사전 참조.

통과되었어요. 그것만이 다는 아니에요. 아까 말씀드렸지만 압축적으로 캐치업했다는 것에는 너무 많은 내용이 내포되어 있는 거예요.

청중 1 그러니까 그 거래(trade) 자체가 문제가 아니라 이미 압력단체로 힘을 갖게 되는 그 과정 자체가 있는 것이죠. 다른 한편에는 입법운동의 역사 안에서 입법운동 자체의 개혁이 있고, 또 시민사회로서의 힘을 갖게 되는 두 가지가 다 있는 것 같은데요. 까딱 잘못하면 거래를 선택한 것에만 관심이 몰릴 수도 있겠습니다.

발표자 그래서 마지막 순간에 거래되었던 것이죠. 그래서 저희가 압축적으로 캐치업했다는 과정에는 무궁무진한 이야기가 있다는 거죠.

청중 2 그러면 그 거래의 대가로 여성운동 진영에서 준 것은 무엇인가요?

발표자 그것은 없죠. 저희는 유권자로서의 힘을 보이는 거죠. 그런 거래가 아니라, 거래라고 했을 때는 호주제와 성매매방지법의 거래죠. '너희가 줬기 때문에 무엇을 준다'는 것은 아니에요. 왜냐하면 입법은 국회와 법사위에서 여야가 다 함께 하는 거잖아요. 여야 모두 자신들이 여성정책을 위해서 얼마나 노력했는지에 대한 증거를 보여줘야 했던 거죠.

청중 1 규탄을 안 해주는 조건인가요?

발표자 유권자가 요구한 것을 정치권이 수용했다면 그렇죠. 그러나 호주제와 성매매방지법의 트레이드 오프를 너무 심각하게 받아들이

실 필요는 없습니다. 왜냐하면 여성운동 진영에서는 호주제 폐지 역시 시간문제라고 생각하고 있었기 때문입니다.

청중 3 오늘은 성매매방지법 제정 과정에 초점을 맞추고 있지만, 또 한편으로는 성매매 관련 운동이 어떻게 진행되어 왔는가에 대한 정리라고 생각합니다. 그런데 여연이 성매매에 관심을 갖게 된 것도 군산 대명동 화재사건 이후입니다. 물론 선생님께서 말씀하신 것처럼 그 전에도 무수한 화재가 있었고 무수한 여성들이 죽었겠죠. 그런 일들이 현장 상담소들에는 알려지거나 이야기될 수 있었겠죠. 하지만 그 정도의 입법운동 경력과 힘을 가진 여연이 관심을 가지게 된 시점도 한꺼번에 많은 여성들이 죽었던 2000년 화재사건 때문입니다. 실제 군산 화재사건을 계기로 관심이 전국으로 확산될 수 있었구요. 그런데 그렇게 말씀하시지 않는 것은 선생님께서 여연의 활동을 중심으로 놓고 평가를 하셔서인지, 아니면 제정운동 자체에 대해 그렇게 보시기 때문인지요?

발표자 제가 오늘 나눠드린 자료는 논의를 중심으로 한 내용이어서 미가공 데이터(raw data)예요. 오늘 제가 말씀드렸던 부분은 법 제정으로 압축된 이후에 대해서만 말씀드린 것이구요. 여연이 그 일을 하게 된 것은 군산 대명동 화재사건 때 그 사건에 대응한 단위가 여연 회원 단체였기 때문입니다. 저희 여연 안에는 '성과 인권 위원회'가 있어요. 여성 폭력, 여성의 성과 인권, 그 두 가지의 이슈를 다룹니다. 그러면 그것이 의제(agenda)가 되죠. 여연 회원 단체들이 함께 모여서 자기 관심 영역별로 위원회를 구성하고, 그 위원회에서 사업과 정책 방향을 결정합니다. 그런데 '성과 인권 위원회' 내에서 그 사건을 다루기 시작한 거죠. 토론을 통해 정책 방향을 결정하고 조직적인 합의를 거치면

여연 전체의 운동으로 가는 것입니다. 그리고 여연은 그 전년도 사업을 분석하여 매년 주요 핵심 과제들을 설정합니다. 그래서 2001년부터 성매매방지법 제정이 여연의 중심 과제가 된 것입니다. 그런 내부적인 논의 과정에서 결정된 것이지요.

제가 하나 빼먹은 이야기가 있는데요. 스웨덴의 법체계를 보면 성폭력, 가정폭력, 성매매가 여성폭력 방지법하에서 다루어집니다. 여성폭력 방지법이라는 형법 아래에 있는 것입니다. 그러니까 형법과 여성폭력 방지법, 성매매가 대범위, 중범위, 개별 범위 수준으로 하나의 법체계인 것이지요. 우리 같은 경우에는 성폭력 따로, 가정폭력 따로, 성매매 따로 있는 거죠. 하나의 중범위로 여성에 대한 폭력 범죄가 규정되어 있지 않아요. 그래서 저희가 성매매방지법을 만들 때 여성인권의 관점에서 이것을 어떻게 통합해 갈 것인가를 논의하였고 지금도 논의하고 있는데, 좀처럼 속도가 나지 않아요. 왜냐하면 형법을 건드리는 것에 대해 형법학자들이 좋아하지 않기 때문입니다. 형법체계를 바꾸는 것에 대해 같이 연구하자고 하면 같이 하겠다는 사람이 없는 것입니다.

4. 여성인권을 온전히 담아내기에 부적합한 현행 형법 체계

청중 4 형법은 자유주의적인 법 체제에서 대표적인 법이라고 생각하는데요 그 안에서 여성주의적 입장은 언제나 부딪치기 때문에 법제화 때마다 여성주의자들이 갈등을 겪는 것 같습니다. "형법 안에서 최대한 많은 이익을 얻어낼 것인가, 아니면 형법 자체를 뒤흔드는 방식을 선택할 것인가"를 늘 갈등하는 것입니다. 그런데 특히 성매매방지법이 다른 여성주의적 의제에 비해 그러한 것은 어떠한 요인 때문이라고 보시는지요?

발표자 소통 과정에서 개념의 차이가 있었던 것 같습니다. 예를 들면 좀 쉬울 텐데요. 스웨덴의 경우 여성폭력 방지법 안에 성폭력, 가정폭력, 성희롱, 직장 내 성희롱과 성적 착취가 형사법의 처벌 대상 범죄라고 명시되는 거죠. 그런데 한국 법체계를 보면 형법이 규정하는 영역에 성매매는 포함되지 않아요. 가정폭력, 성폭력도 포함되지 않죠. 예를 들어 한국의 형법에 동성강간이라는 용어 자체가 없잖아요. 그럼 그 용어를 넣어야 하는 거죠. 하지만 형법을 고치기는 너무나 어려운 일이라 특별법으로 만드는 거죠. 성폭력도 특별법, 가정폭력도 특별법, 성매매도 특별법이에요. 그런데 특별법은 사법고시에 포함되지도 않아요.

사회자 기본법이 아니니까요.

청중 3 그런데 어느 법대 교수가 여성운동의 입법운동에 대해 말하면서 특별법을 특별한 법으로 여기기 때문인지 그런 방향으로 가는 면이 있다고 했던 기억도 나는데요.

발표자 그 이야기는 그 법대 교수가 한 번도 우리의 입법운동을 자세히 보지 않은 것입니다. 처음에는 특별법을 만들려고 하지 않았어요. 형법을 고치려고 했죠. 그러나 어느 국회의원도 동의하지 않았어요. 우리가 특별법이 매력적이거나 특별하다는 말에 현혹되어서 특별법을 만든 것이 아니에요. 형법을 고쳐서 그 골간 안에 들어가게 해야 우선순위(priority)가 높아지는데, 특별법은 정말 게토화된 것입니다. 우리가 그렇게 하고 싶어서 그랬던 것이 아니라 현실적인 고육지책(苦肉

之策)인 거죠. 그것이 한국 여성운동의 역사입니다.

청중 4 그러니까 다른 법제와 유사하다는 거죠? 성매매방지법이 특별하지는 않죠.

발표자 아니죠. 그런데 그 문제가 몇 번 계속되다 보니까, 우리에게는 그렇게 만드는 것이 훨씬 더 고통스럽죠. 왜냐하면 성매매는 특히 여성에 대한 낙인이 심해요. 그런데 특별법으로 만들면 누가 그것을 거들떠나 보겠냐는 것입니다. 중심을 흔들지 않으면 실효성이 떨어지니까요.

청중 4 제 의견을 말씀드리고 싶은데요. 성폭력 문제를 제기할 때 성폭력 문제를 피해자와 가해자의 대립구도로 만들려는 노력이 있었습니다. 성매매방지법의 제정 과정에서는 '이것은 성매매 개인 여성이다'라거나 '성매매한' 여성과 '성매매된' 여성을 구분하는 문제 등이 있었는데요. 이것은 여성의 인권으로 접근하는 것만큼 매우 어려운 문제였다고 생각합니다. 선생님께서는 일부 계층의 여성들을 상위에 배치시키고 나머지 여성들에 대해서는 귀 기울이지 않는 성주류화 전략의 한계를 절감하며 성매매방지법을 만드셨다고 하셨는데요. 오히려 저는 성주류화 전략이 가진 한계가 법제화를 중심으로 하도록 해왔을 뿐 아니라, 동시에 많은 논쟁 지점과 담론 지형들을 놓치게 한다고 생각합니다. 가령 성폭력 문제 또한 여성들 내부의 차이가 이야기되었어요. '여성의 전화'에서는 'gender violence'의 개념을 폭넓게 쓰자고 제기했고, 다른 쪽에서는 'sexual violence'라는 개념을 제기해서 논쟁했던 거잖아요. 어떻게 보면 성매매방지법도 그렇게 논쟁적일 수 있는데 언제나 여성주의 외부의 시선에 대해서는 평가하면서 여성주의자들 내부의 논쟁이나 이견에 대해서는 수용하지 못해 왔다는 거죠. 현재 성매매방지법이 스웨덴처럼 모든 성매매 여성들을 피해자로 규정하는 급진적인 법률도 아니잖아요. 도대체 여성주의자들이 '성매매된' 여성과 '성매매한' 여성을 구분하는 이 엄청난 일을 어떻게 어떤 언어로 할 수 있느냐는 것입니다. 그래서 저는 '이것을 법에 기댈 수 있는가, 심지어 여성주의자들도 언어가 마련되어 있지 않은데 형법이나 특별법이 그런 역할을 해낼 수 있을까' 하는 점을 우려해요.

어쨌든 2004년 9월 이후 1년여가 지났고 그 사이에 성노동권을 주장하는 사람들도 생겨나기 시작했습니다. 저는 지난 1년 과정에 대해 평가해야 한다고 봅니다. 물론 성매매방지법 제정 과정에 대해서도 많이 평가되지 않았기 때문에 논의되어야 하구요. 제가 각 단체에서 성매매방지법 제정 1주년을 맞아 개최한 토론회를 다 가봤지만, 법 제정 이후 1년 동안 증폭되어 온 담론과 논쟁에 대해서는 논의하지 않더라구요. 아까 선생님께서는 성매매를 인권으로 접근했다고 말씀하셨죠. 하지만 이런 식으로 논의를 막고 있는 그 지형이 무엇인지를 볼 때, 결국 '여성의 인권이란 개념 속에 다른 논의들을 봉쇄하는 특정한 도덕, 일종의 페미니스트들의 윤리라고 할 수 있는 것이 있지 않았는가'라고 보는 것입니다. 역사 속에서 페미니스트의 도덕과 보수주의적 도덕이 언제나 따로 간 것이 아니라 공모하기도 했다고 생각합니다. 결론적으로 저는 '우리가 가지고 있는 인권 개념에 존재하는 순결성을 버려야 할 때가 아닌가, 법 제정 이후 1년에 대해 평가해야 할 시기가 아닌가'라고 말씀드리고 싶습니다.

청중 1 제가 요약을 해보겠습니다. 우선 법이 만들어진 후에 담론적 효과들이 페미니즘 내부에 크게 나타났다는 거죠. 그런데 어떤 이유에서건 지금 법을 만들고 실천해 온 여성운동 진영에서 이 페미니즘 내부의 담론적 효과를 외면하고 있지 않나 하는 문제의식입니다. 둘째는 '그것을 만들어내는 지형은 무엇인가, 다시 한 번 반성해야 하는 것이 아니냐'는 것입니다. 세 번째는 도덕적인 낙인을 뛰어넘어 인권의 문제로 본다고 하셨는데, 그 인권 자체가 평균 개념이며 인권이 무엇인지는 아무도 모른다는 거죠. 그런데 '우리는 인권에 대해서 말하니까 우리가 맞아'라는 태도가 있다는 거죠.

5. 성매매방지법 관련 논의 부재에 대한 책임 문제

발표자 첫 번째, 성매매방지법이 제정된 이후의 과정에 대해 논의를 책임지는 문제는 주체의 문제예요. 여연에서 입법운동을 했다고 해서 그 법이 여연의 법은 아니에요. 저도 오랫동안 운동한 사람으로 남이 해놓은 것에 대해 비판을 많이 했어요. 그런데 어느 순간 제가 무엇인가를 만들기 시작했어요. 제가 입법운동에 개입하기 시작하면서부터는 법안부터 만드는 것입니다. 어떻게 그 비판을 법률적 용어로 만들 것인가를 고민하게 돼요. 그리고 '법체계에서 법률로 구성할 것인가, 또는 어떻게 법체계의 틈새를 뛰어넘을 것인가'를 고민하는 거죠. 저희가 골방에서 몰래 입법운동한 것이 아니에요. 온갖 소리를 다 내고 했어요. 허구한 날 거리에서 캠페인 했고 국회 앞에서 데모 했고 소리를 낼 만큼 냈어요. 관심 있으면 올 수 있는 사람은 다 왔어요. 그 다음에 저희가 헤아릴 수 있는 인사들한테 다 논의하자고 했어요. 그래서 어떤 이야기를 했을 때 누가 막았는지는 저도 잘 모르겠어요. 소리도 낼 만큼 냈고 오고자 했다면 다 올 수 있었죠. 그렇기 때문에 '우리가 막았다고 볼 것이냐, 아니면 주체성이 부족했다고 볼 것이냐'에 대해 판단해 봐야 한다고 생각해요.

두 번째 저희가 법을 만들고 난 이후의 1년에 대해 평가가 부재했다고 말씀하셨는데, 사실 너무 평가할 것이 많아서 그래요. 그 이유는 3년 만에 법이 만들어졌고 5년 만에 법의 기조나 방향이 정해졌는데, 그 동안 상황이 너무 많이 바뀌었기 때문이에요. 법을 만들었을 때 포착된 문제의식과 확보된 변수를 가지고 결론을 도출했는데, 진화의 속도가 너무 빠른 거예요. '타자로서 남성의 시선에 대해서는 민감하면서 왜 여성주의 내부의 시선에 대해서는 그렇게 무감한가'에 대해 답하자면, 지난 5년의 과정은 남자와의 싸움이었어요. 가부장성을 벗어나지 못한 보수적이고 개량적이고 한계를 갖는 여성주의자들이기 때문에 남성의 시선에 급급했던 것이 아니에요. 이 투쟁은 남성의 시선과의 투쟁이었어요. 저희는 5년 동안 남성의 시선을 거둬내면서 여성적 관점에서 제도화를 실현하는 데 급급했던 것입니다. 그것이 법입니다. 혁명의 순간과 혁명의 유지라는 것은 전혀 다른 개념의 문제입니다. 왜냐하면 곧바로 반동이 오거든요. 이것은 두 번째 질문에 대한 일종의 설명이고 해명입니다. 그리고 거꾸로 저는 지난 5년의 과정에서 사람들이 왜 그렇게 뒷짐 지고 구경만 하고 있었는지 이해할 수가 없어요.

세 번째, 그 5년의 과정이 루이뷔통·프라다라는 인식을 거둬내는 것이었고, 인권의 관점에서 성매매 여성 주체를 형성시키는 과정이었습니다. 인권 개념 자체가 합의되지 않았다고는 하지만 그렇다고 해서 공허한 개념은 아니에요. A의 인권과 B의 인권이 상충하는 지점에서 공통의(common) 인권에 대해 서로 해석이 다른 것이고, 서로 해석이 달라졌을 만큼 요구가 다양해진 것이죠. 민감성(sensitivity)과 정체성, 정체성의 정치(identity politics)가 달라진 것이죠. 그렇다고 해서 기초적인 공통의 영역(common ground)이 없냐는 것입니다. 예를 들면 성매매 여성을 강제로 바깥에서 문을 잠가서 가두면 안 돼요. 불이 났는데도 나올 수가 없으면 안 되는 것이죠. 기본은 있는 것입니다. 탈식민주의적 관점에서라도 거꾸로 한 번 질문을 드려보고 싶은데요. 보통 여성운동가들이 전투적이고 사납잖아요. 예를 들면 제 스스로를 그렇게 경험하는데, 저는 참 사납고 강한 이미지의 여성이에요. 그런데 곱게 자라 강남에서 행복하게 살고 있는 내 친구는 "어쩜, 너는 그렇게 평생 사납니?"라고 합니다. 그 이야기를 듣는 순간, 저는 박탈감을 느껴요. '참, 너는 가진 것이 많고 누린 것이 많아서 없는 사람이 그것을 쟁취하려고 사나워지는 것에 대해 무지하구나!'라는 느낌이 들어요. 지난 5년 동안, 저는 타자인 남성의 시선을 걷어내기 위해 싸우느라 정말 사나워졌어요. 그러면서 기본적인 여성운동의 윤리라는 큰 틀에서 가부장제적 시선이라는 것들을 걷어내기 위한 싸움을 한 것이죠. 그런데 공허한 인권적 윤리를 내세우면서 저에게 다른 여성과 다른 관점을 억압했다고 이야기하는 거죠. 운동 또한 서로의 실천을 통해 경쟁적인 발전을 이루는 것이에요. 자본의 논리를 받아들이는 경쟁의 시스템으로 볼 것은 아니구요. 진화의 과정이라는 것이 그런 거죠. 그러면 각 실천의 과정에서 쟁점화되고 단계론적으로 접근할 수도 있고 진화론적인 발전을 할 수도 있죠. 과정이 있는 것인데 갑자기 득도한 사람처럼 굴면 안 되는 거죠. 그런 점에서 저는 인권도 발전하는 개념이고 진화하는 개념이라고 생각해요. 그 개념의 틈새와 그 개념의 역사를 동시적으로 비교하는 것은 성매매 여성을 둘러싼 인권 개념의 진화 과정을 거세시키는 것 같습니다. 최근에 저에게 드는 느낌이 그렇습니다.

청중 4 군산 대명동 화재사건을 인권으로 접근하는 것은 맞죠. 하지만 제가 그런 넓은 개념의 인권을 이야기하는 것이 아닙니다. 가령 군산 대명동 화재사건을 성매매방지법으로 규정하지 않아도 되는 거예요. 감금되지 않을 권리는 성매매방지법으로 규정되는 것은 아니죠.

인신의 자유는 프랑스 혁명에서부터 있었던 거잖아요. 저는 인권의 개념을 그런 넓은 스펙트럼으로 보지 않아요. 페미니스트들이 성매매를 인권 개념으로 논의할 때, 근본적인 인권 개념 자체를 의문시한다고 생각하지는 않거든요. 예를 들면 마르크스주의자들은 인권 개념을 자유주의적인 인권의 개념과 다르게 구성하잖아요. 그리고 그것을 인권이라고 주장하죠. 마르크스주의적인 입장에서 보면 성매매에서 다른 노동들과의 유사성을 더 많이 발견한다고 볼 수도 있는 것처럼, 그런 식의 인권 개념을 차용한다면 상당히 다르게 볼 수 있다는 거죠. 그렇기 때문에 인권 개념이 정태적으로 쓰이는 개념은 아니라는 것입니다.

발표자 다르게 볼 수 있는데요, 다르게 실천할 수 있어야 하는 거죠.

청중 4 저는 반성매매 운동이 여성운동에서 위치를 차지해 온 역사를 볼 때 반성매매 운동 단체와 그 여성 활동가들에게 경의를 표하고 싶습니다. 사실 군산 대명동 화재사건이 발생하기 전까지 성매매가 여성운동 내에서 중심적인 이슈였던 적이 한 번도 없었잖아요. 여성운동에서 반성매매 운동을 논의하고 성매매에 대해 논쟁해 온 역사가 없었다는 이야기와도 같아요. 그렇기 때문에 성매매방지법의 법제화 과정이 어떠했든지 간에, 이를 주도한 세력이 "내가 이것을 주도할 동안에 너희들은 무엇을 했느냐. 나는 다 열었다"라고 이야기할 수만은 없어요. 왜냐하면 어떤 특정한 상황에 참여할 수 있을 만큼 담론이 증폭되지 않았기 때문입니다.

6. 성매매 여성의 비범죄화는 시급한 문제이다

사회자 저는 성매매방지법 제정운동의 평가와 이후 과제라는 오늘의 주제가 굉장히 반가웠습니다. 제정을 주도한 입장에서 제정 과정에 대한 내용에 국한하지 않고 제정 이후의 진행과 지금의 과제에 대해 기대를 했기 때문입니다. 사실 여러 사람들의 평가가 있지만, 법 제정 운동을 하셨던 분으로서 어떻게 평가하는지를 듣고 싶습니다.

또 하나, 성매매방지법 제정 이후에 성매매 문제에 대한 논의가 새롭게 활성화되고 논의의 장이 열렸다고 봅니다. 어떤 의미에서는 말씀해 주신 것처럼, 남성 중심적인 담론에서 공급 측면에 맞추어진 시선을 수요 측면으로 옮겼고 그 수요에 관련된 범죄행위들을 찾을 수 있게 했고 그에 대해서는 거의 이견이 없었던 것 같습니다. 그런데 인권으로 접근한다고 할 때 그것을 어떻게 적용할 것인가의 측면에서 '이것이 누구의, 무슨 인권인가'라는 논의가 제기된다고 봅니다. 지금까지 세 차례 집담회를 하면서 성매매방지법의 법 조항들에 대해 "다른 대안적인 조항이면 어떨까", "그 효과와 의미가 무엇인가" 등 여러 가지 논의가 제기되기도 했구요. 이를테면 그 중의 하나가 성노동자(sex worker)라고 할 수 있겠죠. 그리고 기본적으로 성매매의 비범죄화를 이야기하기도 했습니다. 현재 성매매방지법에서 성매매 행위 자체는 범죄(crime)죠. 구매자는 당연히 범죄자이고 판매자는 조건부 범죄자(conditional criminal)인 거죠. 왜냐하면 성매매의 강제성이 증명되면 보호의 대상이 되는 것이니까요. 선생님께서는 '산업형 성매매와 다른 형태의 성매매가 구조에 있어서 같다'고 과도하게 일반화하시는 부분이 있는데요 그런데 집결지 성매매에 한정해서 본다고 하더라도 그 여성들이 거기에 살고 있는 것 자체가 구조적인 관점에서는 강제라고 할 수도 있겠지만, 그 자체도 어느 누군가의 평가이고 재단인 거죠. 현재는 성매매 당사자들이 '나는 성매매를 강요당했다'라는 근거를 제시해야 범죄자가 아닌 피해자로 보호받을 수 있다는 거죠. 만약 성매매 판매자를 완전히 비범죄화한다면, 그분들이 자기들의 의식의 성숙이나 판단에 의해 "강제였으니까 어떻게 해달라. 내가 전업을 하겠으니 도와 달라"는 방식으로 바뀔 수 있다고 봅니다. 그렇게 되면 누구의 인권을 가지고 누가 누구를 구제한다는 것인가, 누가 강제라고 보느냐는 식의 한계적이고 한시적인 인권으로 접근하지 않을 수 있다고 지적할 수도 있을 것 같습니다.

발표자 그것은 원래 저희의 법 취지였습니다. 즉, 원래 저희가 청원 안에서 가지고 있었던 것 중의 하나가 입증책임 전환입니다. 현재 우리나라의 수사 과정에서는 피의자 본인이 범죄자가 아님을 입증해야 합니다. 그런데 저희가 이 사람이 범죄자라는 증거를 경찰이 찾아내도록 입증책임의 전환 개념을 이 법의 시스템에 넣어 놨습니다. 그런데 그것이 인정되지 않았습니다. 우리나라에서는 아직 입증책임의 전환을 도입할 수 없다는 거죠.

사회자 형사법 체계상의 문제가 컸다고 말씀하시는 것인가요?

청중 1 형법 개정이 안 되면 그것 자체에 대해서 토론을 할 수 없다는 것인지요? 성폭력 문제에서도 결국 입증책임의 전환 문제가 제기되고 있잖아요.

발표자 입증책임의 전환은 형사법과 상관없이 정치적 합의가 있으면 되는 것입니다. 경찰이 수용하면 돼요. 정치권이 움직여야 되는 것입니다. 지금까지 우리는 성매매와 성폭력에 대해 그런 주장을 해왔습니다. 하지만 사법 개혁을 하고 있는 남성 법조인들의 시각에서 볼 때, 입증책임의 전환은 피의자의 권리를 진보의 상징으로 넣으면서 피해자의 권리 부분을 상대적으로 뒤처지게 한다는 게 현재 상황입니다. 진보적 법학자들조차 그렇게 생각하고 있습니다. 그래서 여성계가 '피의자의 권리를 중심으로 전환하는 사법 개혁을 진보의 표상으로 제시하지만, 여전히 피를 흘리고 있는 여성 폭력 피해자의 권리를 같이 보지 않는다'고 비판하고 있는 것입니다. 피의자의 권리를 강조하면서, 피해 중에 특히 일대일의 관계에서 이루어지는 성적 범죄에서 피해자의 권리는 간과하는 것이에요. 보통 성범죄의 처벌은 자백에 의한 것인데, 강요에 의한 자백을 인정하지 않았을 때는 어떤 증거를 입증할 수 있겠어요? 강간당하는 여자가 사진을 찍어야 하나요? 저희는 법률안에 입증책임 전환을 넣었습니다. 마치 우리의 인지 범위에 한계가 있는 것으로 이해하시는데, 역으로 학문하시는 분들이 현실 돌파의 과정(process)에 대한 이해가 부족하다고 할 수 있는 것입니다.

청중 3 성매매방지법 제정 과정에서 '성매매된' 자와 '성매매한' 자로 성매매 여성을 구분한 것에 대해서 여성운동 내부에서 비판이 있었는데요. 저는 그것이 어떻게 사수조항이 아니라 거래(deal) 가능한 조항이었는지 의문이 듭니다.

발표자 사수조항이었습니다. 자료에도 썼지만, '여성을 비범죄화해야 한다'는 것이 저희가 만든 성매매방지법안의 기본 조항이었습니다. 발표 자료 3쪽 나항에 '매춘여성을 처벌하는 규정을 없애고 비범죄화시켜야 된다'고 나와 있잖아요. 처음부터 넣었던 조항이에요. 그런데 이 법안을 가져갔더니 의원 발의를 하지 않는 거예요. 일단 법안으로서 상정 요건에서 걸린다는 것입니다. 의원 발의를 하게 되면 국회 법사위에서 통과되어야 해요. 그런데 국회 법사위에서 비토당했던 것입니다.

청중 2 통과될 수 없으므로 통과될 수 있는 법으로 만들었다는 것 아닌가요?

발표자 국회 법사위에서 성매매 여성의 비범죄화 조항을 용인할 수 없다는 것이었죠. 형법 체계가 단일해야 하기 때문에요. 그리고 또 하나, 남성의 시선을 걷어내는 과정이라고 이야기했잖아요. 자료 3번 향후 정책 과제 부분을 보면 '비범죄화가 되지 못했다'는 부분이 있죠. 그래서 과제라는 거죠. '성매매 여성들의 비범죄화로 성매매방지법을 개선해야 된다'는 것이고, 이것이 첫 번째 과제예요.

청중 3 그런 점에서 또 하나 궁금한 것은 성매매 행위를 처벌한다고 했을 때는 '불특정인을 대상으로' 성을 사고파는 행위를 한 자를 처벌합니다. 그러면 한 명을 대상으로 거래를 하는 콜 걸 등의 경우는 어떻게 되는지요?

발표자 그래서 언제나 거기서 빠져 나왔던 것입니다.

청중 3 그러니까 법에서 불특정인을 대상으로 성을 사고파는 행위를 처벌의 대상으로 놓게 되면, '왜 성을 파는데 처벌을 하지 않느냐'는 이야기로 전개될 수밖에 없다고 생각합니다. 그런데 한국의 형법 체계 상 성구매 및 알선에 대해서 처벌을 강화하는 방향으로 가거나 그런 것에 초점을 맞추는 것이 불가능하므로 불가피하게 여전히 성을 사고 판다는 개념 틀을 가질 수밖에 없는 것인지요? 그러니까 성매매방지법 입법운동을 해온 여성운동 진영에서 볼 때 모든 것을 다 제거하고 순수하게 성을 사고파는 성매매 행위는 존재할 수 없거나 그것 자체를 인정할 수 없기 때문에 성매매에 대한 규제 또는 금지주의로 가게 되는 것인지가 궁금합니다.

발표자 저희가 "자발적 성매매를 존재한다고 볼 것인가, 그리고 그것을 인정할 것인가"라는 두 가지 논의를 했어요. 존재하는가와 인정할 것인가는 연동되는 것입니다. 아무리 두 가지를 구분하려고 해도 잘되지 않았습니다. 있으면 인정해야죠. 있는데 어떻게 인정을 안 합니까? 그럼 논의의 초점은 존재 여부예요. 그러면 자발성은 구조적 자발성과 정말 자발적인(voluntary) 것으로 볼 수 있는데, "어디까지가 자발이고 어디까지가 강제인가. 두 개념은 어디서 구분되는가. 집이 가난했기 때문에 성매매를 한 사람은 자발인가. 그러면 집이 똑같이 가난했지만 공장에 간 사람과 성매매를 한 사람이 구분된다면 이것은 자발인가. 우리가 빈곤을 구조로 이야기했을 때, 빈곤이라는 지점과 개인의 자기 선택이라는 영역을 어디에서 구분할 것인가" 등의 질문이 나옵니다. 하지만 저는 이것을 모르겠습니다.

사회자 알 수 없는 것이죠. 그렇기 때문에 누구의 이름으로 강제된 것이 아니라고 판단할 수 있겠느냐는 것입니다. 그렇기 때문에 판매자 여성은 전부 비범죄화하여 범죄자가 아닌 것으로 해야 한다는 거죠.

7. 입법운동에서의 협상 과정과 탈각되는 성매매 여성들의 이해

발표자 그게 원칙이에요. 하지만 법체계의 문제는 파워게임이에요.

결국 힘이 있어야 돌파하는 것입니다.

청중 2 저는 그 지점에 대해서 다른 이야기를 드리고 싶은데요. 파워 게임에서 밀려서 그렇게 되었잖아요? 파워게임에서 밀려서 그렇게 되는 순간에 모든 여성이라기보다는 어떤 특정한 여성들의 이해가 탈각되는 거잖아요?

발표자 그렇죠. 저희로서는 그 부분이 참 괴로운 영역이에요.

청중 2 근데 저는 여연이 그것을 계속 반복해 왔다고 봅니다.

발표자 무슨 말씀을 하실지 알겠어요. 왜냐하면 성폭력, 가정폭력 때도 같은 이야기거든요. 오래된 이야기예요. 학문 영역에서 또 한 가지 고민해 줬으면 좋겠는데요. 개인의 필요들(individual needs)과 정체성(identity)과 제도 시스템(institutional system)을 어떤 식으로 볼 것인가 하는 것입니다. 실제 개인적인 조건이나 필요, 자기 정체성, 자신의 가치와 선택들과 제도 시스템이 서로 상충할 수 있어요. 만인과 만인이 서로 상충할 수도 있어요. 왜냐하면 화장실 들어갈 때와 나올 때가 다르고, 내가 운전할 때와 내가 보행자일 때가 달라요. 그런 상황에서 "제도 시스템, 신호등 체계를 어떻게 갖출 것인가, 보행자 우선인가 운전자 우선인가. 실제로 교통법규를 어떻게 만들 것인가"의 문제예요. "시스템을 어느 지점에 맞출 것인가. 만인의 변수(variable)와 만 가지 경우의 수를 다 고려한 다음 법을 만들어야 한다면 그 사이에서는 어떤 규칙이 통용될 것인가"라는 거예요.

청중 2 선생님, 그 말씀은 질서라는 것을 필요로 하는 어떤 집단의 입장을 말씀하시는 것 같습니다.

청중 4 성판매라는 요소는 하나의 요소가 아닙니다.

사회자 그래서 지금 만 가지의 변수(variable)를 이야기하는 거예요.

청중 4 아니, 만 가지의 요소 중에 하나로 동등하게 사고할 수 있는 것이 아니라는 거죠.

발표자 아니요, 저는 여성을 만 가지로 본 거예요. 다른 요소가 아니라 여성을 만 가지 요소로 본 거예요. 요구와 정체성과 자기 선택이 만 명이면 만 개가 있을 수 있다는 거예요.

청중 2 그렇기 때문에 성매매방지법을 만든 것 또한 만 가지의 이해(interest)나 입장을 가지고 있는 것 중 일부 여성의 입장일 수도 있습니다. 그런 부분에서 사실 그 동안 무엇을 했든지, 그 운동을 같이 했든 아니면 그 운동을 비판했든…….

발표자 만 가지를 다 정당화할 수가 없어요. 제 말씀은 제가 했던 모든 행위가 정당하고 옳다는 것이 아닙니다. 처음에 이야기했듯이, 우리가 운동적이고 집단적으로 가능할 수 있는 변수들을 파악해서 내린 선택이고 판단이고 결과예요. 그리고 그것은 진화의 과정이에요. 저는 언제나 비판만 할 줄 알았더니 어느 순간 비판받는 사람이더라고요. 그렇게 되는 것입니다. 저는 그걸 인정해요. 그러면 만인에 의해서 평가받고 다시 해야죠. 또 여연이 매번 주도하라는 법도 없어요. 다른 주체 세력과 다른 힘이 있을 수 있고, 다르게 할 수도 있습니다.

청중 4 말로는 쉬울 수 있습니다. 선생님께서 운동 경험에 대해 말씀하셨듯이 다양한 경쟁을 하는 것이기는 합니다. 그러나 경쟁을 하는 각 조직들이 동일한 힘과 권력을 가지고 있는 것은 아닙니다.

발표자 여연도 처음에 이렇게 힘을 갖고 있지 않았어요. 여연이 언제부터 이랬나요? 그렇지 않습니다.

청중 4 그렇기 때문에 이제 여연만의 여연으로 보면 안 된다는 것입니다. 어떻게 보면 만 가지의 일부로서의 여연이 아니라 만 가지의 여연인 셈입니다.

발표자 그것은 다른 이야기인 것 같습니다.

8. 미성숙한 입법운동이었나

청중 1 여연 중심의 운동 전략에 대한 이야기는 따로 토론할 주제인 것 같습니다. 저는 이런 생각도 드는데, 뼈가 빠지게 일했는데 뭐라고 하면 서운할 수밖에 없어요. 그래서 안쓰럽고 죄송스럽기도 합니다. 그런데 학계에 있는 입장에서 볼 때, 연구자들 또는 페미니스트 그룹들이 처음부터 결합하지 않았고 어떻게 발언해야 할지 몰라서 미적미적 하면서 고민만 하고 있기도 해요. 제 경우에도 성폭력 문제에 대해서는 발언할 수 있었지만 성매매 문제에 대해서는 발언할 수가 없더라구요. 이것은 조금 다른 이야기지만, 어느날 제 아들이 "엄마, 뜨고 싶으면 성매매에 대해서 이야기를 해"라고 그러더라구요. 그래서 "엄마는 그 부분에 대해서 모르겠다. 그래서 못한다"라고 했어요. 그런데 저는 아이의 순진한 이야기인 것 같은 그 이야기가 한편으로는 무척 중요한 사실을 건드리고 있다는 생각이 들었어요.

그러니까 연구자들이 이 뜨거운 이슈에 대해 마음이 아리면서도 어떻게 개입해야 될지 너무 고민스럽기 때문에 말을 못하는 측면도 있다는 거죠. 첫째, 저는 법 제정운동의 노선이 매우 중요하다고 생각합니다. 선생님께서는 그나마 제정할 수 있었다고 말씀하시지만, 토론 과정에서 학생들이 미성숙한(premature) 법 제정운동이었다는 점을 제기했다고 봅니다. 담론 투쟁의 역사 없이 바로 법 제정으로 간 것에 문제가 있다고 판단하는 지점입니다. 또 한편으로 보면, 이전에는 운동 진영과 여성학 진영의 분화가 일어나기 전에 입법운동이 진행되었기 때문에 학계와 운동단체의 공동 작업이 가능했습니다. 하지만 2000년 이후 학계라는 제도와 여성운동이라는 제도가 갈라졌고, 이 두 영역의 결합이 새롭게 일어나지 않은 상태에서 성매매방지법 제정운동이 진행되었다고 볼 수 있습니다.

발표자 그런데 제가 사람들을 찾으려고 노력도 많이 했습니다. 그런데 아무도 개입 못하겠다고 그러더군요.

청중 1 그것이 관심이 없어서가 아니라는 것이죠. 연구자들이 함께 힘이 될 수 없어 마음은 아프지만 어떻게 할지 몰라서 그런 것이라고 봐요. 사실상 그런 지점이 많아요. 그런데 성매매방지법이 제정되고 일정한 실천들이 전개되고 나니 그나마 할 수 있는 말들이 생긴 것이라고 볼 수 있구요.

발표자 그런데 그것이 그 운동을 해온 사람을 향한 비난으로 비춰지기도 합니다. 어떻게 보면 저로서는 '운동을 그만 하라는 이야기인가'

하는 생각이 들 정도예요. 그리고 언론에 의해 그렇게 전투적으로 변하기도 해요. 여자들끼리 싸움 시킨다고 하는 이야기가 그것입니다.

청중 1 마지막으로 법 제정 과정에서 모든 성판매자의 비범죄화를 관철하지 못한 것에 대해, 좌중에서 '파워게임에서 밀리지 않기 위해서 한 것이 아니냐'는 해석이 나왔는데요. 선생님께서는 그것에 대해 파워게임의 논리도 있지만 법체계의 논리도 있다고 말씀을 하셨습니다. 그런데 제가 볼 때는 법이 만들어지고 담론적 장이 활발해졌을 때는 비범죄화라는 이야기를 할 수 있지만, '처음부터 비범죄화를 들고 나왔을 때 어떻게 받아들여질 것인가'라는 문제가 있는 것 같습니다. 그래서 역사적, 시간적으로 진화되어 온 과정을 보지 않고 비판을 한다고 말씀을 하시는 거구요. 그런데 저희는 공부하는 사람들이어서, 법 개정 과정에서 잘잘못을 따지려고 한다기보다는 사유적으로 어떤 과정이 있고 어떤 논리가 부재한지를 보고자 하는 것입니다. 사실 저는 이야기되고 있는 인권 개념이 아직도 평균 개념이라고 봅니다. 그게 무엇이라고 합의가 안 되었기 때문입니다. 그래서 자꾸만 '그것은 어떤 특정한 여자들의 인권이 아니냐'는 이야기가 나오는 것 같습니다. 그렇다면 그렇게만 다툴 문제가 아니라 인권 개념 자체가 어떤 보편성을 가질 수 있는 것인지, 만약 인권 개념만으로 담아낼 수 없다면 주체성의 문제로 본다든가 하는 열린 토론이 필요하다고 생각합니다.

발표자 중요해요. 그런데 솔직히 이야기해서, 제가 목이 메도록 불렀을 때는 대답이 없다가 갑자기 돌아오는 메아리가 비판이라는 것입니다. 그것을 당하는 사람으로서 참 불쾌해요. 먼저 감정이 상해요. 그런 부분에서 서로 세련될 필요는 있겠죠. 사실 제 경험에 따르면 보통의 경우 운동하는 사람들이 학자들을 비판해 왔어요. 지금까지 그랬어요 그런데 이것이 어느 순간에 전도되었어요. 전 세계적인 추세는 운동하는 사람들이 학자를 비판하게 되어 있습니다. 한국에서, 특히 여성학의 경우는 참 묘해요. 그 부분에 선생님께서 말씀하신 1990년대 중후반 이후 여성학과 여성운동의 분리, 그리고 상호 이해의 부족이라는 과정이 있는 것 같습니다. 그리고 "한국 사회에서 가부장성을 돌파하기 위한 우리의 법 제정운동에 대한 객관적 평가가 부족한 것은 아닌가. 너무나 형식적인 평가로 그쳐 왔다"라는 점을 지적할 수 있어요. 입법운동 과정에 한계를 부과한 또 다른 구조적인 지점을 분석하고, 이것을 어떻게 의식적이고 일상적인 것으로 연결시킬지를 고려해야 합니다.

9. 성노동자 운동을 어떻게 보는가

청중 2 민주성노동자연맹(이하 '민성노련') 등이 성노동자로서 자기를 정체화하면서 운동을 하고 있습니다. 그런데 여연에서 나온 성명서를 보니 그러한 활동을 배후에 있는 불법집단이 부추겨서 하는 것으로 해석을 하던데요. 선생님께서는 어떤 입장이신지 듣고 싶습니다.

발표자 이미 성산업은 마피아처럼 되고 있어요. 그들이 고용한 변호사가 합법적 지위를 다 보장해 주는 거예요. 그러니까 아까 제가 자발성 개념에서 이야기했던 것처럼 "조작(manipulation)이라는 개념을 어떻게 해석할 것인가"라는 문제가 생겨요. 그리고 저희가 직접적으로 그 여성들을 저지하고 싶지는 않으니까 그렇게 이야기하게 되는 점도 있어요. 제가 만난 대부분의 여성들이 "누가 평생 여기에서 살고 싶겠어요? 살 수 있겠어요?"라고 말해요. 그건 생물학적으로나 생리적으로 불가능해요. 그때 문제는 "지금 내가 무엇을 원하는가? 무엇을 선택하느냐?"라는 것이죠. 아까 "누가 보는 시선에서 누구를 위한 것이냐"라고 이야기하셨는데, "그 여성들이 요구하는 것을 그대로 수용한다고 그 여성들에게 자기 선택권을 올바로 준 것이라고 할 수 있는가"라는 거죠. 그런데 자발성의 개념을 볼 때 성매매 진입 과정에서부터 정리가 안 된 상태예요. 그런 상황에서 우리가 민성노련이 하는 이야기를 어떻게 수용할 것인가는 참 어려운 이야기죠. 그 답을 우리에게 하라는 것은 우리를 자꾸 재촉하는 것이에요. 아직 답을 못 찾고 있는 거죠. 그래서 토론하자고 하면 안 하는 것이고 못하는 것입니다. 그러니까 '그렇게 해서 무슨 끝장을 볼 수 있겠냐'는 것이에요. 그래서 제가 특히 기자들한테 최근 1년 동안 가장 많이 들었던 이야기는 '토론을 안 한다'는 비난이었어요. '찬반토론하는 데 왜 안 나오냐'는 비난을 거의 매일 들었어요. 거기에 나가서 뭐라고 해요? 저쪽에 민성노련이 나오고 또 제가 나가서 뭐라고 하겠어요? 여러분도 역지사지로 생각해 보시기 바랍니다.

청중 4 저는 그 구도는 아니어야 한다고 생각합니다.

발표자 그래서 저는 언제나 그 구도를 거부해요.

청중 4 외부자에 의해 그런 구도가 주어지는 것은 문제가 있다고 생각합니다. 그런데 아까 저도 비슷한 의문이 들었는데, "여연 등 성매매방지법을 주도했던 세력이 민성노련 등 성노동권을 주장하는 사람들에 대해서 중립적인(neutral) 입장이었는가" 하면 그건 아니었거든요.

발표자 중립적일 수는 없어요. 왜냐하면 처음 촉발한 것 자체가 문제가 있어요. 여러분들 중에 한여연의 여의도 집회에 가보신 분 있으세요? 거기에 차량, 가이드 등 절반은 남자였어요.

청중 4 그러니까 예를 들면 포주의 사주를 받은 것으로 보는 거죠. 그런데 저는 그 집단의 정체성을 그렇게만 규정하는 것은 상당히 한계적인 시선이라고 보는 거죠.

발표자 그렇죠. 한계가 있습니다. 하지만 그렇다고 해서 의혹을 벗어버릴 수는 없어요.

청중 4 저는 그 부분을 풀기 위해 서로 만나야 한다고 생각합니다.

발표자 그런데 그쪽에서 제시하는 만남이 제 3자에 의해서 구조화된 지형이었습니다. 예를 들면 다른 사람한테 구경거리인 만남이었어요. 마치 '싸워봐라. 사각의 링에 올라가 싸워봐라'라며 여자들에게 진흙탕 싸움을 시키는 것 같았어요. 그것은 못하겠다는 것입니다.

청중 4 그렇지요.

청중 3 그런데 그 만남은 그 여성들이 항의를 하려고 여연을 방문한 것이었죠. 이를테면 왜 여연이 그들을 만나러 가지는 않느냐는 거죠.

발표자 여러분들이 하시는 말씀은 대부분 언론에 보도된 내용이거나, 일부에서 여성운동 진영을 비판·비난하려고 주장하는 내용을 그대로 반영하고 있는 듯합니다. 법이 시행되기 시작한 9월 23일 이후 세 차례 조직된 반대시위 과정에서 집회에 참가한 성매매 여성 대표가 항의 방문을 왔을 당시, 그 여성들은 포주들이 보내서 온 것이었습니다. 그러나 항의 방문을 한 여성 대표들과 제가 오히려 성매매 여성들의 탈성매매 지원을 위한 정부의 지원 강화를 촉구하는 기자회견을 공동으로 개최하는 연대를 이루어냈습니다. 법 제정운동을 하면서 여성운동 진영이 당사자인 성매매 여성들과 만나지 않는다는 비난은 어이가 없는 부분입니다. 무엇보다도 성매매 현실을 모르고 하는 무지한 주장이기도 합니다. 무엇보다도 포주들이 자신들이 관리하는 여성들이 여성단체와 접촉할까봐 온갖 방법으로 감시와 통제를 강화하는 상황에서 저희가 여성들을 만나고 있다고 섣부르게 공개하고 주장하는 것이 가져올 파장을 경계했던 것입니다. 저희는 계속 여성들과 대화하고 만났습니다.

청중 4 저는 포주들이 보내서 왔을 것 같아요. 하지만 역동적으로 봐야 한다고 생각해요. 저는 지금 '성노동자로 자신을 규정하는 사람들이 연대할 수 있는 주체가 포주 이외에 누가 있을까' 하는 것입니다.

발표자 없어요. 제가 말씀드렸잖아요. 온갖 불신의 늪 속에서 평생을 살아왔어요.

청중 4 그러니까 저는 왜 포주 이외에 연대할 수 있는 세력이 없냐는 것이지요.

발표자 성매매방지법은 이제 출발점에 있고, 지금까지는 실제 포주가 보살펴 줬어요. 물론 폭력을 수반하고 착취를 수반하는 보살핌인 것이죠. 그리고 그 여성들은 세상에 누구도 믿어본 적이 없어요. 그리고 모든 여성들이 그 성매매 여성들을 어떤 시선으로 봤겠어요? 그런 상황에서 누구를 믿을 수 있겠어요? 제가 처음 그 여성들을 만났을 때 재미있는 이야기를 많이 들었어요. 여성단체에 대해서 포주들이 한 이야기 등에 대해서요 그래서 저 또한 서로 만나야 한다는 것에는 동의하지만 만나는 것에도 때가 있고 장소가 있는 것 같아요. 왜냐하면 그 성매매 여성들은 여성단체가 자신들의 목소리를 듣지 않았다는 것을 확인하고 만나지 않는다는 증거로 삼아 그렇게 윽박질렀어요. 저는 그런 지점에서 참 야속해요. 여성운동의 활동이 모두 자랑거리는 아니라고 하더라도, 지금까지 진전시켜 온 것에 대해 그렇게 존중감이 없어도 되는 것인가 싶습니다.

사회자 네, 토론이 끝이 없을 것 같습니다. 오늘 토론은 이상으로 마치겠습니다.

제2부
성매매특별법 관련 자료

제5장 성매매특별법 전문

성매매특별법은 「성매매 알선 등 행위의 처벌에 관한 법률」(소관부처: 법무부)과 「성매매 방지 및 피해자 보호에 관한 법률」(소관부처: 여성가족부)로 구성된다. 두 법률은 2004년 3월 22일 제정, 공포되어 6개월 뒤부터 시행되었으며, 전자는 2005년 3월에 한 차례, 후자는 2005년 3월, 2005년 12월, 2006년 2월에 걸쳐 총 세 차례 일부개정되었다. 최종 개정된 법률안 원문을 전재한다.

일부개정 2005.3.24 (법률 제7404호)

「성매매 알선 등 행위의 처벌에 관한 법률」

제1장 총칙

제1조 (목적) 이 법은 성매매·성매매 알선 등 행위 및 성매매 목적의 인신매매를 근절하고, 성매매 피해자의 인권을 보호함을 목적으로 한다.

제2조 (정의)

① 이 법에서 사용하는 용어의 정의는 다음과 같다.

1. "성매매"라 함은 불특정인을 상대로 금품 그 밖의 재산상의 이익을 수수·약속하고 다음 각 목의 어느 하나에 해당하는 행위를 하거나 그 상대방이 되는 것을 말한다.

   가. 성교행위

   나. 구강·항문 등 신체의 일부 또는 도구를 이용한 유사성교행위

2. "성매매 알선 등 행위"라 함은 다음 각 목의 어느 하나에 해당하는 행위를 하는 것을 말한다.

   가. 성매매를 알선·권유·유인 또는 강요하는 행위

   나. 성매매의 장소를 제공하는 행위

   다. 성매매에 제공되는 사실을 알면서 자금·토지 또는 건물을 제공하는 행위

3. "성매매 목적의 인신매매"라 함은 다음 각 목의 어느 하나에 해당하는 행위를 하는 것을 말한다.

   가. 성을 파는 행위 또는 형법 제245조의 규정에 의한 음란행위를

하게 하거나, 성교행위 등 음란한 내용을 표현하는 사진·영상
물 등의 촬영 대상으로 삼을 목적으로 위계·위력 그 밖에 이에
준하는 방법으로 대상자를 지배·관리하면서 제3자에게 인계
하는 행위

나. 가목과 같은 목적으로 청소년 보호법 제2조 제1호의 규정에
의한 청소년(이하 "청소년"이라 한다), 사물을 변별하거나 의
사를 결정할 능력이 없거나 미약한 자 또는 대통령령이 정하는
중대한 장애가 있는 자나 그를 보호·감독하는 자에게 선불금
등 금품 그 밖의 재산상의 이익을 제공·약속하고 대상자를 지
배·관리하면서 제3자에게 인계하는 행위

다. 가목 및 나목의 행위가 행하여지는 것을 알면서 가목과 같은
목적이나 전매를 위하여 대상자를 인계받는 행위

라. 가목 내지 다목의 행위를 위하여 대상자를 모집·이동·은닉하
는 행위

4. "성매매 피해자"라 함은 다음 각 목의 어느 하나에 해당하는 자를
말한다.

가. 위계·위력 그 밖에 이에 준하는 방법으로 성매매를 강요당한 자

나. 업무·고용 그 밖의 관계로 인하여 보호 또는 감독하는 자에
의하여 마약류 관리에 관한 법률 제2조의 규정에 의한 마약·향
정신성 의약품 또는 대마(이하 "마약 등"이라 한다)에 중독되
어 성매매를 한 자

다. 청소년, 사물을 변별하거나 의사를 결정할 능력이 없거나 미약
한 자 또는 대통령령이 정하는 중대한 장애가 있는 자로서 성
매매를 하도록 알선·유인된 자

라. 성매매 목적의 인신매매를 당한 자

② 다음 각 호의 어느 하나에 해당하는 경우에는 대상자를 제1항 제3

호 가목에서 규정한 지배·관리하에 둔 것으로 본다.

1. 선불금 제공 등의 방법으로 대상자의 동의를 얻은 때에도 그 의사에 반하여 이탈을 제지한 경우
2. 타인을 고용·감독하는 자, 출입국·직업을 알선하는 자 또는 그를 보조하는 자가 성을 파는 행위를 하게 할 목적으로 여권 또는 이에 갈음하는 증명서를 채무이행 확보 등의 명목으로 제공받은 경우

제3조 (국가 등의 책무)

① 국가 및 지방자치단체는 성매매, 성매매 알선 등 행위 및 성매매 목적의 인신매매의 예방과 근절을 위한 교육 및 홍보 등에 관하여 법적·제도적 대책을 마련하고, 필요한 재원을 조달하여야 한다.
② 국가는 성매매 목적의 인신매매 방지를 위한 국제 협력의 증진과 형사 사법의 공조의 강화에 노력하여야 한다.

제4조 (금지행위) 누구든지 다음 각 호의 어느 하나에 해당하는 행위를 하여서는 아니된다.

1. 성매매
2. 성매매 알선 등 행위
3. 성매매 목적의 인신매매
4. 성을 파는 행위를 하게 할 목적으로 타인을 고용·모집하거나 성매매가 행하여진다는 사실을 알고 직업을 소개·알선하는 행위
5. 제1호·제2호 및 제4호의 행위 및 그 행위가 행하여지는 업소에 대한 광고 행위

제5조 (다른 법률과의 관계) 이 법에서 규정한 사항에 관하여 청소년의 성보호에 관한 법률에 특별한 규정이 있는 경우에는 그 법이 정하

는 바에 따른다.

제2장 성매매 피해자 등의 보호

제6조 (성매매 피해자에 대한 처벌특례와 보호)

① 성매매 피해자의 성매매는 처벌하지 아니한다.

② 검사 또는 사법경찰관은 수사과정에서 피의자 또는 참고인이 성매매 피해자에 해당한다고 볼 만한 상당한 이유가 있을 때에는 지체 없이 법정대리인·친족 또는 변호인에게 통지하고, 신변보호, 수사의 비공개, 친족 또는 지원시설·성매매 피해 상담소에의 인계 등 그 보호에 필요한 조치를 하여야 한다. 다만, 피의자 또는 참고인의 사생활 보호 등 부득이한 사유가 있는 경우에는 통지하지 아니할 수 있다.

③ 법원 또는 수사기관이 이 법에 규정된 범죄를 신고(고소·고발을 포함한다. 이하 같다)한 자 또는 성매매 피해자(이하 "신고자 등"이라 한다. 이하 같다)를 조사하거나 증인으로 신문할 경우에는 특정범죄 신고자 등 보호법 제7조 내지 제13조를 준용한다. 이 경우 같은 법 제9조 및 제13조를 제외하고는 보복을 당할 우려가 있을 것을 요하지 아니한다.

제7조 (신고의무 등)

① 성매매 방지 및 피해자 보호 등에 관한 법률 제5조 제1항의 규정에 의한 지원시설 및 같은 법 제10조의 규정에 의한 성매매 피해 상담소의 장이나 그 종사자가 업무와 관련하여 성매매 피해 사실을 알게 된 때에는 지체 없이 수사기관에 신고하여야 한다.

② 누구든지 이 법에 규정된 범죄를 신고한 자에 대하여 그 신고를

이유로 불이익을 주어서는 아니된다.

③ 다른 법률에 규정이 있는 경우를 제외하고는 신고자 등의 인적사항이나 사진 등 그 신원을 알 수 있는 정보나 자료를 인터넷 또는 출판물에 게재하거나 방송매체를 통하여 방송하여서는 아니된다.

제8조 (신뢰관계에 있는 자의 동석)

① 법원은 신고자 등을 증인으로 신문하는 때에는 직권 또는 본인·법정대리인이나 검사의 신청에 의하여 신뢰관계에 있는 자를 동석하게 할 수 있다.

② 수사기관은 신고자 등을 조사하는 때에는 직권 또는 본인·법정대리인의 신청에 의하여 신뢰관계에 있는 자를 동석하게 할 수 있다.

③ 청소년, 사물을 변별하거나 의사를 결정할 능력이 없거나 미약한 자 또는 대통령령이 정하는 중대한 장애가 있는 자에 대하여 제1항 및 제2항의 규정에 따른 신청이 있는 경우에는 재판 또는 수사에 지장을 초래할 우려가 있는 등 특별한 사유가 없는 한 신뢰관계에 있는 자를 동석하게 하여야 한다.

④ 제1항 내지 제3항의 규정에 따라 신문이나 조사에 동석하는 사람은 진술을 대리하거나 유도하는 등으로 수사나 재판에 부당한 영향을 끼쳐서는 아니된다.

제9조 (심리의 비공개)

① 법원은 신고자 등의 사생활 또는 신변보호를 위하여 필요한 때에는 결정으로 심리를 공개하지 아니할 수 있다.

② 증인으로 소환받은 신고자 등과 그 가족은 사생활 또는 신변 보호를 위하여 증인신문의 비공개를 신청할 수 있다.

③ 재판장은 제2항의 규정에 의한 신청이 있는 때에는 그 허가 여부,

법정 외의 장소에서의 신문 등 신문의 방식 및 장소에 관하여 결정할 수 있다.

④ 제1항 및 제3항의 규정에 의한 심리의 비공개에 관하여는 법원조직법 제57조 제2항 및 제3항의 규정을 준용한다.

제10조 (불법원인으로 인한 채권무효)

① 성매매 알선 등 행위를 한 자, 성을 파는 행위를 할 자를 고용·모집하거나 그 직업을 소개·알선한 자 또는 성매매 목적의 인신매매를 한 자가 그 행위와 관련하여 성을 파는 행위를 하였거나 할 자에게 가지는 채권은 그 계약의 형식이나 명목에 관계없이 이를 무효로 한다. 그 채권을 양도하거나 그 채무를 인수한 경우에도 또한 같다.

② 검사 또는 사법경찰관은 제1항의 불법원인과 관련된 의심이 있는 채무의 불이행을 이유로 고소·고발된 사건을 수사할 때에는 금품 그 밖의 재산상의 이익 제공이 성매매의 유인·강요나 성매매 업소로부터의 이탈 방지 수단으로 이용되었는지 여부를 확인하여 수사에 참작하여야 한다.

③ 검사 또는 사법경찰관은 성을 파는 행위를 한 자나 성매매 피해자를 조사할 때에는 제1항의 채권이 무효인 사실과 지원시설 등을 이용할 수 있음을 본인 또는 법정대리인 등에게 고지하여야 한다.

제11조 (외국인 여성에 대한 특례)

① 외국인 여성이 이 법에 규정된 범죄를 신고하거나 외국인 여성을 성매매 피해자로 수사하는 때에는 당해 사건을 불기소처분하거나 공소를 제기할 때까지 출입국 관리법 제46조의 규정에 의한 강제퇴거명령 또는 같은 법 제51조의 규정에 의한 보호의 집행을 하여서는 아니된다. 이 경우 수사기관은 출입국 관리사무소에 당해 외

국인 여성의 인적사항과 주거를 통보하는 등 출입국 관리에 필요
한 조치를 취하여야 한다.

② 검사는 제1항의 사건에 대하여 공소를 제기한 후에는 성매매 피해
실태, 증언 또는 배상의 필요성 그 밖의 정황을 고려하여 출입국
관리사무소장 등 관계기관의 장에게 일정한 기간을 정하여 제1항
의 규정에 따른 강제 퇴거 명령의 집행을 유예하거나 보호의 일시
해제를 요청할 수 있다.

③ 제1항 및 제2항의 규정에 따라 강제 퇴거 명령의 집행을 유예하거
나 보호의 일시해제를 하는 기간 중에는 당해 외국인 여성에게
지원시설 등을 이용하게 할 수 있다.

④ 수사기관은 외국인 여성을 성매매 피해자로 조사하는 때에는 소송
촉진 등에 관한 특례법에 따른 배상 신청을 할 수 있음을 고지하여
야 한다.

⑤ 성매매 피해자인 외국인 여성이 소송 촉진 등에 관한 특례법에
따른 배상 신청을 한 때에는 그 배상 명령이 확정될 때까지 제1항
의 규정을 준용한다.

제3장 보호사건

제12조 (보호사건의 처리)

① 검사는 성매매를 한 자에 대하여 사건의 성격·동기, 행위자의 성행
등을 고려하여 이 법에 의한 보호처분에 처함이 상당하다고 인정
하는 때에는 특별한 사정이 없는 한 보호사건으로 관할법원에 송
치하여야 한다.

② 법원은 성매매 사건의 심리결과 이 법에 의한 보호처분에 처함이
상당하다고 인정하는 때에는 결정으로 사건을 보호사건의 관할법

원에 송치할 수 있다.

제13조 (관할)
① 이 법에서 정한 보호사건(이하 "보호사건"이라 한다)의 관할은 성매매를 한 장소나 성매매를 한 자의 거주지 또는 현재지를 관할하는 가정법원으로 한다. 다만, 가정법원이 설치되어 있지 아니한 지역에 있어서는 해당 지역의 지방법원(지원을 포함한다. 이하 같다)으로 한다.
② 보호사건의 심리와 결정은 단독판사가 행한다.

제14조 (보호처분의 결정 등)
① 판사는 심리의 결과 보호처분이 필요하다고 인정할 때에는 결정으로 다음 각 호의 어느 하나에 해당하는 처분을 할 수 있다.
  1. 성매매가 이루어질 우려가 있다고 인정되는 장소나 지역에의 출입 금지
  2. 보호관찰 등에 관한 법률에 의한 보호관찰
  3. 보호관찰 등에 관한 법률에 의한 사회봉사·수강 명령
  4. 삭제 <2005.3.24>
  5. 성매매 방지 및 피해자 보호 등에 관한 법률 제10조의 규정에 의한 성매매 피해 상담소에 상담 위탁
  6. 성폭력 범죄의 처벌 및 피해자 보호 등에 관한 법률 제33조의 규정에 의한 전담 의료기관에 치료 위탁
② 제1항 각 호의 처분은 이를 병과할 수 있다.
③ 법원은 보호처분의 결정을 한 때에는 지체 없이 검사, 보호처분을 받은 자, 보호관찰관 또는 보호처분을 위탁받아 행하는 지원시설·성매매 피해 상담소 또는 의료기관(이하 "수탁기관"이라 한다)의 장

에게 통지하여야 한다. 다만, 국가가 운영하지 아니하는 수탁기관에 보호처분을 위탁할 때에는 그 기관의 장으로부터 수탁에 대한 동의를 얻어야 한다.

④ 법원은 제1항, 제2호 내지 제6호의 처분을 한 때에는 교육·상담·치료나 보호관찰에 필요한 자료를 보호관찰관 또는 수탁기관의 장에게 송부하여야 한다.

⑤ 보호관찰, 사회봉사·수강 명령에 관하여 이 법에 정한 사항 외의 사항에 관하여는 보호관찰 등에 관한 법률을 준용한다.

제15조 (보호처분의 기간) 제14조 제1항 제1호·제2호·제4호 및 제5호의 규정에 의한 보호처분의 기간은 6월을, 같은 항 제3호의 규정에 의한 사회봉사·수강 명령은 100시간을 각각 초과할 수 없다.

제16조 (보호처분의 변경)

① 법원은 검사·보호관찰관 또는 수탁기관의 장의 청구가 있는 때에는 결정으로 1회에 한하여 보호처분의 종류와 기간을 변경할 수 있다.

② 제1항의 규정에 의하여 보호처분의 종류와 기간을 변경하는 때에는 종전의 처분기간을 합산하여 제14조 제1항 제1호·제2호·제4호 내지 제6호의 규정에 의한 보호처분 기간은 1년을, 같은 항 제3호의 규정에 의한 사회봉사·수강 명령은 200시간을 각각 초과할 수 없다.

제17조 (다른 법률의 준용)

① 성매매 사건의 보호처분에 관하여 이 법에서 정하지 아니한 사항에 대하여는 가정폭력 범죄의 처벌 등에 관한 특례법 제13조 내지

제17조·제19조 내지 제28조·제30조 내지 제32조 제1항·제34조 내지 제38조·제43조·제44조 및 제46조 내지 제55조를 준용하되, "가정폭력 범죄"는 "성매매"로, "가정보호 사건"은 "보호사건"으로 본다. 다만, 임시조치, 피해자 또는 법정대리인의 권리에 관한 조항 등 성질상 성매매 사건에 적용할 수 없는 규정은 준용하지 아니한다.

② 이 법에서 규정한 사항 외에 보호사건의 조사·심리에 관하여 필요한 사항은 대법원규칙으로 정한다.

제4장 벌칙 등

제18조 (벌칙)

① 다음 각 호의 어느 하나에 해당하는 자는 10년 이하의 징역 또는 1억 원 이하의 벌금에 처한다.

1. 폭행 또는 협박으로 성을 파는 행위를 하게 한 자

2. 위계 또는 이에 준하는 방법으로 성을 파는 자를 곤경에 빠뜨려 성을 파는 행위를 하게 한 자

3. 친족·고용 그 밖의 관계로 타인을 보호·감독하는 것을 이용하여 성을 파는 행위를 하게 한 자

4. 위계 또는 위력으로 성교행위 등 음란한 내용을 표현하는 영상물 등을 촬영한 자

② 다음 각 호의 어느 하나에 해당하는 자는 1년 이상의 유기징역에 처한다.

1. 제1항의 죄(미수범을 포함한다)를 범하고 그 대가의 전부 또는 일부를 받거나 이를 요구·약속한 자

2. 위계 또는 위력으로 청소년, 사물을 변별하거나 의사를 결정할

능력이 없거나 미약한 자 또는 대통령령이 정하는 중대한 장애
가 있는 자로 하여금 성을 파는 행위를 하게 한 자

3. 폭력행위 등 처벌에 관한 법률 제4조에 규정된 범죄단체나 집단
의 구성원으로서 제1항의 죄를 범한 자

③ 다음 각 호의 어느 하나에 해당하는 자는 3년 이상의 유기징역에
처한다.

1. 타인을 감금하거나 단체 또는 다중의 위력을 보이는 방법으로
성매매를 강요한 자

2. 성을 파는 행위를 하였거나 할 자를 고용·관리하는 것을 이용하
여 위계 또는 위력으로 낙태하게 하거나 불임시술을 받게 한 자

3. 성매매 목적의 인신매매를 한 자

4. 폭력행위 등 처벌에 관한 법률 제4조에 규정된 단체나 집단의
구성원으로서 제2항 제1호 또는 제2호의 죄를 범한 자

④ 다음 각 호의 어느 하나에 해당하는 자는 5년 이상의 유기징역에
처한다.

1. 업무·고용 그 밖의 관계로 인하여 보호 또는 감독을 받는 자에게
마약 등을 사용하여 성을 파는 행위를 하게 한 자

2. 폭력행위 등 처벌에 관한 법률 제4조에 규정된 단체나 집단의
구성원으로서 제3항 제1호 내지 제3호의 죄를 범한 자

제19조 (벌칙)

① 다음 각 호의 어느 하나에 해당하는 자는 3년 이하의 징역 또는
3,000만 원 이하의 벌금에 처한다.

1. 성매매 알선 등 행위를 한 자

2. 성을 파는 행위를 할 자를 모집한 자

3. 성을 파는 행위를 하도록 직업을 소개·알선한 자

② 다음 각 호의 어느 하나에 해당하는 자는 7년 이하의 징역 또는 7,000만 원 이하의 벌금에 처한다.

1. 영업으로 성매매 알선 등 행위를 한 자
2. 성을 파는 행위를 할 자를 모집하고 그 대가를 지급받은 자
3. 성을 파는 행위를 하도록 직업을 소개·알선하고 그 대가를 지급받은 자

제20조 (벌칙)

① 다음 각 호의 어느 하나에 해당하는 자는 3년 이하의 징역 또는 3,000만 원 이하의 벌금에 처한다.

1. 성을 파는 행위 또는 형법 제245조의 규정에 의한 음란행위 등을 하도록 직업을 소개·알선할 목적으로 광고(각종 간행물·유인물·전화·인터넷 그 밖의 매체를 통한 행위를 포함한다. 이하 같다)를 한 자
2. 성매매 또는 성매매 알선 등 행위가 행하여지는 업소에 대한 광고를 한 자
3. 성을 사는 행위를 권유 또는 유인하는 광고를 한 자

② 영업으로 제1항의 규정에 의한 광고물을 제작·공급하거나 광고를 게재한 자는 2년 이하의 징역 또는 1,000만 원 이하의 벌금에 처한다.

③ 영업으로 제1항의 규정에 의한 광고물이나 광고가 게재된 출판물을 배포한 자는 1년 이하의 징역 또는 500만 원 이하의 벌금에 처한다.

제21조 (벌칙)

① 성매매를 한 자는 1년 이하의 징역이나 300만 원 이하의 벌금·구류 또는 과료에 처한다.

② 제7조 제3항의 규정을 위반한 자는 500만 원 이하의 벌금에 처한다.

제22조 (범죄단체의 가중처벌) 제18조 또는 제19조에 규정된 범죄를 목적으로 단체 또는 집단을 구성하거나 그러한 단체 또는 집단에 가입한 자는 폭력행위 등 처벌에 관한 법률 제4조의 예에 의하여 처벌한다.

제23조 (미수범) 제18조 내지 제20조의 미수범은 처벌한다.

제24조 (징역과 벌금의 병과) 제18조 제1항·제19조·제20조 및 제23조 (제18조 제2항 내지 제4항의 미수범을 제외한다)의 경우에는 징역과 벌금을 병과할 수 있다.

제25조 (몰수·추징) 제18조 내지 제20조에 규정된 죄를 범한 자가 그 범죄로 인하여 얻은 금품 그 밖의 재산은 몰수하고, 이를 몰수할 수 없는 때에는 그 가액을 추징한다.

제26조 (형의 감면) 이 법에 규정된 죄를 범한 자가 수사기관에 신고하거나 자수한 때에는 형을 감경하거나 면제할 수 있다.

제27조 (양벌규정) 법인의 대표자나 법인 또는 개인의 대리인·사용인 그 밖의 종업원이 그 법인 또는 개인의 업무에 관하여 제18조 내지 제23조의 죄를 범한 때에는 행위자를 벌하는 외에 당해 법인 또는 개인에 대하여도 각 해당 조의 벌금형을 과하고, 벌금형이 규정되어 있지 않은 경우에는 1억 원 이하의 벌금에 처한다.

제28조 (보상금)

① 제18조 제2항 제3호, 동조 제3항 제3호·제4호, 동조 제4항 및 제22
조의 범죄를 수사기관에 신고한 자에 대하여는 보상금을 지급할
수 있다.

② 제1항의 규정에 의한 보상금의 지급 기준 및 범위에 관하여 필요한
사항은 대통령령으로 정한다.

부칙 <제7196호, 2004.3.22>

제1조 (시행일) 이 법은 공포 후 6월이 경과한 날부터 시행한다.

제2조 (다른 법률의 폐지) 윤락행위 등 방지법은 이를 폐지한다.

제3조 (벌칙에 관한 경과조치) 이 법 시행 전의 행위에 대한 벌칙의
적용에 있어서는 종전의 윤락행위 등 방지법에 의한다.

제4조 (보호처분 등에 관한 경과조치) 이 법 시행 당시 종전의 규정에
의하여 보호처분 절차, 보호처분 또는 선도보호 조치의 집행이 진행중
인 때에는 종전의 규정에 의한다.

제5조 (다른 법률의 개정 등)

① 범죄수익 은닉의 규제 및 처벌 등에 관한 법률 중 다음과 같이
개정한다.

제2조 제2호 나목 중 "윤락행위 등 방지법 제25조 제1항 제3호"를
"성매매 알선 등 행위의 처벌에 관한 법률 제19조 제2항 제1호(성매매
알선 등 행위 중 성매매에 제공되는 사실을 알면서 자금·토지 또는 건물을
제공하는 행위에 한한다)"로 한다.

별표 제13호를 다음과 같이 한다.

13. 성매매 알선 등 행위의 처벌에 관한 법률 제18조·제19조 제2항
(성매매 알선 등 행위 중 성매매에 제공되는 사실을 알면서 자금·토지 또는
건물을 제공하는 행위를 제외한다)·제22조 및 제23조 (제18조·제19조의 미

수범에 한한다)의 죄

② 직업안정법 중 다음과 같이 개정한다.

제38조 제3호 중 "윤락행위 등 방지법"을 "성매매 알선 등 행위의
처벌에 관한 법률"로 한다.

③ 청소년의 성보호에 관한 법률 중 다음과 같이 개정한다.

제13조 제1항 중 "윤락행위 등 방지법 제26조 제3항"을 "성매매
알선 등 행위의 처벌에 관한 법률 제21조 제1항"으로 한다.

④ 이 법 시행 당시 다른 법령에서 종전의 윤락행위 등 방지법 및
그 규정을 인용하고 있는 경우 이 법 중 그에 해당하는 규정이
있는 때에는 이 법 또는 이 법의 해당 규정을 인용한 것으로 본다.

부칙 <제7404호, 2005.3.24>

이 법은 공포한 날부터 시행한다.

일부개정 2006.2.21 (법률 제7849호) 여성부

「성매매 방지 및 피해자 보호 등에 관한 법률」

제1조 (목적) 이 법은 성매매를 방지하고 성매매 피해자 및 성을 파는 행위를 한 자의 보호와 자립의 지원을 목적으로 한다.

제2조 (정의) 이 법에서 사용하는 용어의 정의는 다음과 같다. <개정 2005.12.29>

1. "성매매"라 함은 "성매매 알선 등 행위의 처벌에 관한 법률" 제2조 제1항 제1호에 규정된 행위를 말한다.

2. "성매매 알선 등 행위"라 함은 "성매매 알선 등 행위의 처벌에 관한 법률" 제2조 제1항 제2호에 규정된 행위를 말한다.

3. "성매매 목적의 인신매매"라 함은 "성매매 알선 등 행위의 처벌에 관한 법률" 제2조 제1항 제3호에 규정된 행위를 말한다.

4. "성매매 피해자"라 함은 "성매매 알선 등 행위의 처벌에 관한 법률" 제2조 제1항 제4호에 규정된 자를 말한다.

제3조 (국가 등의 책임)

① 국가 및 지방자치단체는 성매매를 방지하고 성매매 피해자 및 성을 파는 행위를 한 자(이하 "성매매 피해자 등"이라 한다)의 보호와 자립의 지원을 위하여 다음 각 호의 사항에 대한 법적·제도적 장치를 마련하고 필요한 행정적·재정적 조치를 취하여야 한다.

1. 성매매, 성매매 알선 등 행위 및 성매매 목적의 인신매매를 방지하기 위한 조사·연구·교육·홍보

2. 성매매 피해자 등의 보호와 자립을 지원하기 위한 시설(외국인

여성을 위한 시설을 포함한다)의 설치·운영

② 국가는 성매매 목적의 인신매매의 방지를 위한 국제 협력의 증진을 위하여 노력하여야 한다.

제4조 (성매매 예방교육) 초·중·고등학교의 장은 성에 대한 건전한 가치관 함양과 성매매를 방지하기 위하여 대통령령이 정하는 바에 따라 성매매 예방교육을 실시하여야 한다.

제5조 (지원시설의 종류)

① 성매매 피해자 등을 위한 지원시설(이하 "지원시설"이라 한다)의 종류는 다음 각 호와 같다. <개정 2005.12.29>

1. 일반 지원시설

   성매매 피해자 등을 대상으로 1년 이내의 범위에서 숙식을 제공하고 자립을 지원하는 시설

2. 청소년 지원시설

   청소년인 성매매 피해자 등을 대상으로 1년 이내의 범위에서 숙식을 제공하고, 취학·교육 등을 통하여 자립을 지원하는 시설

3. 외국인 여성 지원시설

   외국인 여성 성매매 피해자 등을 대상으로 3월("성매매 알선 등 행위의 처벌에 관한 법률" 제11조의 규정에 해당하는 외국인 여성에 대하여는 그 해당 기간) 이내의 범위에서 숙식을 제공하고, 귀국을 지원하는 시설

4. 자활 지원센터

   성매매 피해자 등을 대상으로 자활에 필요한 지원을 제공하는 시설

② 일반 지원시설의 장은 6월 이내의 범위에서 여성가족부령이 정하

는 바에 따라 지원 기간을 연장할 수 있다. <개정 2005.3.24>

③ 청소년 지원시설의 장은 청소년이 19세에 달할 때까지 여성가족부령이 정하는 바에 따라 지원 기간을 연장할 수 있다. <개정 2005.3.24>

제6조 (지원시설의 설치)

① 국가 또는 지방자치단체는 지원시설을 설치·운영할 수 있다.

② 국가 또는 지방자치단체 외의 자가 지원시설을 설치·운영하고자 할 때에는 시장·군수·구청장(자치구의 구청장을 말한다. 이하 같다)에게 신고하여야 한다.

③ 지원시설의 설치 기준·신고 절차 및 종사자의 자격 기준·수 등에 관하여 필요한 사항은 여성가족부령으로 정한다. <개정 2005.3.24>

제7조 (지원시설의 업무)

① 일반 지원시설은 다음 각 호의 업무를 행한다. <개정 2005.3.24, 2005.12.29>

1. 숙식 제공

2. 심리적 안정 및 사회 적응을 위한 상담 및 치료

3. 질병 치료 및 건강 관리를 위한 의료기관에 인도 등 의료지원

4. 수사기관의 조사 및 법원의 증인 신문에의 동행

5. 법률구조기관 등에 필요한 협조 및 지원요청

6. 자립 자활 교육의 실시와 취업 정보 제공

7. "국민기초생활 보장법" 등 사회보장 관련 법령에 따른 급부의 수령 지원

8. 기술교육(위탁교육을 포함한다)

9. 다른 법률이 지원시설에 위탁한 사항

10. 그 밖에 여성가족부령이 정하는 사항

② 청소년 지원시설은 제1항 각 호의 업무 외에 진학을 위한 교육을 제공하거나 교육기관에 취학을 연계하는 업무를 행한다.

③ 외국인 여성 지원시설은 제1항 제1호 내지 제5호·제9호의 업무 및 귀국을 지원하는 업무를 행한다.

④ 자활 지원센터는 다음 각 호의 업무를 행한다. <개정 2005.3.24>

1. 자활 공동체 등의 운영
2. 취업 및 기술교육(위탁교육을 포함한다)
3. 취업 및 창업을 위한 정보의 제공
4. 그 밖에 사회 적응을 위하여 필요한 지원으로서 여성가족부령이 정하는 사항

제8조 (지원시설에의 입소 등)

① 지원시설에 입소하고자 하는 자는 당해 지원시설의 입소 규정을 준수하여야 한다.

② 지원시설에서 제공하는 프로그램을 이용하고자 하는 자는 당해 지원시설의 이용 규정을 준수하여야 한다.

③ 지원시설의 장은 입소 규정 및 이용 규정을 준수하지 아니하거나 그 밖에 단체생활을 현저히 저해하는 행위를 하는 입소자 또는 이용자에 대하여는 퇴소 또는 이용 중단 등 필요한 조치를 할 수 있다.

④ 지원시설의 입소 및 이용 절차, 입소 규정 및 이용 규정 등에 관하여 필요한 사항은 여성가족부령으로 정한다. <개정 2005.3.24>

제9조 (지원시설의 운영)

① 지원시설의 장은 입소자 또는 이용자의 인권을 최대한 보장하여야 한다.

② 지원시설의 장은 입소자 및 이용자의 사회 적응 능력 등을 배양시킬 수 있는 상담·교육·정보 제공 및 신변 보호 등에 필요한 지원을 하여야 한다.

③ 지원시설의 장은 입소자의 건강관리를 위하여 입소 후 1월 이내에 건강진단을 실시하고 건강에 이상이 발견된 경우에는 "의료급여법"에 의한 의료급여의 수급 등 필요한 조치를 하여야 하며, 필요한 경우 의료기관에 질병 치료 등을 의뢰할 수 있다. <개정 2005.12.29>

④ 지원시설의 운영 방법·운영 기준 등에 관하여 필요한 사항은 여성가족부령으로 정한다. <개정 2005.3.24>

제10조 (상담소의 설치)

① 국가 또는 지방자치단체는 성매매 피해 상담소(이하 "상담소"라 한다)를 설치·운영할 수 있다.

② 국가 또는 지방자치단체 외의 자가 상담소를 설치·운영하고자 할 때에는 시장·군수·구청장에게 신고하여야 한다.

③ 상담소에는 상담실을 두어야 하며, 이용자를 임시로 보호하기 위한 보호실을 운영할 수 있다.

④ 상담소의 설치 기준, 신고 절차, 운영 기준, 상담원 등 종사자의 자격 기준 및 수 등에 관하여 필요한 사항은 여성가족부령으로 정한다. <개정 2005.3.24>

제11조 (상담소의 업무 등) 상담소는 다음 각 호의 업무를 행한다. <개정 2005.3.24>

1. 상담 및 현장 방문
2. 지원시설 이용에 관한 고지 및 지원시설에 인도 또는 연계

3. 성매매 피해자의 구조

4. 제7조 제1항 제3호 내지 제5호의 업무

5. 다른 법률이 상담소에 위탁한 사항

6. 성매매 피해자 등의 보호를 위한 조치로써 여성가족부령이 정하
  는 사항

제12조 (수사기관의 협조) 상담소의 장은 성매매 피해자를 구조할 긴급한 필요가 있는 때에는 관할 국가경찰관서의 장에게 그 소속 직원의 동행을 요청할 수 있으며, 요청을 받은 국가경찰관서의 장은 특별한 사유가 없는 한 이에 응하여야 한다. <개정 2006.2.21>

제13조 (성매매 피해자 등의 의사 존중) 지원시설 또는 상담소의 장은 성매매 피해자 등의 명시한 의사에 반하여 지원시설에 입소하게 하거나 제10조 제3항의 보호를 할 수 없다.

제14조 (의료비의 지원)

① 국가 또는 지방자치단체는 제9조 제3항의 규정에 따라 지원시설의 장이 의료기관에 질병 치료 등을 의뢰한 경우에 "의료급여법"상의 급여가 실시되지 아니하는 치료항목에 대한 의료비용의 전부 또는 일부를 지원할 수 있다. <개정 2005.12.29>

② 제1항의 규정에 의한 의료비용의 지원 범위 및 절차 등에 관하여 필요한 사항은 여성가족부령으로 정한다. <개정 2005.3.24>

제14조의 2 (전담의료기관의 지정 등)

① 여성가족부 장관 또는 시장·군수·구청장은 "성폭력범죄의 처벌 및 피해자 보호 등에 관한 법률" 제33조 제1항의 규정에 따라 지정받

은 전담 의료기관 등 필요한 의료기관을 성매매 피해자 등의 치료를 위한 전담 의료기관으로 지정할 수 있다.

② 제1항의 규정에 따라 지정된 전담 의료기관은 지원시설 또는 상담소의 장의 요청이 있을 경우에는 다음 각 호의 의료 등을 제공하여야 한다.

1. 성매매 피해자 등의 보건상담 및 지도
2. 성매매 피해의 치료
3. 그 밖에 대통령령이 정하는 신체적·정신적 치료

제15조 (비용의 보조)

① 국가 또는 지방자치단체는 지원시설 및 상담소의 설치·운영에 소요되는 비용을 보조할 수 있다.

② 제1항의 규정에 의한 비용의 보조범위 등에 관하여 필요한 사항은 대통령령으로 정한다.

제16조 (지도·감독)

① 여성가족부 장관, 특별시장·광역시장·도지사(이하 "시·도지사"라 한다), 또는 시장·군수·구청장은 지원시설 또는 상담소의 장으로 하여금 필요한 보고를 명하거나 자료를 제출하게 할 수 있으며, 관계 공무원으로 하여금 지원시설 또는 상담소에 출입하여 관계 서류 등을 검사하게 할 수 있다. <개정 2005.3.24>

② 제1항의 규정에 의하여 출입·검사를 행하는 공무원은 출입하기 전에 방문 및 검사 목적·일시 등을 지원시설 또는 상담소의 장에게 통보하여야 하며, 출입시에는 그 권한을 표시하는 증표를 지니고 관계인에게 이를 내보여야 한다.

제17조 (폐지·휴지 등의 신고) 제6조 제2항 또는 제10조 제2항의 규정에 따라 신고한 지원시설이나 상담소를 폐지 또는 휴지하거나 그 운영을 재개하고자 하는 자는 여성가족부령이 정하는 바에 따라 시장·군수·구청장에게 신고하여야 한다. <개정 2005.3.24>

제18조 (영리 목적 운영의 금지) 이 법에 의한 지원시설 또는 상담소는 영리를 목적으로 설치·운영하여서는 아니된다.

제19조 (비밀엄수 등의 의무) 지원시설 또는 상담소의 장이나 이를 보좌하는 자 또는 그 직에 있었던 자는 직무상 알게 된 비밀을 누설하여서는 아니된다.

제20조 (지원시설 및 상담소의 폐쇄 등)
① 여성가족부 장관, 시·도지사 또는 시장·군수·구청장은 지원시설 또는 상담소가 다음 각 호의 어느 하나에 해당하는 때에는 그 업무의 정지 또는 폐지를 명하거나 지원시설 및 상담소를 폐쇄할 수 있다. <개정 2005.3.24, 2005.12.29>
  1. 지원시설이나 상담소가 제6조 제3항 또는 제10조 제4항의 규정에 따른 설치 기준에 미달하게 된 때
  2. 제16조 제1항의 규정을 위반하여 정당한 사유 없이 보고를 하지 아니하거나 거짓으로 보고한 때
  3. 제18조의 규정을 위반한 때
  4. 지원시설·상담소의 장 또는 그 종사자들이 입소자·이용자에 대하여 "성폭력 범죄의 처벌 및 피해자 보호 등에 관한 법률" 제2조 제1항의 범죄를 범한 때
  5. "사회복지사업법" 제40조 제1항 제3호 및 제3호의 2에 해당하는

경우

6. 이 법 또는 이 법에 의한 명령을 위반한 때

② 제1항의 규정에 의하여 업무의 정지 또는 폐지를 명하거나 지원시설 및 상담소를 폐쇄하고자 하는 때에는 청문을 실시하여야 한다.

③ 제1항의 규정에 의한 처분의 세부적인 종류·기준에 관하여 필요한 사항은 여성가족부령으로 정한다. <개정 2005.3.24>

제21조 (권한의 위임) 여성가족부 장관 또는 시·도지사는 이 법에 의한 권한의 일부를 대통령령이 정하는 바에 따라 시·도지사 또는 시장·군수·구청장에게 위임할 수 있다. <개정 2005.3.24>

제22조 (벌칙) 다음 각 호의 어느 하나에 해당하는 자는 1년 이하의 징역 또는 500만 원 이하의 벌금에 처한다.

1. 제6조 제2항의 규정에 의한 신고를 하지 아니하고 지원시설을 설치·운영한 자

2. 제10조 제2항의 규정에 의한 신고를 하지 아니하고 상담소를 설치·운영한 자

3. 제18조 또는 제19조의 규정을 위반한 자

4. 제20조의 규정에 의한 명령을 위반한 자

제23조 (양벌규정) 법인의 대표자나 법인 또는 개인의 대리인·사용인 그 밖의 종사자가 그 법인 또는 개인의 업무에 관하여 제22조의 위반행위를 한 때에는 그 행위자를 벌하는 외에 그 법인 또는 개인에 대하여도 동조의 벌금형을 과한다.

제24조 (과태료)

① 다음 각 호의 어느 하나에 해당하는 자는 300만 원 이하의 과태료에 처한다.

  1. 제16조 제1항의 규정에 따른 관계 공무원의 출입·검사를 거부·방해 또는 기피한 자

  2. 제17조의 규정을 위반한 자

② 제1항의 규정에 의한 과태료는 대통령령이 정하는 바에 따라 여성가족부 장관, 시·도지사 또는 시장·군수·구청장(이하 "부과권자"라 한다)이 부과·징수한다. <개정 2005.3.24>

③ 제2항의 규정에 따른 과태료 처분에 불복이 있는 자는 그 처분의 고지를 받은 날부터 30일 이내에 부과권자에게 이의를 제기할 수 있다.

④ 제2항의 규정에 따라 과태료 처분을 받은 자가 제3항의 규정에 의하여 이의를 제기한 때에는 부과권자는 지체 없이 관할법원에 그 사실을 통보하여야 하며, 그 통보를 받은 관할법원은 "비송 사건 절차법"에 의한 과태료의 재판을 한다. <개정 2005.12.29>

⑤ 제3항의 규정에 따른 기간 이내에 이의를 제기하지 아니하고 과태료를 납부하지 아니한 때에는 국세 체납 처분 또는 지방세 체납 처분의 예에 의하여 이를 징수한다.

부칙 <제7212호, 2004.3.22>
제1조 (시행일) 이 법은 공포 후 6월이 경과한 날부터 시행한다.

제2조 (지원시설·상담소에 관한 경과조치)
① 이 법 시행 당시 종전의 윤락행위 등 방지법에 의하여 설치된 일시 보호소 및 선도 보호시설은 이 법에 의한 일반 지원시설 또는 청소

년 지원시설로, 자립자활 시설은 이 법에 의한 자활 지원센터로, 여성 복지 상담소는 이 법에 의한 성매매 피해 상담소로 각각 본다. 다만, 이 법 시행일부터 2년 이내에 이 법에서 정한 시설 기준을 충족하여야 한다.

② 종전의 윤락행위 등 방지법에 의하여 설치된 일시 보호소, 선도 보호시설, 자립자활 시설, 여성 복지 상담소는 이 법 시행일부터 6월 이내에 일반 지원시설, 청소년 지원시설, 자활 지원센터 및 성매매 피해 상담소로 각각 신고하여야 한다.

제3조 (벌칙에 관한 경과조치) 이 법 시행 전의 행위에 대한 벌칙의 적용에 있어서는 종전의 윤락행위 등 방지법에 의한다.

제4조 (다른 법률의 개정 등)
① 사회복지사업법 중 다음과 같이 개정한다.
제2조 제1호 사목을 다음과 같이 한다.
사. 성매매 방지 및 피해자 보호 등에 관한 법률
② 아동복지법 중 다음과 같이 개정한다.
제26조 제2항 제6호를 다음과 같이 한다.
6. 성매매 방지 및 피해자 보호 등에 관한 법률 제5조 및 제10조의 규정에 의한 지원시설 및 성매매 피해 상담소의 장이나 그 종사자
③ 청소년의 성보호에 관한 법률 중 다음과 같이 개정한다.
제15조 제1항 중 "윤락행위 등 방지법 제11조 제1항 제2호의 규정에 의한 선도 보호시설"을 "성매매 방지 및 피해자 보호 등에 관한 법률 제5조 제1항 제2호의 규정에 의한 청소년 지원시설"로 한다.
④ 이 법 시행 당시 다른 법령에서 종전의 윤락행위 등 방지법 및 그 규정을 인용하고 있는 경우 이 법 중 그에 해당하는 규정이

있는 때에는 이 법 또는 이 법의 해당 규정을 인용한 것으로 본다.

부칙(정부조직법) <제7413호, 2005.3.24>

제1조 (시행일) 이 법은 공포한 날부터 시행한다. 다만, 다음 각 호의 사항은 각 호의 구분에 의한 날부터 시행한다.

1. 제26조 … 부칙 제2조 내지 제4조의 규정은 이 법 공포 후 3월 이내에 제42조의 개정규정에 의한 여성가족부의 조직에 관한 대통령령이 시행되는 날

2. 생략

제2조 생략

제3조 (다른 법률의 개정)

① 내지 ⑥생략

⑦ 성매매 방지 및 피해자 보호 등에 관한 법률 일부를 다음과 같이 개정한다.

제5조 제2항·제3항, 제6조 제3항, 제7조 제1항 제10호·제4항 제4호, 제8조 제4항, 제9조 제4항, 제10조 제4항, 제11조 제6호, 제14조 제2항, 제17조 및 제20조 제3항 중 "여성부령"을 각각 "여성가족부령"으로 한다.

제16조 제1항, 제20조 제1항 각 호 외의 부분, 제21조 및 제24조 제2항 중 "여성부 장관"을 각각 "여성가족부 장관"으로 한다.

⑧내지 ⑭생략

제4조 생략

부칙 <제7784호, 2005.12.29>

제1조 (시행일) 이 법은 공포 후 3월이 경과한 날부터 시행한다.

제2조 (입소기간을 연장한 일반 지원시설 입소자의 입소기간에 관한 경과조치) 이 법 시행 당시 종전의 제5조 제2항의 규정에 의하여 이미 지원기간을 연장한 자에 대하여 일반 지원시설의 장은 동항의 규정에 의하여 다시 지원기간을 연장할 수 있다.

부칙(제주특별자치도 설치 및 국제자유도시 조성을 위한 특별법) <제7849호, 2006.2.21>

제1조 (시행일) 이 법은 2006년 7월 1일부터 시행한다. <단서 생략>

제2조 내지 제39조 생략

제40조 (다른 법령의 개정)

① 내지 ⑯생략

⑰ 성매매 방지 및 피해자 보호 등에 관한 법률 일부를 다음과 같이 개정한다.

제12조 중 "경찰관서"를 각각 "국가경찰관서"로 한다.

⑰ 내지 ⑰생략

제41조 생략

제6장 성매매특별법 관련 활동 연표

- 2000년 군산 대명동 화재사건에서 성매매특별법 시행 1년 시점까지

성매매특별법 관련 활동 연표는 성매매특별법의 제정과 시행을 둘러싸고 전개된 주요 활동을 시간순으로 정리한 것이다. 연표의 시기는 성매매특별법 제정 논의의 계기가 된 2000년 군산 대명동 화재사건에서 성매매특별법 시행 1년 시점인 2005년 9월까지이다. 연표의 내용은 여성단체들의 주요 움직임과 성매매특별법 입법운동, 이에 관련된 몇 가지 판결, 성매매특별법 시행과 함께 터져 나온 성노동자 운동 등으로 구성되어 있다.

2000년

9월 19일	군산 대명동 성매매업소 화재, 성매매 여성 5명 숨짐.
10월 16일	한국여성단체연합·매매춘 근절을 위한 한소리회·새움터·한국여성의전화연합·한국성폭력상담소·한국여성민우회, "군산 화재 참사를 통해 본 성매매 해결을 위한 토론회" 개최.

2001년

2월 14일	부산시 완월동 성매매업소 화재, 성매매 여성 4명 숨짐.
4월	한국여성단체연합, 성매매방지법 제정을 위한 전문가 회의 구성하여 법률안 논의 시작함.
7월	한국여성개발원, 성매매 방지대책 용역과제 연구 결과를 토대로 '성매매 알선행위 등 방지에 관한 법률 개정 시안' 발표. 미국 국무부, 인신매매 보고서에서 한국을 3등급 국가로 판정.
10월 23일	한국여성단체연합, "성매매방지법 제정을 위한 토론회" 개최: 성매매 알선 등 범죄의 처벌 및 방지에 관한 법률(안) 발표.
11월 26일	한국여성단체연합 등, "성매매 알선 등 범죄의 처벌 및 방지에 관한 법률(안)" 국회 입법 청원.

2002년

1월 29일	군산시 개복동 성매매업소 화재, 성매매 여성 14명 숨짐.
4월	여성부, 전국 성매매 실태조사 착수.

6월	한국여성단체연합, "성매매방지법 제정을 위한 전국 순회 캠페인" 시작.
7월 4일	서울지방법원, 2000년 군산 대명동 화재 참사 희생자 유가족들의 국가 상대 손해배상 청구 소송 (1심) 판결함 : '국가는 위자료 6,700만 원을, 업주들은 손해배상금 5억 9,000여만 원을 지급하라'고 결정.
7월 15일	한국여성단체연합, "한국 정부의 성매매 방지 대책 어디까지 왔나" 긴급 토론회 개최(전국 성매매 실태조사 발표).
8월 29일	한국여성단체연합·새움터·이주여성인권연대, "미군 기지촌 성매매 실태와 성적 인신매매 근절을 위한 원탁토론회" 개최.
9월 10일	조배숙 의원 등 국회의원 86명, 「성매매 방지 및 피해자 보호 등에 관한 법률안」과 「성매매 알선 등 행위의 처벌 및 방지에 관한 법률안」 (약칭 '성매매방지법') 발의.
11월 1일	여성해방연대, 한국여성단체연합 등 비판 성명 "성매매 피해 여성 처벌조항을 삭제하고 '성매매 피해 여성을 위한' 성매매방지법을 조속히 제정하자" 발표 및 반성매매 연대회의 구성.
11월 21일	여성부, "여성폭력 근절을 위한 심포지엄" 개최.

2003년

6월 27일	한국여성단체연합, 국회의장에게 성매매방지법 제정 촉구 1만 6,372명 서명 명부 전달.
7월 23일	한국여성단체연합 성매매방지법 제정 특별위원회, "성매매방지법 쟁점 해소를 위한 간담회" 개최.
7월 25일	한국여성단체연합, "성매매방지법 제정 촉구를 위한 광역의원 기자회견".
12월 17일	국가인권위원회, "사법제도와 성매매 여성의 인권" 토론회 개최.

2004년

3월 2일	성매매방지법 제정.
5월 27일	한국여성단체연합, "성매매 수사체계 실효성 확보를 위한 긴급토론회" 개최.
9월 15일	대법원, 성매매 여성의 선불금 무효 판결: '성매매 피해 여성이 성매매를 전제로 받은 선불금은 반환을 요구할 수 없는 급여이므로 채무로 볼 수 없다'고 판결.
9월 23일	성매매방지법 시행. 대법원, 2000년 군산 대명동 화재사건 희생자 유가족들

의 국가 상대 손해배상 청구 소송 확정 판결: '국가는 6,700만 원의 위자료를, 업주들은 손해배상금 5억 9,000여만 원을 각각 지급하라'고 판결.

10월 25일 성매매 없는 사회만들기 시민연대, "성매매방지법의 올바른 시행을 위한 긴급 토론회" 개최.

11월 1일 한터여성종사자연맹(약칭 '한여연'), 성노동자 대표 20여 명 '생존권 보장 대책'을 요구하며 국회 앞 농성 돌입: 총 73일간 릴레이 단식.

11월 15일 국회여성정책포럼, "성매매방지법 실효성 확보 방안 토론회" 개최.

11월 17일 한국여성학회, "성매매방지법과 성담론" 특별 심포지엄 개최.

2005년

3월 5일 한여연, 여성단체 주최 '여성노동자 차별 철폐 거리행진'에서 기습 시위 및 한여연 출범 유인물 배포.

3월 22일 한국여성개발원, "성매매 처벌법 시행 6개월, 무엇이 달라지고 있는가?" 여성정책 포럼 개최.

3월 27일 서울 미아리 성매매업소 화재, 성매매 여성 5명 숨짐.

4월 12일 서울여성영화제, 국제 포럼 2005 "아시아 지역 성매매 현실과 비디오 액티비즘" 개최.

6월 20일	한여연, "세계여성학대회"에서 입장 발표.
6월 29일	전국성노동자연대 한여연(약칭 '전성노련'), '성노동자의 날' 행사 개최하며 전성노련 공식 출범.
6월 30일	세계여성행진, "성노동자 운동 가능한가?" 토론회 개최.
8월 27일	민주성노동자연대(약칭 '민성노련') 출범, 평택 집창촌 여성 등 전성노련 탈퇴.
9월 21일	한국여성단체연합 등, 성매매방지법 시행 1주년 기념 심포지엄 "여성에 대한 성적 착취 근절을 위한 아시아·태평양·유럽의 경험과 교훈" 개최 및 "성매매방지법 시행 1주년 기념 주간 행사 안내 및 성매매방지법 시행 1주년에 즈음한 여성단체들의 입장" 발표.
9월 22일	성매매 근절을 위한 한소리회·한국여성의전화연합, 성매매방지법 시행 1년 공동 포럼 "성매매방지법 시행 1년 그 성과와 과제".
9월 23일	민주성노동자연대·사회진보연대·세계화반대여성연대·여성문화이론연구소 성노동연구팀·노동자의힘 여성활동가모임, "성매매방지법 1년 평가와 성노동자 운동의 방향과 전망" 토론회 개최.

제7장 성매매특별법 관련 단체 성명서

성매매특별법 제정과 시행을 계기로 한국 사회에서는 이에 대한 다양한 입장이 표출되었다. 그중 가장 치열하게 집단적 입장 표명을 해온 양대 세력이 '한국여성단체연합 등 성매매 근절의 입장'과 '민성노련 등 성노동자 운동의 입장'이다. 두 진영에서 나온 각종 성명서와 토론 문들은 법 제정 당시 한국 사회에서 일어난 찬반 논쟁을 효과적으로 생생하게 재현해 준다. 편집진은 이에 대한 독자들의 관심이 높다고 판단하여 중요성이 두드러진 문건들을 중심으로 발표 시간순으로 엮어보았다. 참고로 이 두 입장 외에도 '공창제 주장'을 포함해, 다양한 입장들이 존재해 왔다. 그러나 그들은 위의 두 입장만큼 체계적이거나 지속적이지 못했으며, 따라서 역사적 중요도에 있어서도 어느 정도 차이가 있다고 보아 이 책에 다 포함시키지 못했음을 밝혀둔다.

1. 한국여성단체연합 등 성매매 근절의 입장

  1) 2002. 4. 30. "뇌물상납 유착비리 밝혀내어 관련자를 처벌하고
     성매매방지법을 즉각 제정하라!"(성명서). 한국여성단체연합.
     군산 개복동 화재 참사 대책위원회.

  2) 2003. 1. 29. "성매매 방지를 위한 새 정부 정책 제안서: 군산
     개복동 화재 참사 사건 1주년(1월 29일)을 맞아". 한국여성단
     체연합 성매매방지법 제정 특별위원회.

  3) 2004. 3. 2. "성매매 방지와 피해자 인권보호 강화에 기여할
     성매매방지법의 국회통과를 환영한다!"(성명서). 한국여성단
     체연합.

  4) 2004. 9. 22. "정부와 사법당국은 성매매방지법의 철저한 집행
     으로 성매매를 근절시켜야 한다!"(성명서). 총 34개 한국여성
     단체연합 소속 여성운동단체, 민주사회를 위한 변호사 모임
     여성복지위원회, 성매매문제해결을위한전국연대.

  5) 2004. 10. 7. 성매매방지법 올바른 시행을 위한 시민사회단체
     기자회견문: "성매매방지법의 철저한 시행을 촉구한다"(기자
     회견문). 성매매방지법의 올바른 시행을 위한 전국 80개 시민
     사회단체.

  6) 2004. 10. 23. 원로 및 시민사회 각계 대표 선언문: "상식과
     인권이 바로서는 성매매 없는 한국사회, 국민이 함께 만들어
     나갑시다". 성매매 없는 사회만들기 원로 및 각계 대표 311명
     일동.

  7) 2005. 3. 23. "성매매방지법 시행 6개월을 맞이하여: 성매매방
     지법의 철저한 집행과 피해자 인권보호 강화를 통해 법의
     실효성을 확보해야 한다"(성명서). 한국여성단체연합, 성매매
     문제해결을위한전국연대.

  8) 2005. 9. 21. 성매매방지법 시행 1주년에 즈음한 여성단체 공
     동 성명서: "성매매방지법의 성공적인 정착과 집행력 확보를
     위해 국민 모두의 참여와 실천이 필요하다"(성명서). 한국여
     성단체연합, 성매매문제해결을위한전국연대, 성매매근절을

위한 한소리회.

2. 성노동자 운동의 입장

　1) 2005. 3. 5. '전국 성노동자 준비위' 한여연 출범사. 전국 성노동자 준비위 한여연.

　2) 2005. 6. 29. "한국의 성매매특별법이 성노동자들에게 끼친 영향: 세계여성학대회에 참가하며"(2005년 세계여성학대회 발표문). 김문희(전국성노동자준비위원회 한여연).

　3) 2005. 6. 29. "한 성노동자의 사례"(2005년 세계여성학대회 발표문). 이희영(전국성노동자준비위원회 한여연).

　4) 2005. 8. 27. "민주성노동자연대 출범선언문('전국성노동자연대 한여연'을 탈퇴하면서)". 민주성노동자연대.

　5) 2005. 9. 8. "여성가족부는 자활시범지역 확대를 즉각 중지하라"(성명서). 민주성노동자연대.

　6) 2005. 9. 23. "성노동자 운동의 이해와 과학화"("성매매방지법 1년 평가와 성노동자 운동의 방향과 전망" 토론회 발표문). 이희영(민주성노동자연대 대표).

1. 한국여성단체연합 등 성매매 근절의 입장

1) 뇌물상납 유착비리 밝혀내어 관련자를 처벌하고 성매매방지법을 즉각 제정하라!

윤락업소 업주들에게서 정기적으로 금품을 제공받은 경찰관들이 무더기로 검찰에 적발되었다는 소식이 전해졌다. 이들은 영등포 경찰서 소년계, 방범지도계, 파출소 등에 근무하면서 관내 윤락업소에 대한 단속무마의 대가로 금품을 제공받았고, 윤락업주들은 '뇌물계'를 만들어 매달 80~150만 원씩을 걷어, 무려 117차례나 관할 경찰서와 파출소에 제공해 왔다는 것이다. 심지어 근무자가 바뀌는 경우 전임자는 친절하게도 후임자에게 윤락업주를 소개해 뇌물 관행을 유지해 왔다.

우리는 경악한다.

현행법에도 엄연히 불법으로 정하고 있는 윤락행위 알선업자를 단속하고 감독해야 하는 경찰이 조직적으로 이들과 유착하여 뇌물을 챙겨왔다는 것은 비단 어제 오늘의 일이 아니다.

2000년 9월 19일, 군산 대명동에서 발생한 화재로 5명의 여성이 목숨을 잃는 참사가 발생하였을 때도 우리는 관련 경찰관의 유착과 상납비리에 대한 철저한 수사와 책임자 처벌을 요구하였다. 또한 당시 유일한 생존자가 업주들이 상납계를 만들어 단속을 무마했다는 내용의 증언을 한 바 있다. 그러나 경찰은 자체감사까지 하면서도 경찰관의 비리와 유착 혐의를 밝혀내지 못하였고, 검찰 수사는 말단 경찰관 몇 명을 구속하는 선에서 종결되고 말았다.

2002년 1월 29일, 군산 개복동 유흥업소 밀집지역에서 다시 14명의 여성이 사망하는 화재 참사가 발생하였다. 화재장소 인근 불과 30여 미터 거리에 파출소가 있었으나 단 한번도 화재업소를 점검한 기록을 확인할 수 없었으며, 주택으로 허가를 낸 건물에서 불법으로 건축물을 개조하여 성매매 알선업을 하고 있었는데 단 한번의 제재조치도 없었다는 것은 관계 공무원과 유착관계가 없었다면 일어날 수 없는 일이다.

군산의 대형 화재 참사로 인해 포주와 관계기관의 더러운 유착관계가 온 천하에 드러났음에도, 감금매춘, 노예매춘으로 이득을 갈취하는 구조적 비리에 대한 수사는 진행되지 않고 있으며, 말단 공무원 몇

명만을 처벌하는 수준에 머물러 철저한 진상 규명을 요구하는 유가족들을 안타깝게 하고 있다.

현행법으로도 금하고 있는 성매매 알선업소를 규제·단속하지 못하는 이유는 경찰력이 부족해서가 아니다. 이번 '뇌물계' 사건을 통해 드러나듯이 뇌물을 받고 포주와 유착관계를 형성한 국가 공권력이 조직적으로 나서서 단속을 무마해 왔기 때문이다. 나아가 여성의 인권을 유린하는 성매매가 근절되지 않는 것도, 그 무슨 '사회적 필요악' 때문이 아니라 포주와 유착된 국가 공권력이 성매매 알선업자를 비호해 왔기 때문인 것이다. 대형참사가 발생할 때마다 단속을 강화한다느니, '인권지킴이'라는 그럴듯한 조직을 급조해 낸다느니 하면서 법석을 피우다가, 시간이 지나면 유야무야되고 마는 것이 성매매 문제에 대한 우리 사회의 대책 아닌 대책이었던 것이다.

이제 우리는 요구한다.

포주와 유착하여 경제적 이득을 탐하는 경찰서, 소방서, 지역 유지, 폭력조직 등의 조직적 범죄를 밝히지 않은 채 담당 공무원 몇 명을 처벌하는 방식의 책임자 처벌은 대책이 아니다. 국가의 공권력을 활용한 포주와의 뇌물비리 유착관계를 철저히 규명하고, 그 관계자는 지위 고하를 막론하고 전원 처벌하라.

여성의 인신을 구속하는 감금매춘, 노예매춘은 현행법으로도 불법이다. 불법 성매매 알선업자를 철저히 처벌하고, 여성의 인권을 담보로 축적한 성매매 알선업자의 모든 재산은 몰수·추징하라.

국제사회는 성매매된 여성의 인권을 보호하고 지원하기 위한 종합적인 대책 마련을 국가의 책임으로 규정하고, 피해 여성의 치료와 사회복귀를 위한 훈련비용 부담을 국가에 두고 있다. 성매매 피해 여성의 인권을 보호하고 사회복귀를 지원할 수 있는 종합대책을 마련하라.

성매매는 당연한 일이 아니다. 여성을 성적으로 대상화하여 상품으로 거래하고, 남성 성욕에 대해 근거 없이 관대한 우리 사회의 잘못된 성의식을 기반으로 이득을 챙기는 성매매 알선업자, 이들과 유착한 비리세력이 저지르는 범죄이다. 성매매를 강요하거나 알선하거나 권유하거나 묵인하는 성매매 알선범죄를 처벌하고, 방지할 수 있는 성매매방지법을 제정하라.

군산 개복동 화재 참사는 이처럼 불법 성매매 알선업자, 이를 감독하고 규제해야 할 책임을 방기한 지방자치단체, 방지대책을 마련하고 시행하여야 할 책임을 방기한 국가에 그 책임이 있다. 더 이상은 성매매를 강요당하다가 억울하게 목숨을 잃는 군산 개복동 화재 참사와 같은 희생자가 나오지 않도록, 군산 개복동 화재 참사의 진상을 철저히 규명하고, 책임자를 처벌하고, 유가족에게 배상하라.

2002년 4월 30일

한국여성단체연합
군산 개복동 화재 참사 대책위원회

2) 성매매 방지를 위한 새 정부 정책 제안서: 군산 개복동 화재 참사 사건 1주년(1월 29일)을 맞아

군산시 개복동의 한 성매매업소에서 발생한 화재에 감금되어 있던 성매매 피해 여성 14명이 빠져나오지 못하고 사망한 사건이 일어난 지도 벌써 1년이 지났다. 그러나 그동안 정부가 발표했던 정책들은 성매매와 인신매매를 방지하고 피해자를 보호하기 위한 사업으로서 실효성을 거두지 못했던 것이 사실이다. 이것은 정부의 정책이 근본적인 측면을 외면한 채, 일회성 사업이나 단편적인 지원에만 초점을 맞추었기 때문이다.

따라서 새 정부는 성매매와 인신매매를 방지하기 위해 더욱 근본적인 해결책을 제시해야 한다. 이에 인수위원회에 다음과 같은 사업을 제안한다.

첫째, 성매매 방지 특별법의 제정이다.
현행「윤락행위 등 방지법」은 이미 실효성을 잃어버린 사문화된 법률이며, 한국의 심각한 성매매 실태는 강력하고 효과적인 특별법을 요구하고 있다. 새로운 법률은 성매매·인신매매 범죄자들의 처벌과 기소를 강화하고, 범죄를 방지하고 피해자를 보호할 국가·지방자치단체의 의무를 명시하며, 피해자에 대한 지원을 확대하는 것 등의 내용을 포함해야 한다. 한국여성단체연합을 중심으로 여성단체들이 국회에 상정한 성매매 방지 특별법의 연내 제정을 요구한다.

둘째, 국무총리 산하에 성매매 종합대책기구를 설치해야 한다.

성매매의 관련부처는 여성부, 법무부, 행자부, 노동부, 외무부, 경찰청, 문화관광부 등으로 다양하며, 이러한 부처들이 서로 협력하지 않는 한 성매매 방지 노력은 실효성을 거둘 수가 없다. 그뿐만 아니라 더욱 증가하고 있는 국가 간 인신매매를 방지하기 위해서는 관련국가들 간의 협력이 필수적이다.

그러므로 이러한 활동을 위해서는 성매매 방지 종합정책을 수립하고 각 부서의 성매매 방지 업무를 조정할 수 있는 특별 기구가 국무총리 산하에 설치되는 것이 필요하며, 이 기구는 사무국을 두고 실질적인 업무 추진력과 집행력을 담보해야 한다.

이 기구의 업무 내용은 다음과 같다.

• 성매매 방지를 위한 종합정책 수립
• 여러 관련부처 간의 협력 강화 및 조정
• 비정부기구와의 협조
• 성매매와 인신매매 실태 및 범죄 방지와 피해자 보호, 기소와 법률집행에 대한 상황 등을 매년 조사하고 국회에 보고
• 국가 간 인신매매에서 서로 연관되는 국가들과의 협력 강화
• 국민의 인식 증진을 위한 교육 및 홍보 활동

셋째, 전담 수사반을 설치해야 한다.

성매매 범죄는 여러 지역에 걸쳐 발생하고 있을 뿐만 아니라 범죄의 양상이 매우 복잡하기 때문에, 관할지역과 해당부서를 중시하는 현재의 경찰 관행으로는 수사의 한계가 분명하다. 또한 경찰의 성인지적 관점 결여와 유착비리 문제는 성매매 방지 활동의 걸림돌이 되고 있다. 따라서 성매매 범죄에 대해 정확한 인식을 가지고 있는 깨끗한

형사들로 구성되고 수사과, 형사과, 여성청소년과가 합동으로 수사를 벌일 수 있는 전담 종합 수사반이 설치되고 인력이 증원되어야 한다.

넷째, 수사기관 및 담당 공무원들의 유착비리가 근절되어야 한다. 국제적으로 성매매 방지를 위한 모든 활동은 수사기관 및 담당공무원들의 유착비리 근절 노력에서부터 출발해 왔다. 그만큼 단속권이 있는 수사기관이나 관련 공무원들의 부패 방지는 성매매 범죄 수사의 효과에 큰 영향을 미치는 요소이다. 그러므로 새 정부는 정기적으로 단속공무원들의 유착비리를 조사하고, 드러난 범죄에 대해서는 처벌을 강화함으로써 유착비리를 근절하기 위한 활동을 적극적으로 벌여야 한다.

2003년 1월 29일

한국여성단체연합 성매매방지법 제정 특별위원회

3) 성매매 방지와 피해자 인권보호 강화에 기여할 성매매방지법의 국회통과를 환영한다!

마침내 오늘 국회는 지난 2002년 한국여성단체연합이 청원하고, 조배숙 의원을 비롯한 86명의 의원이 발의한 「성매매 알선 등 범죄의 처벌에 관한 법률」 및 「성매매 방지 및 피해자 보호 등에 관한 법률」을 한 차례의 연기 끝에 본회의의 의결을 거쳐 통과시켰다. 지난 2000년 군산 대명동 성매매 집결지 화재 사건을 계기로 촉발되어 4년여에 걸쳐 지속되어 온 한국 사회의 성매매 논란은 이제 성매매방지법 제정을 계기로 일단락되었다.

무엇보다 위의 두 법의 제정은 성매매 알선행위를 범죄로 명시하고, 성매매 피해자에 대한 지원을 강화함으로써 그동안 사회적으로 외면당해 온 성매매 여성들의 인권을 국가가 책임지고 보호하게 되었다는 점에서 큰 의미가 있다.

그동안 「윤락행위 등 방지법」은 1961년 제정된 이후, 다양화된 성매매 범죄를 규율하지 못해왔을 뿐더러, 오히려 피해자들을 윤락행위자로 처벌하는 반인권적인 법률이었다는 비판을 받아왔다. 따라서 성매매를 알선, 권유, 유인, 강요하는 행위와 성매매를 목적으로 타인을 고용, 모집, 소개·알선하는 행위를 법으로 처벌함으로써, 성매매 알선고리를 집중 처벌하고, 그 과정에서 인권침해와 인신 착취를 당하는 성매매 여성들의 인권 보호를 강화하는 내용으로 마련된 성매매방지법의 제정은 국민적 지탄 속에 마무리되고 있는 16대 국회 여성 관련 입법의 미흡하나마 최대 성과라 할 수 있다.

오늘 제정된 성매매방지법은 향후 올바른 시행단계에 접어들기까지 넘어야 할 산이 많다. 우선 성매매방지법을 집행하는 경찰·검찰 등 수사당국과 관련 공무원의 인식 전환이 이루어지지 않고는 그 무엇도 제대로 시행되기 어렵다는 점이다. 이제 수사당국은 '법이 없어서가 아니라 법이 제대로 집행되지 않아서 문제'라는 국민들의 지적과 '업주와의 유착비리로 인해 법 집행을 왜곡해 왔다'는 비판에서 벗어나야 한다. 따라서 향후 성매매방지법의 올바른 집행을 위해 경찰, 검찰, 관련 공무원의 철저한 의식 전환 그리고 이를 위한 정부 당국의 철저한 준비와 지침의 마련이 요청된다.

또한 성매매방지법의 올바른 시행을 위해 노력해야 하는 것은 단지 정부와 수사당국만은 아니다. 지금까지 성매매는 기업, 군대, 학교 등에서 남성 중심의 조직문화와 음주문화, 무엇보다도 접대문화를 통해 확대되어 왔으며, 따라서 사회 여러 계층의 전반적인 성매매 인식의 전환과 관행의 전환이 수반되지 않는 한 성매매 알선범죄와 인권침해를 비롯한 성매매 불법행위는 중단되지 않을 것이다. 이제 성매매를 범죄이자 여성에 대한 폭력으로 인식하는 국민적 의식전환을 위해 우리 모두 노력해야 한다.

아쉽게도, 성매매방지법의 제정은 몇 가지 점에서 한계를 드러내었다. 우선 법 청원을 담당한 한국여성단체연합을 비롯하여 오랫동안 성매매 여성 구조와 지원 사업을 전개해 온 새움터, 한소리회, 군산 대명동 사건을 최초로 제기해 준 전북여성단체연합 등 대부분의 여성단체들은 성매매로 인해 피해를 당한 여성들에 대해서 처벌보다는 사회 복귀를 위한 지원을 중심으로 하는 '성매매 여성의 비범죄화'를 요구하였지만, 법안 논의 과정에서 국회의원들의 반대로 충분히 반영되지 못하였다. 특히 그동안 사회적으로 문제가 되어온 '선불금의 이용'이 성매매 피해자 범주에서 삭제됨으로써 자칫 성매매 여성들이 수사 과정에서 처벌을 받는 위험에 놓일 수 있다는 우려가 제기되고 있다. 또한 보호법의 내용 중에 '행정처분' 조항을 추가하여 불법적인 성매매가 이루어진 업소에 대한 폐쇄를 시도하였지만, 이 조항도 역시 현행 법체계상의 한계를 이유로 삭제되어 아쉬움을 남기고 있다. 따라서 향후 지속적인 법률 개정 활동을 통해 법의 미비점이 보완되어야 할 것이라 여겨진다.

  성매매방지법 제정을 통해 이제 한국 사회는 성매매를 방지하고 피해자의 인권 보호를 중심에 두는 인권 중심 법률 제정의 새로운 장을 열었다. 법률 제정의 과정에서 애쓰신 여러 분들의 노고에 다시 한 번 감사드린다.

2004년 3월 2일

한국여성단체연합

4) 정부와 사법당국은 성매매방지법의 철저한 집행으로 성매매를 근절시켜야 한다!

지난 2000년 9월 19일 군산 대명동 성매매업소에서 발생한 화재로 인신매매와 감금 상태에서 성매매를 강요당해 오던 5명의 여성들이 사망한 이후, 연이어 2002년 1월 29일 군산 개복동 집결지에서 또다시 발생한 화재 참사로 숨져간 14명의 여성들의 희생을 딛고 제정된 「성매매 알선 등 범죄의 처벌에 관한 법률」 및 「성매매 방지 및 피해자 보호 등에 관한 법률」이 마침내 9월 23일 시행을 하루 앞두고 있다.

성매매방지법의 제정을 위해 노력해 온 지난 5년 동안 우리 사회는 '성매매는 사회적 필요악'이라는 인식에서 '성매매는 인권을 침해하는 폭력행위이자 심각한 사회적 범죄행위'라는 인식으로 일대 전환되었고, 이제 국제사회에서 가장 추악한 인권 범죄의 하나로 여겨지고 있는 성매매와 인신매매에 대한 올바른 제도적 틀을 갖추게 되었다.

그러나 법이 시행도 되기 전에 이미 성매매방지법 제정의 의의와 실효성에 대한 회의가 여기저기에서 제기되고 있다. 이는 대부분 법 집행이 철저하고도 지속적으로 이루어지지 않을 것이라는 우려 때문이다. 오히려 음성적인 성매매의 확산에 대한 우려도 만만찮게 제기되고 있다.

그러나 결국 깊은 성찰로 우리를 되돌아보았을 때, 이러한 모든 우려는 지금까지 우리 사회에 만연해 있는 성매매에 대한 잘못된 인식과, 공권력과 성매매 알선집단 간의 불법적인 유착과 방조로 인해 법을 사문화시켜 왔던 사법당국의 관행에 대한 국민들의 불신이 존재하기 때문이다.

따라서 이러한 우려는 성매매를 알선하는 일체의 행위를 범죄로 규정하여 강력하게 처벌하고 그 과정에서 인권침해와 인신 착취를 당하는 성매매 피해 여성의 인권을 철저히 보호함을 통해서만 불식될 수 있음을 정부와 사법당국에게 다시 한번 강력히 촉구하는 바이다.

개인의 안전과 인권이 보장되어야 할 사회에서 지금까지 성매매 피해 여성들은 폭력과 인신매매를 강요당해 왔다. 내 딸, 내 형제, 내 가족이 당해서는 안 될 일이라면, 이 땅의 어느 누구도 당해서는 안 된다는 생각이 바로 우리 사회에 만연해 있는 성매매 문제를 해결하는 길일 것이다.

2004년 9월 23일 이후 우리 사회는 성을 팔거나, 사거나, 사고팔도록 유인 및 알선하는 모든 행위는 범죄로 처벌받게 된다. 따라서 불법 성매매업소를 운영하여 불법적인 수익을 얻는 행위와 불법적인 알선 행위에 기대어 생계를 유지하는 행위, 나아가 명백한 인권침해인 타인의 성을 사는 일체의 행위는 중단되어야 한다.

'성매매방지법'이 철저하게 집행되어 성산업이 축소되고, 알선행위로 인한 일체의 불법행위가 사라지고, 여성들의 불법적인 성매매 현장 유인이 중단되기 위해서는 법의 철저한 집행과 함께 국민의식의 일대 전환이 이루어져야 하며, 나아가 사회 전체의 변화 또한 요구된다. 우리 국민 모두는 삶의 현장 곳곳에서 성매매 범죄 예방과 근절을 위해 나서야 한다. 우리 생활 주변에서 벌어지는 일체의 성매매 관련 불법행위를 근절하기 위한 감시자로 그리고 오랫동안 사회적으로 외면당해 오던 성매매 피해 여성들을 보호하는 보호자로서의 책임을 다해줄 것을 간곡히 부탁드리는 바이다.

법의 시행과 함께 우리 여성단체들은 향후 정부와 사법당국의 법 집행과정에 대한 철저한 감시와 비판의 강도를 낮추지 않을 것이다. 아울러 성매매방지법을 무력화시키려는 일체의 불순한 의도와 단호히 맞서나갈 것임을 밝히는 바이다.

우리는 '성매매방지법'이 여성에 대한 성적 폭력과 차별이 없는 평등하고 평화로운 사회를 만드는 데 크게 기여할 것임을 확신하며 성매매방지법의 조속한 정착을 위해 다음과 같이 우리의 요구를 밝힌다.

- 정부는 성매매방지법이 철저하게 집행될 수 있도록 유착비리를 청산하고 이미 제시된 정부의 종합대책 추진을 위한 확실한 집행 체계를 확보하라!
- 정부는 성매매방지법에 대한 대대적인 대국민 홍보를 통해 성매매의 예방과 집행 그리고 성매매 피해자의 보호를 위한 국가의 책임을 철저히 수행하라!
- 사법부는 성매매방지법이 실효성을 거둘 수 있도록 여성인권 보호와 알선범죄 처벌을 철저히 하고 나아가 국민들의 성매매 인식 전환의 잣대가 될 올바른 판결을 위해 노력하라!
- 경찰 및 수사기관은 성매매 피해자 보호를 최우선의 원칙으로 삼음과 동시에 성매매 전담 수사 인력 보강 등 집행력을 강화하여 다양한 형태로 변형되고 있는 일체의 불법적인 성매매 범죄를 철저하게 단속하라!

- 기업, 군대, 교육기관 등은 성매매를 유발하는 접대문화와 회식 문화의 관행을 개선하여 성매매를 사전에 예방함과 동시에, 성매매 예방교육 등 성매매 근절에 앞장서야 한다!
- 이 땅의 우리 모두는 다시 한번 성매매가 사회적 범죄임을 인식하고, 성매매 근절을 위해 주변의 유해 환경과 불법적 성매매 알선 및 행위를 감시하고 예방하여 성매매 근절 활동에 참여하자!

2004년 9월 22일

한국여성단체연합(경기여성단체연합, 경남여성단체연합, 광주전남여성단체연합, 대구경북여성단체연합, 부산여성단체연합, 전북여성단체연합, 경남여성회, 기독여민회, 대구여성회, 대전여민회, 부산성폭력상담소, 부산여성사회교육원, 새세상을여는천주교여성공동체, 새움터, 수원여성회, 안양여성회, 여성사회교육원, 울산여성회, 전국여성농민회총연합, 제주여민회, 충북여성민우회, 평화를만드는여성회, 포항여성회, 한국보육교사회, 한국성폭력상담소, 한국여성노동자회협의회, 한국여성민우회, 한국여성연구소, 한국여성의전화연합, 한국여성장애인연합, 한국여신학자협의회, 함께하는주부모임, 이주여성인권센터, 참교육을위한전국학부모회), 민주사회를 위한 변호사모임 여성복지위원회, 성매매문제해결을위한전국연대

5) 성매매방지법의 철저한 시행을 촉구한다

2000년 9월 군산 대명동 성매매 집결지 화재참사 이후 지금까지 5년 동안 수십 명의 여성을 죽음으로 내몰았던 성매매 알선범죄의 진상이 폭로되면서, 우리 사회는 더 이상 성매매는 사회적 필요악이 아니라 인권을 침해하는 폭력이며 심각한 사회적 범죄라는 사실을 인식하게 되었다. 이에 성매매방지법이 제정되어 지난 9월 23일부터 시행되고 있다.

현재 국제 사회는 여성의 성을 착취하는 일체의 범죄에 대한 강력한 처벌을 촉구하고 있다. 유엔은 '성적 인신매매'를 어떠한 이유로도 정당화될 수 없는 인권침해이자 강력하게 처벌해야 할 조직범죄로 규정하고 있다. 성매매방지법의 시행은 이러한 국제적 흐름을 반영한 것이자 우리 사회가 지금까지 해결하지 못했던 성매매 방지를 위한 대장정의 첫걸음을 내디딘 역사적인 사건이다.

우리는 성매매방지법이 시행된다고 해서 당장 성매매가 근절될 것이라고는 예상하지 않는다. 그러나 성매매방지법이 철저하게 집행됨으로써, 성매매 확산의 주범인 성매매 알선범죄 및 성산업이 축소될 것임을 확신한다.

새롭게 시행되는 성매매방지법은 그동안 우리가 잘못 인식해 왔던 성매매에 관한 왜곡된 의식의 대전환을 요구하고 있다. 지난 1961년 「윤락행위 등 방지법」이 제정된 이후 지금까지 우리 사회는 성매매 피해 여성을 '타락한 여성' 또는 처벌 대상으로 간주해 왔다. 반면 성매매방지법은 성매매 알선행위를 강력한 처벌의 대상으로 삼고 있으며, 성매매 피해 여성들에 대한 국가적 보호와 지원을 명시하고 있다.

또한 성매매방지법은 불법적인 성매매 알선범죄를 생계와 생존이라는 명분으로 허용해 왔던 우리 사회의 불건전성을 개선하고, 특히 남성들의 성매매는 불가피하다는 지금까지의 인식을 바꾸기 위한 첫걸음을 내디뎠다. 이제 우리 사회는 성매매를 '사회적인 필요악'이라며 용인해 왔던 잘못된 인식의 전환과 함께, 기업의 회식문화와 접대문화, 군대의 성문화, 일상적인 놀이문화의 변화를 시급히 요청받고 있다. 아울러 성매매 알선범죄와 연루된 경제활동 방식의 변화 역시 요구되고 있다.

우리는 정부의 성매매 피해 여성들에 대한 충분하고도 안정적인 지원만이 성매매 종사 여성들의 탈성매매를 실현시킬 수 있는 유일한 해결책임을 강조한다. 따라서 정부는 업주들의 감시하에서 탈출을 꿈조차 꾸지 못하는 많은 성매매 피해 여성들에게 안심하고 탈성매매를 할 수 있도록 긴급구조 지원책을 보강하고, 이를 충분히 홍보하여, 성매매 피해 여성들이 당당하게 성매매 현장에서 탈출할 수 있도록 실질적인 지원책을 마련해 주어야 한다.

우리는 법 시행 초기부터 '법 집행이 형식에 불과할 것이다', '한 달만 지나면 다시 원상복귀될 것이다', '더욱 음성적인 성매매가 확대될 것이다' 하는 등의 부정적인 여론을 조장하면서 성매매방지법을 무력화시키려는 흐름을 경계하며 이에 대한 사회적 성찰과 반성을 촉구한다.

특히 성매매 알선업주들이 생존권을 주장하면서 성매매 단속을 유예하거나, 성매매 범죄를 용인해 달라고 하는 것은 언어도단이며 용납될 수 없는 파렴치한 요구임을 밝힌다. 도대체 어느 사회가 절도범과 강도범이 생존권을 주장한다고 해서 단속과 처벌을 하지 않는단 말인가? 자신의 생존을 위해 타인의 인신을 착취하는 범죄를 용인해 달라는 반인도적인 요구에 대해서는 단호한 법 적용을 통해 강력히 대처해 나가야 한다.

그리고 이러한 상황에서 국민들에게 성매매에 관한 올바른 인식을 확산시키기 위한 언론의 역할은 무엇보다 중요하다. 현재 일부 언론은 인신매매, 착취, 감금 등의 범죄를 통해 불법적인 이익을 취해온 성매매 알선업주들이 조직하는 불법적 저항이 마치 정당한 생존권 투쟁인 양 선정적인 보도로 일관하고 있어, 국민들의 우려를 자아내고 있다. 따라서 우리는 언론이 성매매방지법에 대한 홍보와 성매매에 대한 올바른 의식 형성을 위한 적극적인 역할에 나서, 성매매 알선업주가 사회적 범죄자이자 처벌의 대상임을 분명히 알리고, 이들에 의해 자행되고 있는 일체의 불법행위를 고발하는 본연의 임무에 충실히 나서기를 촉구한다.

현재 전국적으로 성매매 여성 및 피해자 구조 활동 단체에 대한 성매매 알선업주들의 위협과 폭력이 이미 위험 수위를 넘어서서, 사법 당국의 긴급한 대처가 시급히 요청된다. 법 시행 이후 구조된 성매매 피해 여성들조차 경찰이 제대로 된 단속을 하는 것이냐며 강한 의문을 제기하고 있다. 밖에서는 단속을 하지만, 안에서는 여전히 업주가 성매매를 강요하고 있다는 증언이 쏟아지는 현실에서 밀실까지 철저하게 단속하는 실질적인 단속과 피해자 구조가 시급히 요청되고 있다.

이미 언론을 통해 보도되었듯이, 성매매방지법이 시행된 이후 22세의 성매매 피해 여성이 알선업주의 협박을 못 견디고 자살한 사건은, 성매매방지법 시행 이후 탈성매매를 원하는 여성들에 대한 폭력과 협박이 정도를 넘어서고 있음을 보여주는 단적인 사례이다. 현재 성매매 알선범죄자들은 최소한의 수치심도 없이 불법행위를 통한 이익을 사수하기 위해 자신들이 감시하고 있는 성매매 여성들의 생계를 거짓 명분으로 내세우면서 법과 질서에 대한 도전을 일삼고 있다. 나아가 탈성매매를 원하는 여성들을 위협하고, 현장 활동가들을 협박하며, 구조 활동을 방해하는 등 불법과 탈법을 일삼고 있어 강력한 대처가 요구된다.

이에 성매매방지법의 올바른 시행을 촉구하며 이 자리에 모인 우리 시민사회단체는 수많은 피해 여성들의 희생을 딛고 힘든 과정을 거쳐 국민적 합의로 이루어낸 사회적 성과인 성매매방지법의 조속한 정착과 올바른 시행을 위해 앞장서 나갈 것을 결의하며 다음과 같이 우리의 입장을 밝힌다.

1. 정부와 사법당국은 성매매방지법에 명시되어 있는 그대로, 성매매를 알선하는 일체의 행위를 범죄로 규정하여 강력하게 처벌하여야 한다. 특히 성매매방지법을 무력화시키면서 불법적인 행동을 일삼는 범죄 집단에 대해 강력하게 대처하고 처벌해야 한다.

2. 정부와 사법당국은 성매매 방지를 위한 종합점검단을 즉각 가동하여, 성매매 알선범죄 집단에 의해 인신착취를 당하는 성매매 피해 여성을 구조하고 보호하기 위한 활동을 강화해야 한다. 또한 성매매 피해 여성이 알선범죄자의 위협으로부터 자유롭게 탈성매매에

나설 수 있도록 긴급구조와 지원책을 즉각적으로 실시해야 하며, 현장 지원단체에 대한 성매매 알선범죄 집단의 협박과 위협을 중단시켜야 한다.

3. 정부와 사법당국은 성매매방지법에 대한 홍보와 교육을 강화하고, 공공기관, 기업, 군대, 학교 등에서 의식전환 캠페인이 대대적으로 추진되어 성매매 없는 건전한 접대문화, 음주문화, 회식문화, 놀이 문화 등이 확산될 수 있도록 지원해야 한다.

4. 우리 시민사회단체들은 정부와 사법당국의 성매매방지법 집행과정을 꼼꼼히 감시하고 올바른 법 시행이 될 수 있도록 비판의 목소리를 강화할 것이다. 이와 함께 성매매 범죄행위에 대한 감시자로, 성매매 피해 여성의 지원자로, 성매매에 대한 올바른 의식을 전파하는 전파자로서 건강한 시민운동을 펼쳐 나갈 것이다.

2004년 10월 7일

성매매방지법의 올바른 시행을 위한 전국 80개 시민사회단체

<시민사회단체>
경실련, 녹색교통운동, 녹색연합, 대한YWCA연합회, 문화연대, 민언련, 민주노총, 민주사회를위한변호사모임, 볼런티어21, 어린이 청소년포럼, 여성정치세력민주연대, 여성환경연대, 전교조, 참여연대, 청소년을위한내일여성센터, 초록정치연대, 평화인권연대, 한국정신대문제대책협의회, 한국YMCA연맹, 함께하는시민행동, 환경운동연합, 환경정의시민연대, 흥사단, 총 23개 단체

<현장 지원단체>

성매매문제 해결을 위한 전국연대(광주전남여연 부설 성매매피해여성쉼
터 한올지기, 대구여성회부설성매매여성인권지원센터, 성매매문제해결을 위
한 시민모임, 성매매 피해 여성지원센터 새움터, 제주여민회 부설 성매매 피
해 여성지원 쉼터 불턱, 자립지지공동체, 전북여연 부설 성매매여성인권지원
센터), 성매매근절을 위한 한소리회(다비타의집, 두레방, 막달레나의 집,
새날을여는청소녀쉼터, 쏘냐의집, 여성문화인권센터, 여성이야기공동체, 은
성원, 정다운집, 한국교회여성연합회, 오데레사수녀, 벗들의집, 햇살센터, (사)
경원사회복지회부설여성장애인성폭력상담소, 부산성매매 피해 여성지원상
담소 '살림', 속초성폭력상담소), 총 23개 단체

<한국여성단체연합 지부 및 회원단체>

[지부]

경기여성단체연합, 경남여성단체연합, 광주전남여성단체연합, 대구
경북여성단체연합, 부산여성단체연합, 전북여성단체연합, 총 6개 지
부

[회원단체]

경남여성회, 기독여민회, 대구여성회, 대전여민회, 부산성폭력상담소,
부산여성사회교육원, 새세상을여는천주교여성공동체, 새움터, 수원
여성회, 안양여성회, 울산여성회, 여성사회교육원, 이주여성인권센터,
전국여성농민회총연합, 제주여민회, 충북여성민우회, 평화를만드는
여성회, 포항여성회, 한국보육교사회, 한국성폭력상담소, 한국여성노
동자회협의회, 한국여성민우회, 한국여성연구소, 한국여성의전화연
합, 한국여성장애인연합, 한국여신학자협의회, 함께하는주부모임, 참
교육을위한전국학부모회, 총 28개 회원단체

6) 상식과 인권이 바로 서는 성매매 없는 한국사회, 국민이 함께 만들어 나갑시다

지난 9월 23일 이후 시행되고 있는 「성매매 알선 등 행위의 처벌에 관한 법률」과 「성매매 방지 및 피해자 보호에 관한 법률」(이하 '성매매 방지법')은 지금까지 성매매 알선범죄를 용인하면서 무분별하게 성산업이 확산되도록 방치하고, 나아가 성매매 여성의 인권침해를 외면해 왔던 지난 과거를 반성하면서 새롭게 제정된 인권법이다.

성매매방지법 시행 한 달을 맞이하는 오늘 사회의 원로이자 각계 대표인 우리들은, 많은 난관과 저항에도 불구하고 성매매방지법이 성공리에 집행되고 있음을 다행으로 여기며, 앞으로 정부의 지속적이고도 철저한 법 집행을 촉구하면서, 다음과 같이 우리들의 입장을 밝힌다.

(1) 성매매방지법의 올바른 시행으로 인권 사회와 건전한 경제구조의 기틀을 마련해야 한다

성매매방지법의 시행은 지난 1950년대 이후 지금까지 기지촌, 기생관광, 일본인 현지처, 외국인 바이어에 대한 성 접대 등을 통해 경제성장과 원시적 자본축적의 수단으로 우리 딸들의 몸을 이용해 왔던 추악한 과거로부터의 단절을 전제로 하고 있다. 이제 비로소 상식과 인권이 바로 서는 사회의 기틀을 마련한 셈이다.

현재 우리 사회는 성매매를 '남성의 성욕'에 따른 '사회적 필요악'이라는 왜곡된 상식으로 성매매가 결합된 접대문화, 술자리문화가 당연시되고, 그 결과 비대해진 성산업은 한국 경제의 불건전성과 부정부패를 가중시켜 왔다.

이제 새로운 법의 시행으로, 여성의 성을 사고팔아 경제적 이익을 취하려는 일체의 행위는 명백한 불법행위이자 강력히 처벌받아야 할 것임을 우리 모두 분명히 인식해야 한다. 그리고 과도하게 팽창된 성산업을 건전한 산업구조로 전환시킴으로써, 성매매 없는 건강한 인권이 보장되는 사회로 나아가야 한다. 일각에서는 단기적으로 향락산업의 사양화가 가져올 경제적 타격을 우려하는 목소리도 있으나, 이는 한국경제의 또 다른 도약 가능성을 간과한 단견이라 여겨진다.

(2) 탈성매매 여성에 대한 실질적인 지원으로 사회통합을 높여야 한다

성매매 여성들도 성적 착취와 선불금 등의 채무로 인해 실질적인 생계가 보장되지 못하는 성매매를 지속하기보다는 탈성매매를 통해 새로운 삶을 개척하는 것이 바람직하다고 본다. 물론 우리는 탈성매매 여성들의 생계와 자립을 위한 충분한 정부 지원이 뒤따라야 함을 강조한다. 정부는 탈성매매 피해 여성들에 대한 쉼터, 의료 지원, 생계비 보조, 직업 훈련·창업 지원 등 긴급구호 시책을 추진하기 위한 예산을 즉각 편성해야 한다. 성매매 여성들이 정상적인 사회구성원으로 살아갈 수 있도록 하기 위해 우리 모두의 관심이 필요하다. 이를 방치할 경우 우리는 더 큰 사회적 비용을 감수해야 할지도 모른다.

(3) 언론과 사회 지도층은 상식과 인권의 가치로 사회 여론을 이끌어야 한다

성매매방지법 제정 이후 새로운 제도에 적응하기 위해 우리 모두 진통을 겪고 있다. 그러나 잘못된 관행과 기득권을 유지하기 위해 법 시행에 흠집을 내기보다는 사회 발전, 건강한 성문화 정착, 성의식 개혁을 위한 기회로 여겨 적극 동참하는 자세로 전환해야 할 때이다. 지난 한 달 동안 법 시행을 둘러싸고 진행된 논쟁을 지켜보면서 우리는 언론이 성매매가 당장 근절될 수 없다는 점을 내세워, 성매매

여성에 대한 성적 착취와 인권침해를 일삼으면서 영업행위를 하고 있는 알선범죄조직의 요구까지 무분별하게 수용해야 한다는 여론을 조성하고 있음에 놀라움과 당혹감을 금치 못하고 있다.

소위 '공창제'나 '유예기간'을 요구하면서 법 집행을 거부하고 심지어는 법을 위반하고 알선범죄 행위를 재개하겠다는 알선업주조직의 협박을, 오히려 선불금과 업주의 통제하에 있는 성매매 여성의 목소리인양 아무런 여과 없이 확대 재생산하고 있는 언론의 선정성은 그 도가 지나쳐 국민을 혼란스럽게 하고 있다. 언론은 자칫 법 시행을 무력화시켜 알선범죄와 인권착취를 통해 부당한 이익을 취해온 집단의 이해를 대변하는 역기능이 초래될 수 있다는 점을 유의해야 하며, 우리는 향후 더욱 진지하고도 성찰적인 언론의 역할을 촉구한다.

(4) 성매매 없는 사회, 국민의 손으로 만들어 나가야 한다

이제 막 성매매 방지를 위한 국민적 노력이 시작되었다. 우리는 법 시행이 끝이 아니라 시작을 의미한다고 생각한다. 이 선언에 동참한 우리 모두는 사회 발전을 위한 새로운 흐름에 적극 참여해 나갈 것임을 선언하며, 성매매 없는 사회를 실현하기 위한 노력에 국민 모두가 다함께 적극 동참해 주실 것을 간절히 요청한다.

2004년 10월 23일

성매매 없는 사회 만들기 원로 및 각계 대표 311명 일동

7) 성매매방지법의 철저한 집행과 피해자 인권보호 강화를 통해 법의 실효성을 확보해야 한다

2004년 3월 2일 「성매매 알선 행위 등 처벌에 관한 법률」(이하 '성매매 알선 처벌법')과 「성매매 방지 및 피해자 보호에 관한 법률」(이하 '성매매 피해자 보호법')이 제정된 지 1년이 됨과 동시에 법 시행 6개월을 맞이한 2005년 3월 23일, 성매매 알선범죄에 대한 처벌과 성매매 피해 여성에 대한 보호 확대를 위해 애써온 한국여성단체연합과 성매매문제해결을위한전국연대는 다음과 같이 우리의 입장을 밝힙니다.

지난 1961년 「윤락행위 등 방지법」이 제정된 이후 지난해 성매매 알선 처벌법과 성매매 피해자 보호법이 제정되기까지 40여 년이 넘도록 한국사회는 성매매 여성들을 범죄자로 취급하고, 성매매범죄와 성산업의 확대를 방치해 왔다. 특히 정부와 사법당국은 성매매 알선을 매개로 한 갖은 불법행위와 유착비리, 상납으로 이어지는 부정부패를 확산시키면서 남성 중심적으로 왜곡된 성문화를 통해 막대한 수익을 챙겨온 불법집단들에 의해 경제구조가 왜곡되고 향락·접대문화로 사회가 불건전해지는 것을 방관해 왔다. 이 과정에서 대다수 국민들은 올바른 성문화와 성의식을 향상시키기 어려웠고, 성매매는 사라질 수 없다는 패배의식이 팽배해 온 것 또한 사실이다.

이렇듯 성매매가 당연시된 사회 환경에 일대 전환을 가져온 것은, 바로 2000년 이후 두 차례에 걸쳐 발생한 성매매 집결지의 대형 화재 참사였다. 이를 계기로 한국 사회는 지금까지 은폐되어 왔던 성매매 여성들의 인권침해 현실을 목격하게 되었고, 성매매가 알선범죄집단에 의해 자행되는 여성에 대한 폭력이자 성적 착취이며 인권침해라는 것을 확인할 수 있었다.

　이후 법 제정까지 수많은 성매매 피해 여성들의 희생과 용기 있는 증언 및 수년에 걸친 법적소송, 그리고 여성인권 보호를 위해 나선 여성단체들과 국회 및 정부의 노력에 힘입어 성매매 알선 처벌법과 성매매 피해자 보호법이 제정되었고 현재까지 시행되고 있다. 무엇보다도 이 법의 제정은 성적 인신매매를 가장 극악한 국제조직범죄로 규정하여 강력한 대응을 촉구하고 있는 국제사회의 흐름과 2000년 한국 정부가 비준한 유엔 국제조직범죄 방지협약의 '여성과 아동의 매매 예방 및 억제를 위한 의정서'의 이행을 위한 국내법의 정비와 대책 마련이 필요한 상황에서 필연적인 귀결이었다.

　이미 언론 보도를 통해 밝혀지고 있듯이 성매매방지법 시행 6개월은 격변의 기간이었고 우리 사회 인권 문제를 진전시켜나가는 시기였다. 경찰이 발표한 성매매 관련 사범과 단속, 수많은 사례들은 단순한 숫자를 넘어서서 우리 사회 만연한 부정부패와의 싸움이었고 정부 정책을 새로이 세워나가는 과정이었다.

　지난 6개월간 많은 변화가 있었지만, 아직도 우리 사회 일각에는 법을 무력화하고 성매매를 정당화하면서 결코 성매매 사업을 포기하지 않으려는 일부 알선조직 범죄집단들이 있다. 이들의 끊임없는 공세와 압력에 의해 일부 언론과 지역사회를 비롯한 사회의 일부 지도층들이 마치 성매매는 근절될 수 없는 것인 양 여론몰이를 하면서 법을 사문화하려는 움직임이 발견되어, 철저한 법 집행을 위해 헌신해 온 많은 관계자들의 분노를 사고 있다. 또한 경찰 등 법 집행당국자들의 단속이 느슨해지고 있는 것이 아니냐는 시민들의 우려가 제기된다.

그러나 성매매 알선 처벌법과 성매매 피해자 보호법의 제정과 시행은 이미 거스를 수 없는 사회 발전과 개혁의 흐름으로 정착되고 있으며, 이미 차분하게 자리를 잡아나가면서 국민들에게 성매매 범죄의 심각성과 성매매 없는 사회를 만들 수 있다는 희망을 전파해 주고 있다. 동시에 우리는 성매매 알선 처벌법의 강화와 철저한 집행, 성매매 피해자 보호정책의 확대와 강화를 통해 두 법이 우리 생활 곳곳에 새로운 흐름으로 정착되어 나가고 있음을 확인할 수 있다.

이에 우리는 시행 이후 많은 성과를 거두고 있는 성매매 알선 처벌법과 성매매 피해자 보호법이 앞으로도 더욱 실효성 있게 집행되어 나가면서 성매매 범죄가 줄어들고 피해자의 인권이 보호되는 실행력 있는 법이 될 수 있게 하는 데에는 좀 더 철저한 감시와 국민 의식개혁 활동의 전개만이 유일한 대안임을 강조하고자 한다.

마지막으로 우리는 시대적 흐름과 역사 발전의 희망 속에서, 인권이 보장되는 성평등 사회를 위한 일대 전환의 계기가 된 성매매 알선 처벌법과 성매매 피해자 보호법이 명실상부한 인권법으로서의 확고한 법 정신을 살려나가며, 철저하게 집행되기를 다시 한번 강력히 촉구한다. 그리고 이를 통해 한국사회가 성매매와 인신매매가 없는 사회, 여성인권이 보호되는 인권 선진국으로 성장해 나갈 수 있기를 거듭 소망한다.

2005년 3월 23일

한국여성단체연합 / 성매매문제해결을위한전국연대

자립지지공동체, 새움터, 전북성매매여성인권지원센터(현장상담센터, 쉼터 '민들레'), 대구여성회부설 성매매여성인권지원센터(현장상담소, 쉼터), 광주전남여연부설 성매매여성쉼터 '한올지기', 제주여민회부설 성매매여성현장상담소·피해자지원쉼터 '불턱', 성매매문제해결을위한시민모임(군산여성의전화), 인천여성의전화부설 성매매현장상담소

8) 성매매방지법의 성공적인 정착과 집행력 확보를 위해 국민 모두의 참여와 실천이 필요하다

2000년과 2002년 군산 대명동과 개복동에서 발생한 화재 참사로 성매매 알선집단에 의한 여성들의 인권침해 현실이 밝혀지면서, 2001년 11월 한국여성단체연합이 청원한 법에 기초해서, 다음해인 2002년 9월 국회의원 86명이 발의하고, 2004년 9월 23일 법안 의결에 참석한 국회의원이 만장일치(1명 기권)로 통과시킨「성매매 알선 등 행위의 처벌에 관한 법률」과「성매매 방지 및 피해자 보호 등에 관한 법률」이 시행된 지 1년을 맞이하였다.

법이 시행된 지난 1년 동안 한국사회는 많은 변화를 겪었다. 이러한 변화는 성매매는 더 이상 '사회적 필요악'이 아니며, '여성에 대한 폭력이자 성적 착취'라는 여성인권에 대한 우리 사회의 가치기준 변화와 사회적 합의를 이끌어가는 과정이었다. 그간 한국 사회가 거둔 성과는 법 시행 이전부터 법 시행 이후 지금까지 헌신적으로 법의 정착을 위해 노력해 온 많은 사람들의 보이지 않는 땀과 노력의 결실이자, 동시에 2000년 이후 수차례에 걸친 화재사건으로 죽어간 성매매 여성들의 희생에서 나온 것임을 잊지 말아야 한다.

이제 겨우 우리는 성매매 없는 사회를 만들기 위한 길고도 험한 여정을 출발하였다. '성매매방지법'의 성공여부는 앞으로도 긴 세월 동안 정부의 확고한 의지와 철저한 집행력 확보, 우리 사회의 부정부패와의 싸움과 남성 중심적 성의식 변화와 성숙한 시민의식을 관건으로 판가름될 것이다.

이에 우리 여성단체들은 지난 1년의 성과를 바탕으로 법의 시행과 정착, 이를 통해 인권의 가치가 한층 높아지는 사회의 큰 물결을 만들기 위한 흐름에 국민 모두가 동참해 주실 것을 촉구하면서, 법의 올바른 정착과 확산을 위한 과제를 다음과 같이 제시한다.

<성매매방지법의 올바른 정착과 확산을 위한 우리의 요구>

① 성매매방지법의 올바른 정착을 위한 종합적이고 장기적인 대책의 수립과 이행을 위해 범정부 차원 및 각 지방자치단체 내의 전담기구 설치를 촉구한다

　　한국 사회가 지난 2004년 '성매매방지법'을 제정하여 지난 1년 동안 시행한 것은, 그동안 관행으로 굳어진 것이라 해도 내일을 살아갈 우리들에게 도움이 되지 않는 잘못된 관행에 대해서는 과감하게 끊고 나가려는 국민적 의지가 뒷받침되었기 때문이다. 물론 쉽지 않은 일이기에 종합적이고 장기적인 대책 수립과 이행을 위한 노력이 더욱 요청된다. 이미 법이 제정되기 이전인 지난 2004년 정부는 '성매매 방지 종합대책'을 발표한 바 있으나, 이에 대한 후속조치가 가시화되지 않고 있어 아쉬움을 낳는다. 법 시행 1년을 맞이하여 우리는 정부가 더욱 구체적으로 1년의 성과와 한계를 포함한 종합대책을 수립하고 지방자치단체와 연계하여 철저한 이행을 제도화하기를 촉구한다.

② 다양화되는 성매매 알선범죄에 대한 사법당국의 지속적이고 철저한 단속과 처벌을 촉구한다

　　성매매의 유형이 다양화되는 것은 어제 오늘의 일이 아니며, 무엇보다도 법 시행 이후 새롭게 발생한 현상은 더더욱 아니다. 불법적인 이익을 내고자 하는 지하경제일수록 교묘하게 자신의 생존을 영위하고자 수단과 방법을 가리지 않으며, 무엇보다도 구매자를 유혹하기 위해 자극적인 방식을 사용하는 것이 통상적인 현상이다. 성매

매 산업 또한 이러한 현상에서 예외가 아님에도 더욱더 다양화되고 음성화되는 성매매 알선범죄를 법의 시행에 따른 부작용으로 바라보는 시각은 올바른 대응이라 할 수 없다. 따라서 끊임없이 변종하고 있는 성매매 알선범죄에 대한 철저한 추적과, 단속을 용이하게 하기 위한 수사팀의 전문화와, 사법당국이 이를 통해 철저하고 지속적인 단속과 처벌의지를 천명하는 것만이 성매매 알선범죄를 점차적으로 축소시켜 나갈 수 있는 유일한 해결책임을 다시 한번 강조하고자 한다.

③ 성구매 행위에 대한 사회적 관용을 거두고, 재발 방지를 위한 의식교육 강화를 촉구한다

한국 사회는 지난 20여 년 동안 여성에 대한 성적 폭력을 방지하는 데 많은 성과를 거두었다. 성폭력특별법, 가정폭력방지법, 청소년성보호법 등 여성에 대한 성적 폭력 방지를 위한 법과 제도를 개선해 왔다. 그리고 지난해 제정한 성매매방지법은 여성에 대한 성적 폭력의 한 유형으로서 성매매를 금지하는 새로운 제도를 시작했다. 새로운 법의 시행으로 우리 사회에서 더 이상 '성은 돈으로 사거나 팔 수 있는 것이 아니다'라는 인식이 확산되고 있으며, 성매매는 '사회적 필요악'이 아닌 '사회적 범죄'로 분명히 규정하고 있다. 그러나 아직도 성매매의 오랜 관행으로 성구매 행위를 계속하려는 흐름이 버젓이 지속되고 있다. 따라서 지금까지 사회적으로 묵인해 왔던 성구매 행위를 더 이상 용납하지 않겠다는 사회적 의지의 천명이 나로부터 시작되어야 한다. 또한 성구매 행위를 통해 기소된 사람들에 대한 철저한 재발 방지 교육과 의식의 변화를 촉구하기 위한 재발 방지 교육프로그램·처벌 강화를 비롯한 사회적 의식 개선 운동이 본격적으로 진행되어야 한다.

④ 여성들에게 '성매매가 아닌 삶을 살 수 있는 권리', 인간존엄성에 기초한 권리를 제공해 주기 위한 다양한 지원체계의 확대와 함께 탈성매매 지원을 위한 지역사회 환경 조성이 시급히 요청된다

　　법 시행 이후 지난 1년 동안 여성에 대한 정부의 지원 확대 노력은 분명히 많은 성과를 거두고 있다. 법 시행 이전부터 헌신적으로 활동해 온 민간단체들이 법 시행으로 더욱 강화되고 있으며, 이러한 단체들이 전국 각지에서 법률, 의료, 심리 상담과 지원과 쉼터 및 자활사업을 실시하는 등 지역사회의 보호·지원 인프라가 구축되고 있음은 큰 성과이다. 그러나 오랫동안 정부와 사법당국의 법 시행과정에 대한 신뢰를 잃어버린 여성들은 불신과 의심에 기초한 생존의 요구로서 '성노동의 권리'를 주장하기도 한다. 따라서 여성들이 성매매가 아닌 삶을 살아갈 수 있도록 제대로 된 지원을 지속적으로 보장해 주어야만 비로소 불신의 벽은 해소되어 나갈 수 있을 것이다. 또한 우리는 성매매 여성들이 처벌되지 않고 보호와 지원을 받으며, 여성들의 인권이 보장될 수 있도록 모든 활동을 지속적으로 진행할 것이다.

⑤ 성매매와 인신매매 방지를 위한 국제사회 및 국내적 노력에 국민 모두의 참여와 실천을 촉구한다

　　법 시행 1년의 과정은 법이 기초하고 있는 정신과 가치에 대한 국민적 이해를 막 시작한 것에 불과하다. 아직도 많은 국민들, 특히 성매매 여성들조차 법을 올바로 이해하지 못하고 있는 것이 사실이다. 또한 법을 이해한 국민들조차도 법에 대해 충분히 수용적이지 않다. 그러나 이제 성매매방지법 시행을 통해 한국이 국제사회에서 인권국가로서의 위상을 높였으며, 법 시행에 대한 국제적 관심도 점차 높아지고 있어 제대로 된 모범사례를 만들어나가기 위한 우리

국민들의 어깨가 더욱 무거워지고 있다. 우리보다 앞서 이미 1996년부터 성구매 방지법을 시행하고 있는 스웨덴의 경우에도 6년이 지난 오늘까지 '인내심'을 강조하고 있다. 이는 1년의 시행을 통해 당장 성과를 확인하려고 하는 우리들의 성급한 태도에 많은 시사점을 안겨준다. 따라서 성숙한 자세로 나로부터의 실천을 스스로 성찰하면서, 성매매와 인신매매 방지를 위한 국제사회의 노력과 한국사회의 변화를 이끌어나가는 데 국민적 참여와 실천, 그리고 관심을 기울이자.

2005년 9월 21일

한국여성단체연합, 성매매문제해결을위한전국연대,
성매매근절을위한한소리회

2. 성노동자 운동의 입장

1) "전국 성노동자 준비위" 한여연 출범사

오늘날 우리 성노동자들은 여성계가 주도하는 성매매특별법으로 인해 하루아침에 생존권을 박탈당한 채 길거리로 쫓겨나고 음성적 성시장에 유입되는 등 힘겨운 삶을 살아가고 있다. 이에 우리는 지난 시기 칼바람 속의 천막농성과 단식으로 맞섰던 투쟁의 전의를 다시 추스려 성노동자들의 전국적 조직을 건설하고자 한다.

여성계는 특별법으로 탄생한 소위 '성매매 방지와 피해자 보호에 대한 법률'과 '성매매 알선 처벌에 대한 법률'이 폭행, 감금, 인신매매를 통해 성매매를 강요당해 온 피해 여성들을 자유롭게 해줄 수 있는 근거를 마련했다며 대국민적으로 홍보하고 있다.

그러나 그들이 말하는 '폭행, 감금, 인신매매'는 사실과 다르다. 성매매특별법의 근거가 된 바 있는 '군산 대명동 화재 참사'와 같은 일부의 극악한 범죄사실이 마치 대한민국의 모든 성노동자들 앞에 노출되어 있는 것처럼 일반화시켜 몰아가는 것은 다른 저의가 있는 것이다. 여성계는 성노동자들이 생업으로 행하는 '성(性)노동'을 두고 부도덕하다고 단순하게 비난한다.

최소 33만 명(형사정책연구원 조사), 최대 2백만 명(여성계 주장)에 이르는 성노동자들이 생존을 위해 성노동을 할 수밖에 없는 것은 한국의 노동시장이 소외된 계층에게 상대적으로 열악하다는 반증이다. 지난해 9·23 성매매특별법 시행 이후 집창촌에서만 6건의 자살 관련

사고가 일어나 2명이 목숨을 잃었는데 이는 현재 우리나라의 자살사망 증가율이 경제협력개발기구(OECD) 회원국 중 1위를 기록할 정도의 경제난과 결코 무관하지 않다.

그럼에도 여성계가 사회보장제의 천국이라는 스웨덴에서 '성매매 완전금지주의 모델'을 들여와 성매매특별법에 그대로 적용한 것은 한국의 실정을 전혀 무시했거나 여성계 자신들의 정치적 세력화를 위해 성노동자들을 악의적으로 이용했다고 볼 수밖에 없다.

여성계의 무책임한 행위는 그들이 즐겨 말하는 '자활대책'에서도 여실히 드러난다. 부산과 인천의 이른바 '자활시범지역'에서 탈성매매를 선언한 성노동자들에 한해 각기 선착순 100명에게 긴급생계비 37만 원을 지급했다는 사실은 비현실적인 전시행정의 표본으로 봐야 한다. 다수 언론이 성매매특별법의 실효성을 인정하지 않는 것은 물론 특히 대전일보에서 공식적으로 공창제를 주장한 것은 시사하는 바 크다.

우리 성노동자들은 여성계가 뭐라 하지 않아도 폭행이나 감금과 갈취 등에 해당하는 범죄 형태의 업주를 절대적으로 반대한다. 그러나 독립형 사창(私娼)과 공창(公娼)이 공존하는 것이 세계적인 대세임(합법적 규제주의: 네덜란드, 독일, 스위스, 멕시코, 캐나다, 미국 네바다 주 / 비범죄주의: 프랑스, 영국, 덴마크, 브라질 등)을 인정한다면, 물적 토대가 전혀 없는 성노동자들에게 건물을 임대 관리하는 업주는 자연발생적인 현상으로 본다.

또한 기득권자들의 향락성 문화가 아닌 서민 남녀들의 '성적 자기 결정권'은 결코 도덕이란 잣대로 억눌러지는 것이 아니다. 따라서 성매매를 뿌리 뽑겠다며 성구매 남성에 대해 강력하게 처벌하는 조치는 남성들의 신체적 자유와 인권을 유린하는 행위로 지탄받아 마땅하다.

요즘 여성계 일각에서는 성매매특별법을 개정하여 우리 여성 성노동자들의 자발적인 성노동까지도 비범죄화해 주겠다는 얘기가 들린다. 고마운 말이지만 사양한다. 성구매 남성들을 엄벌하면서 우리들만 빼주겠다는 여성계의 달콤한 속삭임은 형평에 맞지 않기 때문이다. 이는 우리를 남성들에 의한 성매매 피해 여성이라고 단정지으면서 성노동자들을 벼랑으로 내모는 또 다른 모순된 표현에 다름 아니다.

여성 성노동자들은 분명히 여성노동자의 일부다. 우리는 생존을 위해 노동권을 요구한다. 그리고 성노동자들의 인권을 유린하는 모든 형태의 억압에 저항한다. "전국 성노동자 준비위"인 한여연은 성매매특별법이 대폭 개정 또는 폐지되는 그날까지 최선을 다해 투쟁할 것이다.

2005년 3월 5일

"전국 성노동자 준비위" 한여연

2) 한국의 성매매특별법이 성노동자들에게 끼친 영향: 세계여성학 대회에 참가하며

김문희(전국성노동자준비위원회 한여연)

(1) 성매매특별법 취지는 실현될 수 있는가

성매매특별법(이하 성특법)을 입법한 사람들은 여성인 성노동자를 사회적 약자로 보고, 강제적으로 성매매를 당한 피해자로 인식해 다시금 사회로 돌아와 자활할 수 있도록 돕고 궁극적으로 성매매를 근절시키겠다고 주장합니다.

그러나 법의 취지가 아무리 좋다 한들 실효성이 없으면 공염불이 되고 맙니다. 성노동자들은 경제적으로 극한 상황에 이르러 이곳에 오게 된 사람들입니다. 더욱이 우리들은 개인이기 이전에 가족들을 부양(약 80%)하는 실제 가장들이 많습니다. 여성부가 올해까지 288억 원의 예산을 들여 탈성매매 여성에게 직업훈련비와 긴급생계비 등을 지원하고, 창업자금도 1인당 최대 3,000만 원까지 무이자로 대출해 줄 것이라는 계획은 성노동자들을 개인으로만 인식했기에 가능한, 정말 무모한 발상이었습니다.

오늘 한국사회는 80 대 20의 사회에서 90 대 10을 향할 정도로 극심한 빈부격차로 삶이 고달파지고 있습니다. 성노동자들이 성노동에 종사하게 된 것은 이러한 사회경제적 구조의 결과입니다. 그리고 성구매 남성들 또한 성과 무관치 않은 제반 여건이 상대적으로 열악하기에 우리 성노동자들을 찾는 빈곤한 사람들입니다. 이를 간과한 채 단지 성매매가 나쁘다는 전제만으로 성노동 문제에 접근한다면 성매매 근절은 결코 이룰 수 없을 것입니다. 우리 성노동자들은 사회안전망이 구축된 공동체 사회야말로 성매매를 줄일 수 있는 지름길이라고 믿고 있습니다.

(2) 성노동자는 인간이고 노동자입니다

용어는 대상을 규정합니다. 성특법에서는 기존의 '윤락행위'라는 부정적인 이미지를 '성매매'라는 가치중립적인 용어로 바꾸었다고 말합니다. 그렇다면 성매매를 해야만 필요한 돈을 마련할 수 있는 우리 성노동자들에 대한 인식이 좋아질 수 있을까요? 또 '성매매'라는 용어를 통해 성을 사는 사람, 파는 사람, 알선업자 등 전체적인 맥락이 드러나게 했다는데, 실제 성노동자들에게 어떤 효과가 있을까요?

용어만 거론하자면, 오늘날 성특법이 「윤락행위 등 방지법」(윤방법. 전문개정 1995) 당시보다 진일보한 것처럼 보입니다. 도덕적인 타락녀란 의미의 윤락녀 대신 성매매 피해 여성이 되었으니 말입니다. 그러나 우리 성노동자들에겐 진실이 필요할 뿐 언어만의 성찬을 원하지 않습니다. 성매매 피해 여성이란 말은 이를 수용하고 싶은 여성들에게만 적용하면 됩니다. 사회경제적 제반 조건에서 스스로 '성적 서비스업'을 선택한 절대다수 여성들에게는 국제사회에서 무리없이 통용되는 '성노동', '성노동자'란 말이 적합합니다. 성매매 피해 여성이란 말은 우리들이 주체가 되어 노동자로서 권리선언을 하고 조직화하는 데 오히려 걸림돌이 될 뿐입니다.

우리들은 국제노동기구(ILO)에서 말하는 성매매와 결부된 인신매매, 감금, 갈취, 폭행 같은 극악한 범죄를 절대 반대합니다. 고로 우리는 이런 유형의 범죄와 연결해 성노동자들을 정치적으로 공격하려는 어떤 형태의 음모도 용납하지 않을 것입니다. 우리는 생존을 위해 자발적으로 '성적 서비스'업인 '성노동'을 택했으며, '탈성매매' 부분은 성인인 성노동자 자신들의 자율의지에 당연하게 맡겨집니다.

(3) 성구매자와 알선자를 어떻게 볼 것인가

성특법을 입법한 사람들은 기존의 윤방법이 성매매 방지와 여성에 대한 처벌에 초점을 맞추었다면 성구매자 처벌은 솜방망이 같았다고 지탄하면서 성특법은 성매매 여성에게 책임을 전가하는 태도를 벗어나 성구매자와 알선업자에게 훨씬 무거운 처벌을 내린다고 주장합니다.

성특법은 처벌 대상과 경중에 따라 여성들을 상대적으로 고려한다고 하지만, 성구매자에 대한 처벌은 우리를 더욱 열악한 노동환경에 처하게 합니다. 성구매자들은 자신들이 처벌을 각오하고 우리를 만나는 것에 대해 매우 불공평하게 여기며, 심리적으로 자신들이 성노동자들보다 우월한 위치에 있다고 생각하게 되어 결과적으로 강도 높은 성노동을 요구합니다.

그리고 알선업자에게 내리는 처벌은 기실 성노동자들을 길거리로 내모는 것과 같습니다. 여기서 말하는 알선업자란 성노동자들과 협업이 가능한 '정직한 업주'를 가리킵니다. 우리 성노동자들은 일정한 영업장소와 주거를 제공해 주는 사람이 없다면 결국 음성적인 성매매 시장으로 이동할 수밖에 없습니다. 한국은 자본주의를 채택하고 있으며 골간은 사유재산제입니다. 따라서 정직한 업주가 자신의 사유재산을 투자해 우리들과 협업하고 분배 원칙이 합리적이라면 성노동자들은 흔쾌히 응할 것입니다. 성특법 하나를 두고 '정직한 업주'조차 머리에 뿔 달린 악마로 묘사하는 것은 있을 수 없는 일입니다.

(4) 여성계의 자활대책으로는 어림없는 성노동자들의 냉엄한 현실

* 다음에 나오는 통계는 지난해 9월 23일 시행된 성특법을 기준으로 이전과 이후로 구분하며, '이전'은 한터여성종사자연합(한여연) 자료(성노동자 515명 대상)이고 '이후'는 한국인권뉴스가 올해 5월에 설문조사(성노동자 103명 대상)한 결과입니다.

성노동자들은 지금 벼랑에 서있습니다. 우리들의 학력은 중졸이하가 38%이며 고졸이하가 56%로 가족들의 생계비와 병원비, 동생의 등록금 등 긴급한 수입을 일반적인 방법으로 조달할 방안이 전무합니다. 또한 성노동자들이 가장 많이 몰려있는 연령대인 24~26세는 우리 사회의 청년실업 문제와 무관하지 않습니다. 여성계는 지금 우리들을 구출한다며 자신들이 고안한 자활 프로그램에 매달리고 있습니다. 그러나 다음 자료는 이 계획이 실현가능성이 없는 전시행정임을 명백하게 입증할 것입니다.

먼저 수입면을 보겠습니다. 성특법 이전 성노동자들의 월 평균수입은 350만 원 수준이었습니다. 그러나 이후 월 평균수입은 220만 원 정도(수입이 적어 응답하지 않은 성노동자를 감안하면 월 평균수입은 150~170만 원으로 추산됨)로 38%에서 최대 58%까지 격감했음을 알 수 있습니다. 성특법으로 성매매 단속에는 성공했는지 모르지만 성노동자들의 생존권은 무참하게 짓밟힌 것입니다. 참고로 현재 성노동자들은 자신들이 해결해야 될 월 평균 경제규모를 401만 원으로 잡고 있었습니다.

성노동자들의 채무를 보겠습니다. 성특법 이전 성노동자들은 25%가 빚을 졌으며 채무자들의 평균금액은 1,419만 원이었습니다. 이후 28.2%의 성노동자들이 평균 1,890만 원으로 빚을 져 증가추세에 있습니다. 주 내용은 사채와 카드대출, 은행대출이었으며 결국 성특법이 성노동자들의 수입을 대폭 줄여 오히려 빚을 늘리는 원인을 제공했습니다.

성노동자들의 경력도 큰 변화가 있었습니다. 성특법 직전에는 성노동자들의 평균 근무기간이 29개월 정도였으나 이후에는 23개월로 반년이나 줄었습니다. 특별한 점은 성특법 이후 집창촌에 들어온 성노동자들이 전체의 10.7%로 평균 근무기간이 3개월 보름 정도였습니다.

이는 경제난에 시달린 여성들이 성노동자로 신규 유입되고 있다는 반증이기도 합니다. 한편 성특법 압력으로 소득이 크게 줄자 경력이 오래된 성노동자일수록 음성적 성시장으로 이동한 것을 예측할 수 있었습니다.

예전에는 성노동자들이 관할 보건당국에 의해 정기적인 검진을 받았습니다. 그러나 성특법 시행 이후에는 질병검사가 마치 성매매를 인정하는 이미지를 줄까봐 전혀 이뤄지지 않고, 영업을 하고 있는 성노동자들 역시 성매매 사실이 밝혀지는 게 두려워 질병검사를 기피하고 있습니다. 특히 단속시 가장 강력한 증거인 콘돔이 기피대상이 됨으로 인해 에이즈 등 심각한 보건 문제를 발생시킬 환경이 조성되고 있지만 여성계와 보건당국은 침묵만 지킬 따름입니다.

(5) 성노동자들의 단체 구성과 관련하여

그간 우리들은 성매매 대신 성노동을, 성매매 여성 대신 성노동자라는 용어를 얻기 위해 많은 노력을 해왔습니다. 언론과 지식인들의 외면상태에서 우리들의 정체성을 찾기 위한 고독한 투쟁이었습니다. 지금은 기존의 '한여연'(한터여성종사자연합)에서 진일보한 '전국성노동자준비위원회 한여연'(전국성노위. Daum카페)을 출범시킨 상태입니다. 현장투쟁의 경험에 인터넷같이 시간과 경비를 덜 들이고도 생산적으로 성노동운동을 전개할 수 있는 방식을 도입한 것입니다.

현재 우리들은 각 개인이 처한 경제적인 어려움 때문에 성노동자 단체를 준비하는 데 곤란을 겪고 있습니다. 또한 성노동자라는 정체성을 분명하게 자각하지 못한 사람들도 다수 있는 것이 사실입니다. 그리고 성노동자 임원진이 대중 앞에 얼굴을 드러내야 하는 어려움이 있긴 하지만 조금씩 극복하고 있는 중입니다. 그리고 정직한 업주들이 성노동자들의 조직이 생기는 것이 자신들에게도 결국 도움이 된다는 것을 인식하고 점차 협조하는 자세로 나오는 것은 매우 고무적인 현상입니다. 특히 최근 '사회진보연대' 측에서 '성노동자도 인간이다. 성노동자의 투쟁에 연대하자!'라는 글을 발표함으로써 '전국성노위'가 의도하는 여러 민주세력과의 연대에 희망을 주고 있습니다.

(6) 성노동자들이 바라는 것들

우리들은 성노동을 선악의 잣대로 구분하여 성노동자들에게 오욕과 낙인을 찍고자 하는 어떤 시도에도 단호하게 저항합니다. 그리고 성특법은 우리들의 노동권과 인권을 인정할 수 없는 근본적인 한계가 있기 때문에 이 법의 폐지를 요구합니다.

지난 윤방법도 그랬지만 더욱 강화된 성특법으로 인해 성매매는 남녀 모두에게 범죄시되었고, 특히 많은 성노동자들이 불이익을 당해 왔습니다. 예컨대, 일부 성구매자로부터 언어폭력, 신체폭행, 금품 탈취 등 인권을 유린당해도 관계 당국에 신고조차 할 수 없습니다. 따라서 성노동자들이 인권을 보장받고 고객선택권을 확보하기 위해서는 우리 사회가 성매매 금지주의를 포기하고 전향적으로 '비범죄주의'로 나아가야 할 것입니다. 이 땅의 성인남녀들이 자신의 성적결정권을 법률에 의해 지배받는다는 것은 전근대적인 발상으로 있어서는 안 될 일이기 때문입니다.

이를 위해 공론화의 과정은 필연적입니다. 특히 여성계 학자들의 관심과 노력이 필요할 것으로 봅니다. 오늘날 성특법 탄생의 배경에 급진주의 여성계 인사들이 주축이 되었다는 사실은 한국 여성주의가 그만큼 지난 학문에 포로가 되어있다는 말과 같습니다. 저희 성노동자들은 자유주의와 문화주의와 사회주의와 마르크스 페미니즘이 고른 발언권을 갖고 국제적인 수준에서 성노동 관련 공론화를 주도하였으면 하는 마음이 간절합니다.

마지막으로 드리고 싶은 말씀은 아이러니하게도 성특법이 성노동자들의 투쟁력을 강화시켰고 그 결과 우리 성노동자들이 정직한 업주들과 민주적인 논의를 할 수 있는 계기로 작용했다는 사실입니다. 지역별로 약간의 차이가 있긴 하지만, 기업체의 '노사협의회' 같은 성격의 단체들이 서서히 떠오르고 있음을 주의깊게 지켜봐 주십시오 감사합니다.

3) 한 성노동자의 사례

이희영(전국성노동자준비위원회 한여연)

안녕하세요. 저는 이희영입니다. 저는 6개월 전까지 성노동 현장에서 일한 경험이 있으며, 지금은 벼랑에 내몰리고 있는 성노동자들의 권익을 옹호하기 위해 조직한 전국 성노동자준비위원회에서 상임위원으로 일하고 있습니다.

저는 오늘 평범할 수 있는 한 인간이 성노동자가 되기까지 어떤 과정을 거쳐왔는지 제 경우의 예를 들어 말씀드리고자 합니다. 저는 제가 개인인 줄만 알았지만 성노동운동을 통해 사회구성원으로서 정당하게 표현해야 할 부분이 있다는 점을 배웠고 그것을 여러분들에게 증언하려고 하는 것입니다. 성노동자들 사이에는 저 같은 경우가 다수라는 점을 참고하고 들어주십시오.

저는 현재 나이 25세이며 고향은 부산입니다. 학교는 중학교까지 졸업했습니다. 가족들은 아버님(53세)과 오빠(27세)와 동생(22세)이 있습니다. 어머님은 제가 중학교 2학년 때 이혼하여 집을 나가셨습니다. 가족 얘기가 좀 길더라도 양해해 주십시오. 제가 실제 집안의 가장으로서 성노동을 하게 된 이유를 이해하실 수 있는 부분이니 말입니다.

아버님은 1998년 11월 '신한일 어업협정'으로 어민들의 삶이 붕괴되기 시작하던 시점에 24년간 부산 자갈치시장에서 일하시던 것을 부득이 그만두셨습니다. 이후 아버님은 어시장 내에서 잡역부로 일하면서 당분간 생계를 유지했지만 얼마 못 가, 일하시던 중에 화물이 다리에 떨어지는 큰 부상을 입었습니다. 그러나 아버님은 치료비가 없어 진통제에 의지하며 계속 일을 하실 수밖에 없었고 2년 정도가 지난 2002년경에는 이미 상태가 손쓸 수 없을 정도로 악화돼 다리를 절단해야만 했습니다.

당시 중학교 3학년이었던 저는 집안에 일하는 사람이 아무도 없었던 까닭에 생업 전선에 뛰어들었습니다. 커피숍 아르바이트와 식당 음식배달로 월 100만 원 정도의 수입을 올렸지만 집에서 필요한 돈을 충당하기에는 역부족이었습니다. 상황이 급했던 저는 우연히 전단지 광고를 보고 찾아간 단란주점에서 나이를 속이고 일하기 시작했으며, 그 후 일이 룸살롱에서 집창촌으로 이어지게 됩니다. 그때 제가 집에 생활비로 송금한 금액은 월 200만 원 정도였고, 아버님의 병원 치료비로는 약 1,000만 원 이상이 들어갔습니다. 게다가 아버님이 친구 보증을 잘못 서 빚을 진 것도 제가 갚아야 했습니다.

가슴 아픈 에피소드 하나 있습니다. 하루는 제가 일이 끝나 술이 취한 상태에서 집에 들어가 화장실에서 토하고 쓰러졌습니다. 다음날 일어나 보니 아버님께서 다 치우셨더군요. 그리고 저를 위해 음식을 준비해 놓으셨습니다. 우리 부녀는 서로 아무런 말이 없었지요. 내가 무슨 일을 해서 그 큰 돈을 마련해 오는지 아버님은 이미 다 알고 계셨던 겁니다.

지금은 어딘가에서 살고 계실 어머님에 대해 말씀드리지요. 어머님은 오빠를 데리고 아버님과 결혼을 하셨습니다. 저를 임신한 상태에서 결혼하신 모양입니다. 경제적으로 어려웠던 우리 가정은 오빠가 가출하는 등 문제가 끊이지 않았고 어머님은 일이 있을 때마다 저 때문에 결혼했다며 저를 몹시 학대했습니다. 저도 결국 가출했지요. 그때가 중학교 2학년 때였습니다.

저희 오빠는 지금 영등포 교도소에서 2년째 복역중입니다. 강도상해죄 공범으로 7년을 언도받았지요. 돈이 궁했던 오빠는 중학교 졸업 후 17세 때 친구들과 연루된 강도상해 사건이 8년 만에 드러나 구속되었습니다. 오빠가 교도소 가기 전까지 변변한 직장이 없었던 관계로 생계는 물론 제 몫이었습니다.

그 후 저는 중학교 시절 친구가 집창촌에서 일하는 걸 알고 구출해 와야겠다는, 마치 정의의 사자와 같은 마음으로 이른바 '청량리 588'을 찾아 갔습니다. 저는 제 친구가 하루에 몇 사람을 상대로 성을 판다는 게 이해하기가 힘들었던 거지요. 그러나 친구는 되돌아오라는 저의 제안을 거부했습니다. 그래서 저는 일주일 정도 머물면서 옆에서 친구가 일하는 걸 지켜봤습니다. 집창촌 일이 막상 룸살롱보다도 오히려 유리한 면이 있는 걸 발견했지요. 이렇게 인연이 되어 저도 집창촌 생활이 시작되었습니다.

룸에 비해 집창촌이 우리 성노동자들의 신변을 보호해 주더군요. 룸에서 2차를 나가면 생면부지의 남녀가 일대일 상황에 직면합니다. 상대 남성의 개인적인 성향을 전혀 모른 채 저희들의 안전은 상대에게 맡겨지는 셈입니다. 그러나 집창촌은 이른바 업주가 성노동자들의 신변을 일일이 지켜주는 까닭에 위험한 사고는 미연에 방지할 수 있다는 것을 알게 된 거지요.

노동조건도 룸의 경우 술과 놀이문화가 주가 되고 성관계가 부수적인 경우가 많으며 2차를 나가면 고객의 취향(성행위 횟수까지)에 일일이 기분을 맞춰주어야 하기 때문에 몸이 많이 힘듭니다. 특히 모텔 등 외부에서 상황이 벌어질 때 준비물(젤, 콘돔 등) 미비로 성노동자들의 건강은 위험에 노출되는 경우가 많습니다.

그리고 소득면에서도 차이가 많이 나더군요. 룸은 노동시간이 제한적인데 반해 집창촌은 본인의 의지에 따라서 얼마든지 자유로운 성노동이 가능하기 때문입니다. 성노동자들은 현재 여건상 어차피 이곳에 몸을 담은 이상 일정한 기간 내에 빨리 돈을 벌어 자립해야겠다는 생각을 가지고 있고 또 그렇게 실천하고들 있습니다. 룸은 일과가 끝나면 스트레스를 풀기 위해 여성들끼리 음주를 하는 경우가 많지만 집창촌의 경우 주거 생활을 함께 함으로 그만큼 지출을 줄일 수 있습니다.

이 일을 하다보면 인연이 맺어진 친구들에게 연락이 옵니다. 어디가면 더 많은 소득을 올릴 수 있다는 그런 얘기들이 들리지요. 돈을 벌고자 성노동을 하는 저로서는 당연히 귀가 솔깃할 수밖에 없고 해서 다른 집창촌으로 장소를 옮기게 됩니다. 이런 과정 속에서 청량리에서 1년 생활을 마감하고 용산에서 1년 반, 영등포에서 6개월, 평택에서 2년 정도 생활을 하게 되었지만 몸이 약한 관계로 쉬는 날이 많아 수입이 줄어들어 빚이 생기게 되었습니다. 이런 차에 제가 평택에서 열심히 일을 하던 모습을 본 한 업주가 힘든 가정 사정을 듣고 소득의 100%를 가져가게 도와준 일도 있었습니다. 그리하여 모든 채무를 변제하고 건강을 회복할 기간을 가졌습니다.

그러던 와중에 가족의 생계와 당장 아버님 수술비를 급히 마련하기 위하여 2004년 파주 용주골에 들어간 저는 당시 업주에게 선불금으로 1,500만 원을 받고 한 달 생활을 마지막으로 집창촌 생활을 마감하게 됩니다. 건강이 받쳐주지 못했던 까닭에 일을 계속해 돈을 갚을 자신이 없어서 다급한 마음에 그곳을 몰래 빠져나오게 된 것입니다. 이른바 '탕치기'를 시도한 거지요. 그 길로 저는 114에 전화를 걸어 도움받을 만한 곳을 수소문했고 미아리(길음동) 근처에 소재한 한 상담소를 찾아가 자문을 구했습니다.

그러나 제 마음 한구석에는 저를 인간적으로 대해준 그 업주에게 미안한 마음이 남아, 죄책감에 시달리기 시작했습니다. 결국 저는 제게 돈을 빌려준 업주와 만나 갚겠노라고 말하면서 더 이상 상담소를 출입하지 않았습니다. 잘하면 저도 성매매특별법의 선불금 무효화 조항에 힘입어 업주의 돈을 떼어먹을 수도 있었는데, 그 돈을 가족들과 저 자신에게 요긴하게 써놓고 아무리 몸이 힘들다고 이제 와서 이럴 수는 없겠다는 최소한의 도덕적인 생각이 들어 결국 성특법을 이용하는 걸 포기했습니다.

돌이켜보면, 당시 상담소 사람들이 저와 같은 여성들이 여성단체에서 일하고 있으니, 집창촌에 일하고 있는 아가씨들을 나오게끔 유도해보지 않겠느냐면서 제안했던 게 생각납니다. 그때 제가 느낀 점은 상담소에서 진정 위기에 처한 여성들에게 도움을 주어야 할 터인데 기껏 한다는 일이 결국 나같이 탕치기 유혹에 약한 여성들을 여성계의 편으로 만들려는 게 주된 목적이 아니었나 하는 것이었습니다. 즉, 여성계에서 말하는 성매매 피해 여성이란 용어는 허울뿐이고 실제로는 다수가 이른바 '만세 부른 여성(탕치기 전문)'이라는 말이지요. 이런 걸 보면 여성계란 애초 자활대책도 탈성매매에도 관심이 없었던 모양입니다.

저는 최근 평택에서 식당 아르바이트 일을 하고 있었습니다. 굳이 성노동을 해서 목돈을 벌지 않아도 될 정도로 가정환경에 변화가 있었기 때문이지요. 동생이 군대에 갔으니 아버님만 고향에 계셔서 최소한의 생활비만 부쳐드리고 있는 상태입니다. 그런데 성노동자 동료들한테서 연락이 왔습니다. 성특법으로 집창촌이 위기에 처해있는데 막상 많은 시간을 할애해 일할 사람이 없다는 것이지요. 그동안의 성노동 경험이 동료들에게 도움을 줄 수 있다면 그 일을 제가 앞장서 해보겠노라고 흔쾌히 응했습니다. 비현실적인 자활대책만 내놓고 성노동자들을 억압하는 반인권적 정책을 너무나 절실히 경험했기 때문입니다. 게다가 우리 성노동자들이 제가 이 일에 매진할 수 있도록 아르바이트 비용 정도를 마련해 준다니 고마울 따름입니다.

마지막으로 여성부 자활 프로그램에 대해 한 말씀 드리겠습니다. 그동안 선불금은 성노동자들을 이용하려는 악덕업주들의 대명사처럼 불렸습니다. 그러나 실제로는 저처럼 자신의 필요에 의해 성노동자들이 업주들에게 요구해서 가져간 돈입니다. 그래서 성노동자들은 양심상 이 돈을 갚으려고 하는 것입니다. 여성부에서 우리들에게 자활을 위해 창업자금조로 빌려준다는 돈은 기존의 업주들이 주는 선불금과 얼마나 큰 차이가 있을까요? 저는 이것을 '국가가 합법적으로 주는 선불금'이라고 부르고 싶습니다. 이 돈을 갚지 못할 경우 정부는 정부의 정책대로 빚을 무조건 탕감해 줄까요? 채권자가 업주에서 국가로 바뀐 것 외에 큰 차이가 없는 것은 아닐까요? 돈을 빌려간 우리들 명단은 국가에 의해 '블랙리스트'가 되어 우리를 평생 옥죄지 않는다는 보장이 있습니까?

　현실적으로 실효성 있는 대안 정책을 내놓지 못할 바에는 성노동자들이 스스로 판단해서 자활할 수 있게끔 믿고 지켜봐 주시길 바랍니다. 우리 성노동자들도 엄연히 생각할 줄 아는 어엿한 성인들이니 말입니다. 간곡히 부탁드립니다.

4) 민주성노동자연대 출범선언문: 전국성노동자연대 한여연을 탈퇴 하면서

다가오는 9월 23일은 성매매특별법 시행 1주년이 되는 날이다. 이 법을 만든 주체이며 시행에 가장 적극적인 입장을 가진 여성권력자들에게는 정치 권력을 확대한 기쁨과 환호의 한 해였겠지만, 성노동자들에게는 생존권을 몰수당한 분노와 비탄의 세월이었다.

우리 성노동자들은 여성권력자들의 횡포에 맞서 극한적인 단식을 비롯한 각종 집회로 투쟁의 전의를 다져왔으며, 다양한 세계적 행사에 참가하여 우리들의 정당성을 알리기 위한 노력을 경주해 왔다. 특히, 지난 5월 25일 전국성노동자준비위원회 한여연의 터전을 인터넷 공간에 건설한 후, 성노동자들에게 가해오는 여러 형태의 음모와 공격들로부터 우리 자신을 방어하고 일반 시민들에게 진실을 알리기 위한 '성명전'을 전개하여 학계와 시민사회단체들의 주목을 받았다. 그리고 마침내 6월 29일 '전국성노동자연대 한여연'을 출범시켰다.

그 결과, 이제 성노동자들의 옆에는 그간 멀게만 여겨졌던 성노동운동의 취지를 이해하면서, 이를 지지하고 연대투쟁에 동참하겠다는 시민사회단체들과 노동단체가 속속 다가오기 시작했다. 그리고 우리 '성노동자들의 노동자성'에 대한 공개질의를 받은 양대 노총과 정당들, 여러 사회단체 내부에서도 치열한 논쟁이 벌어지고 있다. 성노동에 대한 공론화와 함께 우리들의 친구가 생기고 있는 것이다.

그러나 다른 한편으로 현실은 준엄하다. 여성권력자들은 예정대로 올해 안에 이른바 '성매매 집결지 폐쇄 및 정비에 관한 법률(안)'을 국회에서 통과시키고, 전국 10개 지역을 시범지역으로 지정하여 성노동자들의 일터인 집창촌을 무력화시키는 계획을 진행하고 있다. 8월 26일 부산 진구 범전동 집창촌이 이해당사자들과 일체의 대화도 없이 여성가족부에 의해 일방적으로 시범지역으로 지정된 것이 좋은 예다. 만약 이대로 방치한다면, 여성권력자들의 집창촌 해체 파티는 2007년이면 마무리되고 그들만의 샴페인은 터지게 된다.

이런 긴박한 시기에 지금 우리들은 무엇을 하고 있는가. 우리 성노동자들이 '10대 규약'으로 선포한 생존권과 노동권, 건강권 쟁취 등은 어떻게 진전되고 있는가. 성노동자들의 건강한 자치조직은 제대로 준비되고 있는가.

안타깝게도 이 부분에 대한 우리들의 모습은 대단히 부정적이다. 성노동자들이 처한 각 지역별 여건의 차이를 고려한다 해도, 특히 아직까지 우리 자신들이 기본적으로 지녀야 할 성노동자란 개념조차 인식하지 못한 회원들이 곳곳에 존재한다는 점은 속히 극복되어야 할 사항이다. 그리고 이러한 내부 차이를 극복하는 데 필요 이상의 많은 시간과 역량을 소모시켜 온 것도 우리들의 부끄러운 현주소였음을 고백하지 않을 수 없다. 만약 이런 상태가 지속된다면, 다가오는 여성권력자들의 성노동자 말살 정책에 우리들은 결코 대처할 수 없으며 성노동자들의 미래는 보장받지 못할 것이다.

이에 우리는 성노동자들을 저들의 무자비한 공세로부터 지키기 위하여 '민주성노동자연대(민성노련)'를 출범시킨다. 마침, 며칠 전 별도의 전국한터여종사자연맹(http://cafe.daum.net/uavenus) 카페가 생겼다. 만시지탄이지만 잘된 일이고 아무쪼록 많은 발전이 있기를 바란다. 민성노련은 필요시 전국한터여종사자연맹과 언제든지 연대할 뜻을 갖고 있다. '전국성노동자준비위원회 한여연'의 터전을 만들었던 우리 성노동자 주체들은 이제 '민주성노동자연대(http://cafe.daum.net/gksdudus)'의 틀 속에서 더욱 견고한 성노동자들의 정체성으로 사태에 대응할 것이다. 이를 위해 민성노련은 전성노련의 10대 규약 등을 계승 발전시킬 것이다. 그리고 전근대적인 성담론에 머무르고 있는 한국 사회에 진일보한 성문화의 지평을 여는 데 일익을 담당할 것이다.

 '민성노련 출범'을 위해 부득이하게 단행된 우리들의 '전성노련 탈퇴'는 결코 분열이 아니라, 성노동자들이 처한 상이한 환경에 능동적으로 대처하기 위한 방법의 일환이라고 다시 한 번 말씀드린다. 전국의 성노동자들은 물론 성노동자운동에 관심 있는 제 시민사회단체 및 노동계의 폭넓은 이해를 바란다.

2005년 8월 27일

민주성노동자연대

5) 여성가족부는 자활시범지역 확대를 즉각 중지하라

최근 여성가족부(이하 여성부)는 소위 '2005 집결지 자활사업 확대 시행계획'에 의거, 기존의 부산 완월동과 인천 숭의동에 이어 서울의 용산역전, 경기도의 성남 중동, 파주 연풍리·대능리 일원(속칭 '용주골'), 그리고 부산의 범전동 집결지 등 4개 지역에서도 추가로 자활사업을 실시한다고 밝혔다.

여성부는 실시 배경으로 지난 5월 실시한 '부산과 인천지역 사업에 대한 중간평가'에서 " '많은 여성들'이 탈성매매를 위한 좋은 계기가 되었다는 평가"를 근거로 제시하면서 사업 참여율 82%(243명), 탈업소율 35%(103명)에 이른다고 자평한 바 있다.

우리 민성노련은 여성부의 이같은 판단에 심각한 모순이 있다는 점을 다음과 같이 지적하고자 한다.
1. 사업 시행의 근거가 될 수 있는 성과의 근거는 어디에서도 찾을 수 없다.
2. 35%인 103명의 탈업소는 사업의 목적인 자활과 별 상관이 없다. 단지, 해당업소에 일하던 성노동자들이 음성 분야 등 타 업소로 이동했을 뿐이다.
3. 여성부가 '자활'이란 용어 대신 '탈업소율'이란 용어를 사용한 것은 실제로는 '자활정책'이 실패했음을 자인하는 것이다.

그럼에도 왜 '자활정책'에 실패한 여성부가 굳이 자활사업을 확대 시행하려 하는가? 이는 여성부가 성노동자들의 자활을 핑계로 이미 확보한 예산 288억 원(지난해 포함)을 어떻게든 소모시키기 위한 목적이라는 것이 우리의 판단이다. 이번 4개 지역 예산인 13억 900만 원은 목표인원 170명의 생계보조비와 학원비를 감안하면, 의료비 지원을 포함한 약 5억 원이 여성단체의 활동비 등으로 사용될 전망이다. 즉, 여성부의 '집결지 자활사업'은 명분에는 성노동자들의 자활을 걸어놓고 실제로는 배부른 여성단체들의 직업만 만들어주는 우스운 꼴이 계속되고 있는 것이다.

전기가 끊겨 촛불을 켜고 자다 화재로 여중생이 죽는가 하면, 비정규직 노동자가 빈곤과 탄압으로 자살하는 등 빈부 양극화가 심화되고 있는 우리 사회에서, 여성권력계가 이기적이며 무모한 정책을 계속 고집하여 아까운 국민들의 혈세가 낭비되는 것에 대해 우리 민성노련은 분노하며 규탄한다.

지금 여성권력계는 자신들의 '권력 확대'를 '자활사업 확대'로 위장한 채, 유일한 실적을 올리기 위해 전체 성산업 중 불과 4%도 안 되는 집창촌을 폐쇄시키려는 데 혈안이 되어있다. 우리 민성노련은 여성권력계의 이 왜곡된 정책 집행이 음성적 성매매만 부추기고, 결국 민심으로부터 호응을 받지 못한 채 실패할 것이라는 점을 분명히 지적한다.

지금이라도 여성가족부는 자활시범지역 확대를 즉각 중지하라. 우리 민성노련은 여성권력계의 집창촌 폐쇄를 향한 어떤 공세에도 단호하게 대응할 것임을 천명한다.

2005년 9월 8일

민주성노동자연대

6) 성노동자운동의 이해와 과학화*

이희영(민주성노동자연대 대표)

(1) 성노동운동 행동일지

2004년

9월 23일	서울 '미아리 텍사스'에서 성노동자 등 500여 명 생계 보장 및 유예기간 요구 시위. 부산시 완월동 성매매업소 화재, 성매매 여성 4명 숨짐.
9월 24일	대구지역 집창촌 '자갈마당' 성노동자 등 200여 명 단속유예 요구 시위. 한국여성단체연합, 성매매방지법 제정을 위한 전문가회의 구성하여 법률안 논의 시작함.
10월 1일	미아리, 평택, 인천 숭의동 성노동자 등 280여 명 인천서 생존권 투쟁 연대 시위.
10월 5일	부산 '완월동' 성노동자 등 600여 명. 경찰 단속에 항의 생존권 보장 촉구집회.
10월 7일	서울 부산 대구 강원 등 전국 12개 지역 성노동자 등 3,000여 명 국회 앞 시위.
10월 11일	청량리, 용산, 영등포, 수원, 인천 등 5개 지역 성노동자

---

* "성매매방지법 1년 평가와 성노동자운동의 방향과 전망" 토론회(2005.9.23) 발표문

등 400여 명이 평택 성노동자 150여 명과 함께 성매매 특별법 폐지 촉구 연대시위.

10월 18일   부산 충무동에서 부산 '완월동' 성노동자 600여 명 생존권 보장 촉구 가두시위.

10월 19일   서울 청량리역 광장에서 전국 17개 지역 성노동자 등 3,000여 명 성특법 철폐와 생존권 보장·공창제 요구 연대 시위, 성노동자 대표 한국여성단체연합 항의 방문.

11월 1일   한터여성종사자연맹(한여연) 성노동자 대표 20여 명 '생존권 보장 대책'을 요구하며 국회 앞 단식농성 돌입 (총 73일간 릴레이 단식). 부산 완월동 성노동자 180여 명 이틀 연속 생존권 보장 촉구 촛불시위.

11월 3일   미아리 성노동자 임원 6명 성특법 찬성하는 민주노동당 입장에 반박 성명서 지참, 민주노동당 항의 방문 및 열린우리당 당사 앞 피켓 시위.

11월 7일   청량리에서 성노동자 등 100여 명 성특법 철폐와 생존권 보장 요구 시위.

11월 11일   한여연 소속 성노동자 2,000여 명 여의도 국회 앞에서 생존권 투쟁. 삭발 촛불시위.

11월 12일   성노동자 대표 성특법 관련 국회 항의 방문, 한나라당 이한구 정책위의장과 간담회.

11월 18일   용산역 사거리에서 성노동자 50여 명이 강력한 단속에

항의하며 생존권 투쟁.

| 12월 6일 | 미아리와 청량리, 평택, 수원 등지의 성매매 여성 30여 명, 자발적 성노동자를 처벌토록 한 성특법 폐지 요구하며 정부종합청사 후문에서 '소복' 농성 투쟁. |

2005년

| 1월 12일 | 한여연 성노동자 대표 청와대에 유예기간 연장 청원서 제출. |

| 3월 5일 | 성노동자 임원진 3명 여성단체 주최 "여성노동자 차별 철폐 거리행진" 여의도 집회 기습 참가시위. "여성 성노동자도 여성노동자다. 여성 성노동자 죽이는 여성계는 각성하라!" 라는 제하의 전국 성노동자 준비위 한여연 출범사를 행사 참가자들에게 배포. |

| 4월 12일 | 성노동자 대표 2명 "서울여성영화제 국제포럼 2005" (이화여대 국제교육관) 참가, 타이완 성매매여성조합 대표를 비롯한 타이, 인도 등 아시아 성매매관련 인사들·비디오 행동주의자들과 함께 성매매 주제로 토론. |

| 5월 3일 | 서울 미아리 텍사스 성노동자 등 500여 명 집창촌 한가운데서 경찰 단속에 항의, 생존권 보장 촉구 집회 개최. |

| 5월 25일 | 전국성노동자준비위 한여연(전국성노위) 다음(Daum) 카페에 성노동운동 사이버 팀 꾸리고 공식 활동 돌입. 성명전 준비 개시. |

5월 30일   전국성노위 성명 발표. 이른바 '성매매 피해 여성'을 돕
           는다면서, 실제로는 여성단체의 생색내기에 불과한 '부
           산 완월동 문화축제'를 준비한 부산 성매매 피해 여성
           지원상담소 "살림" 규탄.

6월 9일   전국성노위 성명 발표. 세계여성행진(World March of Women)
           측에 성매매(sex trafficking)를 '성노동자의 의사에 반(反)
           하는 강제적 성매매'로 수정하고 '자발적 성노동(sex
           working)은 무관함'이라는 단서를 첨부하라고 요구.

6월 10일   평택 성노동자 등 200여 명 야간시위. '성노동자도 노동
           자다' 구호 외치며 가두행진, 무자비한 단속 항의차 평
           택경찰서 앞 농성 투쟁, 성노동자 대표 평택경찰서장
           면담.

6월 19일   전국성노위 공개질의. 성매매를 장기밀매와 인신매매
           에 비교한 민주노동당 최순영 의원에게 14개항의 공개
           질의서 보내고 답변 요구.

6월 20일   성노동자 대표진 '세계여성학대회' 참가 발표. 성특법
           문제점 지적, 성노동자들의 노동권과 인권을 위해 '비
           범죄주의' 주장. 성매매 금지주의 채택에 영향을 끼친
           권력에 진입한 급진주의·일부 자유주의 여성주의자들
           비판, 문화주의·사회주의·마르크스 페미니즘 여성주의
           자들까지 고른 발언권을 갖고 국제적인 수준에서 성노
           동 문제를 공론화해 줄 것을 요구함.

6월 29일   서울 올림픽 체조경기장 (대관 취소로) 야외 광장에서

성노동자와 성산업인 2,000여 명 모여 '성노동자의 날' 행사를 갖고 전국성노동자연대 한여연(전성노련) 공식 출범함.

7월 3일 　전성노련 세계여성행진 '빈곤과 폭력에 저항하는 여성 행진'에 참가 발언. 8년 전 대만의 천수이벤 총통이 정권의 도덕성을 강조하며 시민 중산층의 표를 모으기 위해 공창제를 폐지한 것과 여성계 일부 및 현 정권이 개혁정권 이미지를 앞세우기 위해 성특법을 강행한 것을 비교 설명. 성노동자운동은 빈민운동이며 사회변혁 운동이자 사회적 오명에 시달려온 성노동자들이 더 이상 침묵하지 않겠다는 인간선언이라고 주장.

7월 12일 　전성노련 성명 발표. '광양시 다방 자살여성 김양 관련, 상담소 등 여성단체에 책임 묻는다' 성명에서 음성적인 다방업소에서 발생한 사망사고를 두고, '광양 성매매 피해 여성 공동대책위'에서 '성매매업소'라고 막연하게 지칭, 집창촌으로 오해를 불러일으킬 소지 있음을 지적 시정 요구(모든 성매매 관련사고가 집창촌 폐쇄 구실로 악용됨을 우려).

7월 13일 　전성노련 공개질의. 성노동자의 노동자성에 대해 양대 노총과 노동자의 힘('노힘'), 서울여성노조를 상대로 공개질의. 헌법상 노동권은 직업 선택의 자유와 생존권적 기본권으로서 '적극적인 의미의 노동권'을 인정한 것이므로 성노동자의 노동자성 또한 당연히 인정받아야 한다면서 노동단체들의 분명한 입장 표명을 요구함('노힘'에서 긍정적인 반응을 얻음).

7월 22일	전성노련 성명 발표. '성매매 합법화 운동을 우려한다' 제하의 사회당 논평(대변인 이영기)에 '사회당은 성노동 비난 말고 신자유주의 공격하라'고 반박.
8월 15일	전성노련 성명 발표. '대전에는 집창촌이 없다' 성명에서 정신장애 여성을 성매매 목적으로 인신매매(혐의)한 사건과 관련하여 음성 성매매 분야 사고를 언론이 '집창촌'이라고 보도한 데 대해 왜곡 편파보도 시정 요구.
8월 27일	민주성노동자연대(민성노련) 출범선언문 발표. 성노동자들과 성산업인들의 개인차와 지역적 한계를 극복하고 성노동운동의 전망과 활성화를 위해 전성노련을 탈퇴하고 민성노련을 출범시킨 배경을 밝힘.
9월 6일	민성노련 노조 구성, 민주성산업인연대와 단체협약 체결, 근로시간 및 휴일 등 명문화. 민성노련 겸 성노동자 상담소 사무실 개소식(세계화반대여성연대, 사회진보연대, 노동자의힘 여성활동가모임, 여성문화이론연구소 성노동연구팀, 성노동운동 민중연대 참가).
9월 8일	민성노련 성명 발표. '여성가족부는 자활시범지역 확대를 즉각 중지하라' 기존 자활시범지역인 부산 완월동과 인천 숭의동의 경우, 해당업소에 일하던 성노동자들이 음성 분야 타 업소로 이동하는 등 사업시행의 근거가 될 수 있는 성과가 없음에도 '탈업소'를 목적으로 시범지역을 계속 확대하는 것은 자활과 무관하며 혈세낭비일 뿐이라고 규탄.
9월 23일	토론회 "성매매방지법 1년 평가와 성노동자 운동의 방

향과 전망"(고려대)에서 민성노련 대표 발제(민주성노동
자연대, 사회진보연대, 세계화반대여성연대, 여성문화이
론연구소 성노동연구팀, 노동자의힘 여성활동가모임 공동
주최).

우리 성노동자들은 그간의 치열했던 생존권 투쟁을 통해 인간으로
서의 권리를 찾기 위해서는 우리들이 정체성을 가지고 주체화되어야
한다는 점을 배웠고, 이를 위해 좀 더 견고한 조직을 필요로 하게 되어
오늘에 이르렀다. 우리는 '일하는 자', 즉 성노동자로 자신을 규정했
다. 이는 우리들이 사회적으로 당당하게 커밍아웃한 것과 같다.

우리들이 집회 때 마스크를 쓰는 건 부모형제를 고려한 것이지 결
코 수치스러워서 그런 게 아니다. 성노동자들의 인권 향상은 투쟁단위
(지역)에 따라 다소 차이가 난다. 민성노련의 경우 성노동자들의 자발
적인 투쟁에 힘입어 성산업인들과의 관계도 대등한 수준으로 발전했
고, 6·10 시위 당시 경찰서장과의 대화도 상당히 정중한 분위기에서
이뤄졌다. 예전 단속에서 종종 있었던 욕과 삿대질, 업신여기는 눈빛
등과 비교하면 괄목할 만한 변화다. 단체협상에서도 성산업인들과 평
등한 수준에서 문제를 해결했다.

(2) 전성노련 탈퇴와 민성노련의 요구(강령)

우리는 전성노련을 주도했지만 '전국'이란 이름에 갇혀 시각이 다
른 세력들로 인해, 상황에 따른 신속한 대응이 어려웠다. 또한 대표성
논란에 휘말렸으며, 이런 구조로는 성노동자 운동 전망을 보여주는
데 한계가 있다고 여겨 전성노련을 탈퇴해 민주성노동자연대(민성노
련)를 출범시켰다. 우리는 사안이 있을 때마다 '성명전' 같은 방식으로

제때 사회적 의사 표명을 해야 한다고 생각했으며, 성노동운동 연대단체들과 공동전선을 구축하려면 더욱 견고한 조직이 필요하다고 판단했다.

민주성노동자연대 노동조합 12대 강령

성노동자는 대한민국의 주권자이며 시민권자다. 또한 성노동자는 노동자이며 비정규직 종사자이다.

따라서 민주성노동자연대 노동조합은 성매매특별법 등으로 인해 억압받고 있는 성노동자들의 권익을 옹호하고 인간다운 세상을 만들기 위해 다음과 같이 12대 강령을 정하고 이를 실천한다.

[강 령]

1. 성노동자들의 생존권 보호를 위해 투쟁한다.
2. 성노동자들의 노동권 쟁취를 위해 투쟁한다.
3. 성노동자들에게 가해지는 각종 인권유린을 저지하기 위해 투쟁한다.
4. 성노동자들이 질병으로부터 보호될 수 있도록 건강권 쟁취를 위해 투쟁한다.
5. 고객인 남성을 성매매특별법에 의거 범죄자로 규정하는 것에 절대 반대한다.
6. 성노동자와 정직한 성산업인 간의 '합리적이며 민주적인 관계'를 추구한다.
7. 인신매매, 감금, 폭행 등이 개입된 범죄적인 성매매 행위에 절대 반대한다.
8. 성노동과 탈성노동에 관한 것은 성노동자 자신이 자율적으로 결정한다.

9. 성노동자를 억압하는 반인권 악법 '성매매특별법' 폐지를 위해 투쟁한다.
10. 민주적인 성노동자들의 전국적 조직화를 위해 지속적으로 노력한다.
11. 성노동운동의 대의와 취지에 공감하는 제 민주세력과의 연대를 도모한다.
12. 한국사회의 급진적 여성주의를 개혁한다.

우리는 강령을 통해 명실상부한 성노동자들의 인간선언을 하고자 한다. 성특법에서는 기존의 '윤락행위'라는 부정적인 이미지를 '성매매'라는 가치중립적인 용어로 바꾸었다고 말한다. 그러나 어차피 성매매를 해야만 필요한 돈을 마련할 수 있는 우리 성노동자들에 대한 인식이 좋아질 수는 없다. 우리 성노동자들에겐 진실이 필요할 뿐 언어만의 성찬을 원하지 않는다. 성매매 피해 여성이란 말은 이를 수용하고 싶은 여성들에게만 적용하면 될 것이다. 부득이한 경제적 조건에서 스스로 '성적 서비스업'을 선택한 다수 여성들에게는 국제사회에서 무리없이 통용되는 '성노동', '성노동자'라는 말이 적합하다고 생각한다. 성매매 피해 여성이란 말은 우리들이 주체가 되어 노동자로서 권리선언을 하고 조직화하는 데 오히려 걸림돌이 될 뿐이다.

강령은 전성노련 당시 10대 강령에 '급진적 여성주의'를 추가했다. 우리는 성매매특별법 추진세력으로 급진적 여성주의자들을 주목하고 있다. 그들은 우리를 성노동자가 아닌 성매매 피해 여성으로 강제한다. 그러나 시간이 경과하면서 성특법에 대한 모순이 불거지자 문제점에 대한 공론화를 회피한 채 오히려 시범지역이란 이름으로 성노동자들을 말살하는 정책으로 나오고 있다. 급진적 여성주의자들의 '여성해방' 이론은 긍정적으로 볼 부분이 있지만, 빈부 양극화와 관련한 사회구조를 배제한 채 남녀구도로 몰아가는 방식은 잘못됐다고 본다. 이들이 변화되지 않는 한 성노동자들과의 충돌은 불가피하다고 보며 우리는 그들이 개혁되기를 기대하고 있다.

여성단체들도 모순적이다. 막상 성노동에 관한 논의에 들어오면 '어렵다', '혼란스럽다' 하면서 정작 자신들은 여성부 시범지역 사업 등에 '일거리'(상담소 등)를 맡으려고 줄을 서는 이중적인 모습을 보인다. 정부건 민간단체건 사안에 문제가 보이면 일단 정책 집행을 보류해야 하는데, 책정된 예산이라고 잘못된 사업에 무조건 혈세를 낭비하는 일은 큰 잘못이다.

(3) 성판매자, 성구매자와 알선자를 어떻게 볼 것인가

성판매자인 성노동자들이 이 땅의 시민이며 주권자라면 알선자인 성산업인과 구매자인 고객들 또한 그러해야 마땅하다. 비합법적인 업종에 종사한다거나 비도덕적이라고 단정해서 그들을 논외로 한다면 성노동자들에게 가해지는 오명과 하등 다를 바 없다. 정직한 성산업인이란 민성노련 12대 강령에 동의하는 사람들을 말한다. 즉, 그들은 성노동자들과 민주적인 대화가 가능한 사람들이며, 기존의 구습에 젖은 업주들과는 달리 '성노동자'들의 삶의 질곡을 이해하고 그들을 '삶의 주체'로 인정하는 사람들이다. 성노동자 운동의 시발점에서 정직한 성산업인들의 자발적 협조는 매우 중요했다.

정직한 성산업인들은 그동안 성산업인들 간의 지역별·개인별 차이에서 많은 갈등을 경험한 사람들로서 시대의 흐름을 읽은 사람들이다. 그들은 현재까지 성노동자 운동을 측근에서 지원해 온 거의 유일한 세력이다. 이는 일반적인 의미의 '업주 사주'와 명백히 다른 의미다. '사주'란 말을 굳이 사용하자면, '성노동운동'이 '성산업인'들을 사주한 것이다.

성산업인에게 처벌을 내리는 것은 기실 성노동자들을 길거리로 내모는 것과 같다. 우리 성노동자들은 일정한 영업장소와 주거를 제공해 주는 사람이 없다면 결국 음성 성매매 시장으로 이동할 수밖에 없다. 한국은 자본주의를 채택하고 있으며 골간은 사유재산제이다. 따라서 정직한 업주가 자신의 사유재산을 투자해 성노동자들과 협업하고 분배가 합리적으로 이루어진다면 응하지 않을 이유가 없다.

성노동자에 비해 더욱 열악한 법적 환경에 놓여있는 성구매자에 대한 처벌은 우리를 더욱 열악한 노동환경으로 몰아간다. 성구매자들은 처벌을 각오하고 우리를 만나는 것에 대해 매우 불공평해 하기 때문에 때로는 성노동자들을 적대시할 가능성이 높으며 이는 결과적으로 강도 높은 성노동의 원인으로 작용하게 된다.

성노동자들의 성적 서비스업은 결코 어떤 누구도 해치지 않는다. 만약 어느 성노동자로 인해 어느 가정이 붕괴된다면 그 가정은 이미 해체되어 마땅한 수준의 가정일 것이다. 기존의 가족제도는 사유재산제에 근거하며, 경제가 악화되면 될수록 가정은 해체되며, 결혼시장 진입이 점차 어려워진다. 성인 남성의 미혼인구 비율이 무려 42%가 넘고 있음은 한국 사회 결혼시장의 슬픈 현주소다. 우리는 성욕이 식욕처럼 성(젠더)을 넘어 모두 존중되어야 한다고 믿는다. 그리고 해결 방식에서 최선이 아니면 차선책이 필요하다고 보며 성노동은 그 연장선상에서 신중하게 연구될 필요가 있다.

성판매(성노동)에 대한 인식의 전환도 필요하다. 신라시대 '미실'은 진흥왕, 진평왕 등 8명의 남성을 색공으로 지배했다. 그녀의 색공은 요즘 자본주의 세계에서는 고위층 미인계이며, 서민층에 오면 성노동이 된다. 같은 행위라도 권력이 되면 칭송받고 베스트셀러로 날개를 달지만, 서민들에게 오면 오명과 낙인을 찍는 이중성은 어처구니없는 일이다.

성노동자 운동에서 노사문제는 특수한 영업형태 때문에 일반 노동
운동에서의 노사문제와 다소 차이가 있다. 그런데도 민성노련은 단체
협상을 통해 양자의 이해관계를 조정하고 있다. 이는 어느 정도 성산
업인들과의 긴장관계를 동반하기도 하는 사항이지만 슬기롭게 해결
해 나가고 있다. 단체협약(*별첨)에서 민성노련은 타 지역과의 연대와
지역별 특성을 고려하여 세부사항에 '여지'를 남겨두고 있다. 이는
성노동운동 진영의 대동단결을 위해 과도기적으로 필요한 조치다.

노사문제 못지않게 중요한 것은 성매매특별법에 대한 반대 운동이
다. 성특법은 물론이고 소위 집창촌 폐쇄법안(성매매 집결지 폐쇄 및
정비에 관한 법률) 등 다가오는 성노동자 말살 공세에 대응하기 위해서
는 전체 성노동자와 성산업인들의 단결이 필요하다. 민성노련은 성노
동자 운동의 전망을 위해 앞장서고 있지만, 여타 성노동운동 진영을
배제하려는 뜻은 없다.

(4) 성노동자 조직은 '선불금' 문제를 어떻게 해결하는가

다시함께센터 자료 상담내용 중 선불금과 관련된 빚 문제가 43.5%
로 가장 많은 것도 성특법 이후 성거래 여성들의 경제환경이 별반
달라지지 않았다는 것을 의미한다. 선불금 무효화 조항의 영향으로
집창촌 내 선불금은 성노동자 중 28%(5월 28일 한국인권뉴스 경기 모
집창촌 조사 결과)만 해당될 정도로 현저하게 감소했지만, 음성 성매매
분야인 룸살롱 등은 이보다 훨씬 많은 1,500만 원에서 3,000만 원 정도
의 선불금이 오가는 것으로 알려져 있다.

선불금이란 용어는 여성권력계가 악의적으로 사용하는 측면이 있
어, 민성노련에 속한 집창촌의 경우 '가불금'이란 용어로 변경 사용하
고 있다. 민성노련 소속 성노동자들 중 본인의 필요에 의해 가져간
'가불금'이 있는 사람들은 성산업인들(민주성산업인연대)과의 단체협

약에서 '일'이나 '여타 방식'으로 변제할 것에 동의했다. 참고로 우리가 아는 집창촌에서는 '선불금'에 대한 '이자'가 오래전부터 존재하지 않는다.

성노동자 조직이 선불금에 개입 조정한 사례가 있다. 한 여성이 일할 것을 빌미로 성산업인에게 1,200만 원을 가불한 다음 경찰에 신고해서 탕감을 요구한 일이 발생했다. 소식을 접한 성노동자 임원진은 그 여성과 성산업인 간에 중재를 서서 아무런 조건 없이 그녀를 집으로 돌려보냈다. 말썽을 꺼려한 성산업인이 채권을 포기한 것이다. 최근의 사례로, 성노동 경험이 없는 초보자 여성이 들어왔다. 그녀는 성산업인으로부터 380만 원을 빌려 성형수술비로 사용했다. 초보인만큼 성산업인은 불안했고 본인이 마음 내킬 때 일하라고 지켜만 봤다. 그러나 곧 그녀의 소재를 알게 된 남자 친구가 신고하겠다고 나왔고 이를 접한 민성노련 상담소는 중재에 나서 그녀를 집으로 보냈다. 수술비는 그의 어머니가 대신 상환했다.

그럼 현행 성특법 선불금 무효화 조항에 의거 성노동자들은 언제든지 돈을 갚지 않고 떠날 수가 있는데 왜 남아 있는 것인가. 성노동자들은 돈을 당장 떼먹는 게 능사가 아니라, 가족부양을 비롯한 생계유지를 위해 정기적이고 지속적인 일정 수입이 필요하기 때문이다. 일반적으로는 일하는 과정에서 발생하는 소득 중 일부를 분납하여 지불하는 방식으로 상환한다.

선불금에 대한 폭넓은 이해가 필요하다. 수년 전 같으면 한 여성이 성거래 현장에 오기까지는 극빈, 가정문제 등 다양한 이유로 발생한 수천만 원에 이르는 채무의 경제적 압박이 있었다. 지금도 사정은 다를 바 없다. 그녀들의 극한적 경제상황을 일거에 해결해 줄 수 있는 곳은 우리 사회 어디에도 없다. 선불금은 빈부의 양극화가 불러온 이 사회의 단면이다. 사회구조를 논하지 않고 '선불금'을 족쇄처럼 말하는 것은 모순이다. 만약 여성권력계가 정말 그렇게 믿는다면 빚에 몰린 위기의 여성들이 성거래 현장에 들어오기 전에 '무이자로 거액을 빌려주는 것'이 여성들의 성거래 유입을 방지하는 우선적인 방법이 될 것이다. 물론 그 여성들의 사정이 여의치 않으면 상환하지 않아도 되는 조건으로 말이다.

말도 많고 탈도 많은 '선불금'을 약간 풍자적으로 표현하기 위해 고전에서 빌려오는 것을 허락한다면, 심청전을 예로 들고 싶다. 우리 성노동자들의 삶은 늙으신 눈먼 아버지 심학규의 눈을 뜨게 하기 위해 심청이가 공양미 300석(요즘 시가로 약 1억 5,000만 원)에 인당수에 뛰어든 것과 닮은 데가 많다. 공양미는 오늘날 선불금과 같다. 성노동자들 83%가 가족의 병수발을 들며 생계를 돌본다. 다수 성노동자들은 인당수에 뛰어드는 대신 성노동 현장에서 일하고 있다.

(5) 성노동자 운동의 애로사항과 연대 네트워크운동에 바라는 점

우리는 짧은 시간에 너무 많은 이야기를 하고 있다. 성노동자 운동이 벌어진 인도의 13년과 대만의 8년이 한국에서는 불과 지난 1년간 압축된 느낌이다. 성노동자 운동은 각 지역의 특성에 따라 많은 차이점과 애로사항이 존재한다. 우리가 지난 6월 29일 성노동자의 날 집회를 할 때 몇몇 지역에서는 행사에 참여할 수 없었다. 이유는 해당지역 지방자치단체에서 그 지역의 성노동자들이 집회에 참가하면 무자비한 '단속'이 집행될 것이라고 엄포를 놓았기 때문이다. 하루하루의 생활에 급급한 성노동자들에게 '단속'은 죽음과도 같은 것이다.

성노동자 운동에는 무엇보다 성노동자들의 정체성 확립이 중요하다. '죽지 못해 여기까지 왔다'라는 신세한탄 식으로 자신을 규정하면, 우리들은 사회로부터 불쌍한 매춘부로만 취급당한다. 그러나 우리뿐만 아니라 이주민 성노동자들에게서도 보듯 '성노동'이라는 힘든 현실이 국내 및 국제사회의 극심한 빈부 양극화 현상과 맞물려 있다는 것을 이해하기 시작한다면, 주눅들지 않고 우리들의 인간선언과 요구를 관철시킬 '성노동자 운동'에 매진할 수 있다. 우리는 이에 합당한 프로그램을 내부적(민성노련 노조 상담소)으로 준비 중이다.

우리는 성노동자 운동에 지지와 연대를 표명한 제 사회단체들이, 현 시기 한국에서 성노동운동의 전망을 제시하려는 민성노련이 국제적 연대조직의 일원으로 공동 투쟁하는 데 도움을 주기를 기대한다. 어느 나라나 성노동자들이 처한 열악한 현실은 공통점이 많기에 동지가 되는 데 큰 어려움이 없다고 본다. 대만의 COSWAS(Collective of Sex Workers and Supporters, 성노동자 후원자 조합)와 인도 성노동자 공동체 두르바 위원회(DMSC: Durbar Manila Samanwaya Committee), 영국 IUSW(The International Union of Sex Workers, 국제성노동자조합), 미국 COYOTE(Call Off Your Old Tired Ethics, 미국여성매춘부단체)와 같은 단체들이 우선 대상이 될 수 있다. 국내적으로는 상시 가동할 수 있는 공동대책위원회(가칭 성노동권쟁취공대위) 같은 논의구조가 있어 정기적으로 의견교류와 행동통일을 기했으면 좋겠다.

(6) 성노동자들의 자활과 여성가족부의 실체

부산 완월동과 인천 숭의동 집창촌 시범 자활사업 결과 올 4월까지 완월동 여성의 36%, 숭의동 여성의 31%가 업소를 떠났으며(여성부 집계), 남아있는 성노동자들 또한 절반 정도가 바뀐 것으로 파악되었다. 이는 성특법하에서도 신규 유입이 계속되고 있다는 의미로 성특법의 실효성이 없다는 반증이다.

반면, 성노동자들의 자활과 무관하게 부산과 인천 시범지역에서의 여성계 의도는 관철됐다. 긴급생계비 40만 원을 수령하는 과정에서 자연스레 일부 여성들과 여성단체(상담소) 측의 유착관계가 형성됐다.

상담소에서 돈을 받으면서 동시에 영업을 하는 까닭에 일종의 미안한 마음 상태에서 심리적인 위계상황이 벌어지고 더욱이 영업도 부진해 그곳을 떠났다.

긴급한 것은 이른바 성매매 집결지 자활지원사업 실시지역 확산에 따른 대응전략이다. 여성가족부는 금년 중 10개소까지 시범지역을 확산한다면서 이미 기존의 부산, 인천 외 4개 지역(경기도 파주 연풍리와 대능리 일원 일명 '용주골', 성남 중동, 서울 용산역 앞, 부산 범전동 집결지)을 임의로 선정한 바 있다. 시범지역 사업이 기존 부산 완월동과 인천 숭의동 집창촌에서는 형식적이나마 여성단체(여연)와 협상의 모습을 갖추었다면, 이제 여성권력계는 공권력을 등에 업고 일방적으로 몰아붙이기 식으로 나오고 있다. 시범사업 후 성노동자 운동이 활발했던 부산 '해어화' 조직이 와해된 것을 감안한다면 성노동운동 진영의 대응전술 또한 치밀해야 할 것이다.

자활 프로그램은 애시당초 없었다. 형식상으로만 존재한 것이다. 1인당 760만 원 정도 예산(의료비, 여성단체 활동비를 제외하면 실제로는 480만 원밖에 되지 않는다)으로 자활시킨다는 것은 새빨간 거짓말이다. 우리들의 가족을 책임질 만한 공적 프로그램이 전혀 없는 여성권력계가 성노동자들 개개인만 특별히 구출(?)해 줄 것 같은 프로그램으로 회유하는 것은 감언이설에 불과하다. 실제 성노동자들의 자활은 성노동이 이루어지고 있는 노동현장에서 나름대로의 방식(저축 등)으로 준비되고 있다.

이미 여성가족부는 시범사업의 성과를 예전의 '탈성매매율'에서 '탈업소율'로 용어를 바꾸어 발표하고 있다. 이는 그들이 성노동자들에 대한 탈성매매를 포기하고 있다는 징후로 읽을 수도 있다. 그들은 음성 성거래나 해외 부분과 상관없이 어쨌든 집창촌에서만 성노동자들을 내보내면 된다는 전시행정적인 발상을 갖고 있다. 그런 의미에서 성특법은 '음성적 성매매 권장 특별법'이다.

여성가족부는 성매매와 관련하여 국내 인권에 대한 국제사회의 평가가 2002년 3등급에서 올해는 1등급으로 올라섰다고 자화자찬하고 있다. 그러나 이는 내용상 거짓말이다. 미국은 한국을 세계에서 유력한 성매매 여성 송출 다발국가 중 하나로 선정하고 있다. 실제로 한국은 성특법 이후 해외에서 '세계 최대 성매매 여성 수출국'이란 오명을 쓰고 있다. 1등급 운운은 한국 정부가 미 부시 행정부의 '성매매 반대 서약' 프로그램에 동참한 데 따른 형식적인 '칭찬'에 불과하다.

(7) 성노동운동 연대와 궁극적 폐절론 등

성노동자 운동에 대한 지지와 연대를 말하면서 동시에 '성매매의 궁극적 폐절'을 이야기하는 것은 적절치 못하다. 우리는 좋은 노동과 나쁜 노동을 구분해야 하는 관념적인 학술토론회를 하고 있는 게 아니라, 권력 진입에 성공한 성매매 금지주의자들과 사활을 건 생존 투쟁을 하고 있다. 따라서 현 시점에 성매매의 '궁극적 폐절론'은 성매매 금지주의자들에게 공격당할 수 있는 좋은 구실을 제공한다. 그들은 '폐절해야 할 대상과 연대하면서 어떻게 성매매를 줄여나갈 것이며 폐절시킬 수 있단 말인가' 라는 논리로 성노동운동 진영을 공격할 것이다.

만약 성매매의 과잉이 '성매매의 구조적 원인을 변화시키는 가운데 해결될 수 있는 것'이라고 한다면, 이는 궁극적 폐절론이 아니라 '대안적 축소론'으로 바꿔 불러야 할 것이다. 우리는 '대안적 축소론'이라면 얼마든지 동의할 용의가 있다. 이는 유럽형의 성매매 비범죄주의 또는 합법적 규제주의와 함께 심도있게 연구해 볼 만한 사항이다.

우리는 어떤 논리도 빈부 양극화의 원인보다 우선할 수 없다고 생각한다. 절대 다수 성노동자들이 성노동에 임할 수밖에 없는 것은 가난의 대물림과 학벌 카스트로부터 철저하게 소외된 결과이다. 한국의 성노동자들은 인도의 달리트(불가촉천민)와 다르지 않다. 만약 우리 성노동자들이 사라져야 할 직업인이라고 생각한다면 성노동운동의 힘은 반감될 수밖에 없다. 우리는 당당하게 투쟁해 노동권을 쟁취하고 싶다.

우리 성노동자들은 부유한 자들의 넘쳐나는 성적 유희는 반대하지만, 서민들의 억압받는 성은 그것이 여성이나 남성에 상관없이 해결되는 방안이 있으면 좋겠다고 생각한다. 아울러 성노동자들은 대가를 제외하고 오직 성적 행태로만 본다면 다양한 성적소수자 중 하나이다. 우리가 단지 일부일처제의 규범을 지키지 않는다는 이유로 비난받을 이유는 없다. 오히려 성노동자들은 아이러니하게도 지은희 전 장관이 말한 '프리섹스 오케이' 정신과 근접해 있다.

궁극적 폐절론은 성노동자들에 대한 예의가 아니라고 생각한다. 이제 우리를 성노동 현장까지 오게 한 그 근원적인 구조에 대한 폐절을 논해 보는 건 어떨까.

(별첨)

단체협약서

[전문]

민주성노동자연대 노동조합(이하 조합)과 민주성산업인연대업체(이하
연대업체)는 상호 이해와 신의 성실의 원칙 밑에 노사 공동의 번영을
이룩하고, 조합원의 복지 증진 및 합리적인 성산업 유지와 관리를 목적
으로 이 협약을 체결하며, 조합과 연대업체는 이를 성실히 준수한다.

제1장 총칙

제1조(교섭단체의 인정)

연대업체는 조합이 조합원을 대표하는 교섭단체임을 인정하고, 서
로 대등한 위치에서 단체교섭을 한다.

제2조(적용범위)

이 협약은 연대업체와 소속 조합원인 조합원에게 적용한다.

제3조(조합원의 범위)

이 협약에서 조합원이라 함은 연대업체 종업원으로서 조합에 가입
한 자를 말한다.

제4조(협약의 우선)

취업규칙 기타 연대업체가 정한 제 규정 또는 연대업체와 조합 간
에 합의한 제반 사항이 본 협약에 저촉되는 부분에 대해서는 본 협약
을 우선 적용한다.

제5조(조합원의 의무)

조합원은 연대업체의 제 규정 및 노사합의된 사항을 성실히 준수하여야 한다.

제2장 조합 활동

제6조(조합 활동의 보장)

연대업체는 조합 활동의 자유를 보장하며 정당한 조합 활동을 이유로 불이익 대우를 하지 아니하고, 조합 운영에 개입하지 아니한다.

제7조(근무시간 중의 조합 활동)

조합 활동은 취업 시간 외에 함을 원칙으로 하며, 부득이하여 취업 시간 중에 조합 활동을 하고자 할 때에는 연대업체는 서면으로 사전 협의한 경우에만 근무한 것으로 인정한다.

제8조(조합 전임자)
1. 연대업체는 위원장 외에 조합원 중에서 4명까지 조합 업무 전임으로 할 수 있다.
2. 각 지부마다 지부장 외 2명을 조합 업무 전임으로 할 수 있다. 단, 증원 시에는 노사협의로서 결정한다.

제9조(조합 전임자의 대우)
조합 전임자의 대우는 다음과 같다.
1. 전임기간의 보수는 연대업체가 부담한다.
2. 조합 전임자에 대한 신분, 기타 대우는 별도 단체교섭에 의한다.
3. 전임해제와 동시에 연대업체는 즉시 원직에 복귀시키되 원직이

소멸되었을 시는 동등한 직에 복귀시킨다.

4. 연대업체는 전임하였다는 이유로 여하한 불이익 대우를 하지 아
  니한다.

제10조(타 단체의 임·직원 취임 및 대우)

1. 연대업체는 조합원으로서 조합이 소속한 상급단체 또는 조합이
  인정하는 조합활동에 관계 있는 단체의 전임 임·직원으로 취임
  함을 인정한다. 단, 연대업체 업무에 중대한 지장을 초래하게 될
  경우에는 노사협의회에서 결정한다.

2. 전항의 경우 조합원의 대우는 조합 전임자의 경우와 같다.

제11조(연대업체 시설의 이용)

조합은 연대업체 시설 내에 사무소를 설치하여 조합 활동상 필요한
건물, 집기, 기타 연대업체 시설을 합의하여 이용한다.

제12조(게시 및 인쇄물의 취급)

조합은 정당한 조합 활동을 위하여 연대업체와 협의한 구내의 일정
한 장소에 인쇄물, 공고문, 현수막, 선전물 등을 자유로이 부착 또는
배부할 수 있다. 단, 정당한 조합 활동과 관련되지 않은 특수한 내용의
현수막, 유인물, 인쇄물에 대하여는 사전에 연대업체와 협의한다.

제3장 인사

제13조(인사권의 원칙)

조합은 조합원의 인사관리에 관한 권리가 연대업체에 있음을 인정
한다.

제14조(휴직)

연대업체는 조합원이 다음 각 호의 1에 해당할 때에는 휴직을 명할
수 있다.

1. 신체 또는 정신상 질병으로 인하여 3주(21일) 이상 가료를 요할 때
2. 형사상 기소되었을 때

제15조(휴직기간)

1. 전 14조 제1호의 경우에는 완치될 때까지
2. 전 14조 제2호, 제3호의 경우에는 그 기간이 완료될 때까지

제16조(복직)

1. 전 15조 규정의 기간 경과후 7일 내에 복직원을 제출하여야 한다.
2. 복직원의 제출이 없을 때는 취업 의사가 없는 것으로 간주하여
   제적으로 처리한다.

제17조(퇴직)

연대업체는 조합원 자신이 자발적으로 '탈성노동'을 원할 때 퇴직
으로 처리한다.

제18조(징계)

연대업체는 조합원이 다음 각 호의 1에 해당할 때는 징계할 수 있다.

1. 정당한 이유 없이 무계출 결근이 계속되었을 때
2. 공식적인 조합 활동 이외에 연대업체에서 사전 허가하지 않은
   조합 활동을 한 자와 연대업체 내에서 집회, 인쇄물 배포, 기타
   이에 준하는 행위를 한 자
3. 연대업체에 유해한 언동 및 허위 사실을 유포한 자

4. 연대업체가 정한 제 규정에 위반하여 직장질서 유지를 곤란케 한 자
5. 성명, 연령 등을 허위로 작성하거나 타인의 주민등록증을 위조 또는 변조하고 타인의 명의로 위장하는 서류를 제출하여 연대업체에 채용된 자

제19조(징계종류 및 절차)
징계 세부사항은 민주성노동연대 노조 내규에 의거한다.

제4장 근무시간 및 휴일·휴가

제20조(근로시간)
근로시간은 1일 10시간으로 정한다.

제21조(휴일)
월 4일로 한다.

제22조(휴가)
조합원의 휴가는 다음과 같다.
1. 하계휴가는 최소 3일 이상으로 한다.
2. 연차휴가는 연간 12일로 한다.
3. 생리휴가는 월간 1일로 한다.
4. 경조휴가는 다음과 같다.
   (1) 부모 사망 6일
   (2) 조부모, 형제자매 상 3일
   (3) 백숙부모 상 3일

(4) 부모회갑·칠순 중 택일 2일

(5) 부모 탈상 2일

(6) 자녀 사망 4일

(7) 형제자매 결혼 1일

(8) 외조부모 상 2일

(9) 조부모 탈상 2일

5. 연차 및 경조휴가는 사전에 인사계출을 서면으로 신청한 경우에만 유효함.

단, 다음 각 호에 해당하는 증빙자료를 제출한 경우에는 예외로 한다.

(1) 신체상의 특수한 이유로 연대업체가 허가한 경우

(2) 직계존비속의 급병 및 긴급한 사태가 발생한 경우

(3) 기타 사전에 예기치 못했던 긴급사태가 발생한 경우

제5장 기타사항

제23조(가불금)

조합원이 자신의 필요에 의해 연대업체로부터 가불한 금액은 자신의 소득에서 공제하거나 여타 방식으로 변제한다.

제24조(인권 보호)

성노동자들의 인권 보호를 위한 환경 조성에 최선을 다한다.

제25조(초상권 보호)

성산업인들은 성노동자들의 초상권 침해를 방지하기 위해 최선을 다한다.

(고객들의 휴대폰 카메라 등 사용에 의한 초상권 침해를 말함)

제26조(건의함)

영업 지역 내에 건의함을 설치 운영한다.

제27조(근무일수)

월 25일 근무를 원칙으로 한다.

제28조(무단결근)

무단결근은 휴일에 보충 근무한다.

2005년 9월 6일

민주성노동자연대 위원장 이희영
민주성산업인연대 위원장 김삼석

제8장 성매매 관련 문헌자료 목록

성매매 관련 문헌자료 목록은 학술지 수록 논문, 연구보고서, 단행본의 세 부분으로 구성되어 있으며, 여기에 포함된 문헌들은 2000년 이후에 발간된 문헌들이다. 이 목록에는 성매매와 관련된 여러 측면을 다양한 방식으로 다루는 문헌들이 포함되어 있으나, 청소년성매매와 이주여성 성매매를 특화시켜 접근한 문헌들은 제외하였다. 학술지 수록 논문에는 전문 학술지와 학회지, 계간지 등에 발표된 논문들이 저자순으로, 연구보고서에는 주로 여성부와 한국여성개발원에서 펴낸 보고서들이 연도순으로, 단행본에는 개별 연구자나 관련 단체가 출판한 다양한 형태의 단행본, 단행본에 포함된 관련 꼭지 등이 저자순으로 정리되어 있다.

1. 학술지 수록 논문

고정갑희. 2000. 「여자의 시간과 자본: 가사노동과 매춘노동의 은폐구조」. ≪여/성이론≫, 통권 3호, 12~38쪽.

_____. 2005. 「성매매방지특별법과 여성주의자들의 방향 감각」. ≪여/성이론≫, 통권 12호(2005년 여름), 10~34쪽.

권수현. 2005. 「[여성과 철학] 성매매특별법과 관련하여」. ≪철학과현실≫, 제64권(2005년 3월), 150~164쪽.

김경미. 2005. 「'피해'와 '보호'의 이중주: 성매매방지법을 넘어」. ≪여/성이론≫, 통권 13호(2005년 겨울), 56~73쪽.

김미령. 2001. 「성적 착취고리 안에 있는 여성들의 삶과 꿈: 성매매 현장의 인권현실」. ≪기독교사상≫, 2001년 5월호, 61~76쪽.

김성천. 2004. 「성매매의 비범죄화」. ≪중앙법학≫, 제6집 제4호, 117~138쪽.

김소희. 2000. 「[르포] 늙은 창녀와 가난한 포주: 성 매매 거리에서 만난 '사람들'에 대한 보고서」. ≪당대비평≫, 통권 제10호(2000년 3월), 437~453쪽.

김예란. 2005. 「성매매특별법의 보호와 처벌 담론: 육체와 권력의 관점에서」. ≪언론과 사회≫, 13권 4호(2005년 11월), 146~181쪽.

김은경. 2002. 「성매매에 관한 페미니즘 담론과 형사정책적 딜레마」. ≪형사정책≫, 제14권 제2호, 37~73쪽.

김태선. 2005. 「법은 성매매를 올바로 취급하는가: 선불금사기죄를 중심으로」. ≪여/성이론≫, 통권 12호(2005년 여름), 69~85쪽.

문은미. 2005. 「일단, 성매매 여성 비범죄화부터 시작합시다」. ≪여/성이론≫, 통권 12호(2005년 여름), 35~49쪽.

민가영. 2002. 「[쟁점 / 누가, 어떻게 '성 매매'를 바라보는가] 성매매화된 사회 속의 소녀들」. ≪당대비평≫, 통권 제18호(2002년 3월), 109~122쪽.

민경자. 2002. 「한국 매춘여성의 연대와 집단화」. ≪민주주의와 인권≫, 2권 1호, 51~102쪽.

박은경. 2004. 「여성 장애인의 성매매와 성매매방지법률(안)의 문제점: 여성장애인의 성매매 실태를 중심으로」. ≪여성연구논집≫, 15집, 171~200쪽.

박홍주. 2005. 「성별화된 노동시장과 여성의 일」. ≪황해문화≫, 46호(2005년 봄), 65~81쪽.

변혜정. 2004. 「성매매는 왜, 누구의 문제인가?」. ≪당대비평≫, 통권 제28호(2004년 12월), 40~44쪽.

서해정·이기영. 2005. 「고령사회에 대비하는 사회복지정책의 쟁점과 방향:

성매매 피해여성을 위한 자활서비스의 발전 방안에 대한 연구」. 한국사
회복지정책학회 춘추계학술대회 발표 자료, 279~302쪽.

손승영. 2002. 「우리나라 성매매 정책의 비판적 고찰」. ≪동덕 여성연구≫,
제6호, 89~110쪽.

양현아. 2004. 「성매매방지법의 의의와 과제」. 한국여성학회 특별 심포지엄
"성매매방지법과 성담론" 발표 자료(2004년 11월 17일).

_____. 2005. 「성매매방지법: 법과 사회구조, 성매매 여성」. ≪황해문화≫,
46호(2005년 봄), 46~64쪽.

오김숙이. 2005. 「'성매매특별법'을 둘러싼 서로 다른 이야기들: '전국성노동자
준비위 한여연'과 '한국여성단체연합'의 텍스트 분석」. ≪여/성이론≫,
통권 13호(2005년 겨울), 74~101쪽.

원미혜. 2004. 「여성주의 성정치: 성매매 '근절' 운동을 넘어서」. ≪여/성이론≫,
통권 10호(2004년 여름), 34~55쪽.

_____. 2005. 「어떤 자매애: 나영, 미자, 옥선, 필숙 언니에게 그리고 열네
명의 여성들을 기억하며」. ≪당대비평≫, 통권 제29호(2005년 2월),
29~36쪽.

_____. 2005. 「성매매 감소와 성판매자의 인권을 위한 모색: 해외의 경우」.
≪황해문화≫, 46호(2005년 봄), 96~118쪽.

이나영. 2005. 「성매매: 여성주의 성정치학을 위한 시론」. ≪한국여성학≫,
제21권 1호, 41~85쪽.

이병하. 2005. 「성매매에 대한 서구페미니즘의 논의들: 새로운 논쟁의 시작을
위해」. ≪인물과 사상≫, 33호, 255~283쪽.

이성숙. 2002. 「성과 시장: 매매춘(성) 해방을 중심으로」. ≪문화과학≫, 제32호
(2002년 12월), 191~206쪽.

이영자. 2005. 「성매매에 관한 정책 패러다임」. ≪성평등연구≫, 제9집,
83~118쪽.

이정옥. 2004. 「여성인권의 글로벌 스탠더드와 성매매 종사 여성의 인간
안보: 한국 기지촌 여성에 대한 사례를 중심으로」. ≪한국여성학≫,
제20권 1호, 195~227쪽.

이정은·허태주. 2005. 「[긴급점검_성매매특별법 그 후] '성매매 근절주의'에 표류하는 집결지 프로젝트」. ≪말≫, 통권 225호(2005년 3월), 156~161쪽.

이호용. 2004. 「성매매의 합리적 규제를 위한 법정책적 방향」. ≪한국공안행정학회보≫, 제20호, 11~33쪽.

이호중. 2002. 「성매매방지법안에 대한 고찰: 성매매에 관한 여성학적 담론과 형사정책의 담론 사이에서」. ≪형사정책≫, 제14권 제2호, 7~35쪽.

임상규. 2005. 「성매매특별법의 필요성과 문제점」. ≪형사정책≫, 제17권 제1호, 179~201쪽.

임우경. 2005. 「그 많던 '창녀'들은 다 어디로 갔을까: 1950년대 상하이의 창녀개조사업과 실천의 역설」. ≪여/성이론≫, 통권 12호(2005년 여름), 86~103쪽.

장미경. 2005. 「성매매방지법의 아포리아: 무엇이 문제이고 무엇이 문제가 아닌가」. ≪황해문화≫, 46호(2005년 봄), 12~26쪽.

정석환·주영종. 2005. 「시스템다이내믹스 방법론을 이용한 정책파급효과분석: 성매매특별법을 중심으로」. ≪한국행정학보≫, 제39권 제1호, 219~236쪽.

정진경·양계민. 2003. 「성매매에 대한 태도의 구성요인과 관련변인」. ≪한국심리학회지 여성≫, 제8권 제3호, 53~75쪽.

정희진. 2005. 「성매매를 둘러싼 '차이'의 정치학: 성매매, 성별, 목소리들」. ≪황해문화≫, 46호(2005년 봄), 27~45쪽.

_____. 2005. 「성 판매여성, 페미니스트, 여성주의 방법 메모」. ≪여/성이론≫, 통권 12호(2005년 여름), 50~68쪽.

조국. 2003. 「성매매에 대한 시각과 법적 대책」. ≪형사정책≫, 제15권 제2호, 255~288쪽.

주승희. 2005. 「법여성주의 이론의 흐름과 형사법에의 투영: 성매매특별법을 중심으로」. ≪법철학연구≫, 제8권 제2호, 275~296쪽.

쳉 실링. 2002. 「한국 남자들의 '남자다움'을 향한 끝없는 욕구: 한국 사회 속의 성매매와 애국심」. ≪당대비평≫, 통권 제20호(2002년 9월),

255~276쪽.

최병각. 2002. 「매춘행위와 형벌권의 한계」. ≪비교형사법연구≫, 제4권 제1
　　호, 301~324쪽.

최병천. 2002. 「매매춘 합법화, 매춘여성의 '인권'을 위한 최선의 대안」. ≪인
　　물과 사상≫, 제53호(2002년 9월), 119~127쪽.

최현숙. 2002. 「'성매매 합법화론'은 가부장제와 자본주의의 야비한 음모이
　　다: 9월호 최병천의 <매매춘 합법화, 매춘여성의 인권을 위한 최선의
　　대안> 반론」. ≪인물과 사상≫, 제54호(2002년 10월), 132~141쪽.

최홍원영. 2002. 「[쟁점 / 누가, 어떻게 '성매매'를 바라보는가] 왜 '성매매
　　피해 여성'으로 규정해야 하는가?: 성매매방지법 논쟁을 중심으로」.
　　≪당대비평≫, 통권 제18호(2002년 3월), 123~135쪽.

캐서린 문 외. 2002. 「[좌담] 국가의 안보가 개인의 안보는 아니다: 미국의
　　군사주의와 기지촌 여성」. ≪당대비평≫, 통권 제18호(2002년 3월),
　　79~105쪽.

하주영. 2002. 「성매매는 범죄인가?」. ≪시대와 철학≫, 제13권 제2호,
　　325~352쪽.

하태영. 2002. 「법사회학적 관점에서 본 매춘에 관한 연구: 매춘정책을 중심
　　으로」. ≪비교형사법연구≫, 제4권 제2호, 453~485쪽.

허경미. 2003. 「성매매 규제 관련법의 쟁점에 관한 연구」. ≪한국공안행정학
　　회보≫, 제15호, 227~259쪽.

_____. 2004. 「성인지적 페미니즘 관점에서의 성매매규제정책에 관한 연구」.
　　≪한국공안행정학회보≫, 제20호, 35~63쪽.

홍성우·이지혜. 2001. 「매춘여성에 대한 복지정책: 인권유린의 실태와 대안
　　을 중심으로」. ≪이화행정≫, 제10호, 25~39쪽.

황정임. 2005. 「성매매 여성의 '자활'지원 정책에 대한 제언」. ≪황해문화≫,
　　46호(2005 봄), 82~95쪽.

2. 연구보고서

여성부. 2001. 「성매매 방지를 위한 국외 대안 사례 연구」(연구기관: 이화여대
　　한국여성연구원 / 연구자: 장필화, 정현미, 원미혜, 백재희, 이효희).

여성부·법무부. 2001. 「성매매방지대책 연구」(연구수행기관: 한국여성개발
　　원 / 연구자: 변화순, 윤덕경, 박현미, 황정임).

한국여성개발원. 2001. 「미성년여성 성매매 관련법제의 시행실태와 과제」(연
　　구자: 윤덕경, 박현미, 장영아).

경찰청. 2002. 「각국의 성매매 실태 및 대책: 한국, 필리핀, 영국, 미국」.
　　세계여성경찰대회자료집.

여성부. 2002. 「성매매 실태 및 경제규모에 관한 전국조사」(연구수행기관:
　　한국형사정책연구원 / 연구자: 김은경 외).

_____. 2002. 「성산업 구조 및 성매매 실태에 관한 연구: 대도시 집단성매매
　　지역을 중심으로」(연구수행기관: 한국보건사회연구원 / 연구자: 김승권,
　　조애저, 김유경, 손승영, 한혜경, 김성아).

_____. 2002. 「탈성매매를 위한 사회복귀지원 프로그램 연구」(연구수행기관:
　　한국여성개발원 / 연구자: 변화순, 황정임, 허나윤, 최은영).

한국형사정책연구원. 2002. 「성착취 목적의 인신매매 현황과 법적 대응방안」
　　(연구자: 김은경).

여성부. 2003. 「외국여성 성매매 실태조사」(연구수행기관: 한국사회학회 /
　　연구자: 설동훈, 김현미, 한건수, 고현웅, 샐리 이아).

국회여성위원회. 2004. 「탈성매매 및 재유입 방지 방안연구」(연구기관: 동덕
　　여자대학교 / 연구자: 손승영, 김현미, 김영옥).

여성부. 2004. 「성매매 방지 관련 법령정비 및 피해자보호제도 개선방안
　　연구」(연구기관: 한국여성개발원 / 연구자: 박영란, 윤덕경, 황정임, 이찬진).

_____. 2004. 「성매매 방지 및 피해자 보호관련 해외연수 결과보고서」.

_____. 2005. 「성매매 방지 및 피해자 보호체계 국외사례 연구: 미국·캐나다」.
　　해외 정책연수 보고서.

여성부 권익기획과. 2005. 「성매매 방지 선진사례 수집 국외출장 결과보고」.

한국여성개발원. 2005. 「성매매 방지법상 성매매 피해자에 관한 연구」(연구
　　자: 윤덕경, 변화순, 박선영).

3. 단행본

국제연대정보센터. 2001. 『세계화에 불만 있는 여성들을 위한 자료집: 여성적
　　사고, 지구적 저항』. 국제연대정보센터.

김연자. 2005. 『아메리카 타운 왕언니, 죽기 오분 전까지 악을 쓰다』. 삼인.

남상희. 2002. 「성매매와 여성정책」. 한국여성정책연구회 엮음. 『한국의 여성
　　정책』. 지식마당.

다시함께센터. 2004. 『"다시함께"와 함께걷기: 다시함께센터 개소 1주년 기
　　념 성매매 피해 여성 상담지원 사례집』. 다시함께센터.

＿＿＿. 2005. 『"다시함께"와 함께걷기 2: 다시함께센터가 이루어낸 판결들』.
　　다시함께센터.

＿＿＿. 2006. 『성매매로 인한 질환 발생과 사회적인 책임의 상관성에 대하여』.
　　다시함께센터.

두레방. 2001. 『두레방이야기: 두레방 15년 기념 자료집』. 두레방.

로버츠, 니키(Nickie Roberts). 2004. 『역사 속의 매춘부들』. 김지혜 옮김.
　　책세상.

막달레나의 집. 2000. 『막달레나, 막 달래나?』. 개마서원.

＿＿＿. 2002. 『용감한 여성들, 늑대를 타고 달리는』. 삼인.

＿＿＿. 2002. 『용감한 여성들 필드워커하다: 성판매 여성들의 동료교육 활동
　　가능성에 관한 한 시도』. 막달레나의 집.

＿＿＿. 2003. 『탈성매매, 미래를 준비하는 여성들: 자활사업기록과 프로그램
　　매뉴얼』. 막달레나의 집.

＿＿＿. 2004. 『성매매로부터의 탈주, 그리고 전업: 미래를 준비하는 여성들
　　의 선택, 희망, 의지』. 막달레나의 집.

＿＿＿. 2005. 『태양을 꿈꾸다: 용산집결지 삶에 관한 보고서』. 막달레나의 집.

민가영. 2006. 「성매매, 누구와 누구 혹은 무엇과 무엇 사이의 문제인가?」. (사) 한국성폭력상담소 기획·변혜정 엮음. 『섹슈얼리티 강의, 두 번째: 쾌락, 폭력, 재현의 정치학』. 동녘.

민경자. 2005. 「한국 성매매여성의 연대와 집단화」. 윤수종 외 지음. 『우리 시대의 소수자운동』. 이학사.

민주사회를 위한 변호사모임·막달레나의 집. 2004. 『성매매 관련 법률 안내서』. 민주사회를 위한 변호사모임·막달레나의 집.

배리, 캐서린(Catherine Barry). 2002. 『섹슈얼리티의 매춘화』. 김은정·정금나 옮김. 삼인.

(사) 성매매 피해 여성지원센터 '살림'. 2005. 『너희는 봄을 사지만 우리는 겨울을 판다: 성매매 피해 여성 글쓰기 프로젝트』. (사) 성매매 피해 여성지원센터 '살림'.

사회복지법인 은성원. 2005. 『내 인생의 작은 수첩』. 사회복지법인 은성원.

스터드반트, 산드라·브렌다 스톨츠퍼스(Sandra Pollock Sturdevant and Brenda Stoltzfus). 2003. 『그들만의 세상: 아시아 미군과 매매춘』. 김윤아 옮김. 잉걸.

원미혜. 2003. 「성을 파는 사람들, 그 위반의 이름이 놓일 자리: 무엇이 성판매자의 '인권'인가」. 강수돌 외 지음. 『탈영자들의 기념비』. 생각의 나무.

유키, 후지메(藤目ゆき). 2004. 『성의 역사학: 근대국가는 성을 어떻게 관리하는가』. 김경자·윤경원 옮김. 삼인.

이성숙. 2002. 『매매춘과 페미니즘, 새로운 담론을 위하여』. 책세상.

정미례. 2003. 「자발과 강제의 이분법을 넘어서: 군산 성매매업소 화재사건」. 한국여성의전화연합 기획·정희진 엮음. 『성폭력을 다시 쓴다: 객관성, 여성운동, 인권』. 한울 아카데미.

조국 엮음. 2004. 『성매매: 새로운 법적 대책의 모색』. 서울대 BK21 법학연구단 공익인권법센터 기획. 사람생각.

문, 캐서린(Katharine H. S. Moon). 2002. 『동맹 속의 섹스』. 이정주 옮김. 삼인.

4. 홈페이지

여성가족부	www.mogef.go.kr
법무부	www.moj.go.kr
여성인권중앙지원센터	www.stop.or.kr
한국여성개발원	www.kwdi.re.kr
한국형사정책연구원	www.kic.re.kr

▌엮은이

이재인 _ jilee78@snu.ac.kr

현재 서울대 여성연구소 부소장으로 일하고 있다. 서울대 사회학과에서 박사학위를 받았다. 주 관심사는 여성주의 연구방법론, 여성(가족)정책, 가족 연구 등이다. 발표 논문으로는 「노동자정체성과 결혼생활의식」(≪가족과 문화≫, 제17집 1호, 2005), 「서사유형과 내면세계」(≪한국사회학≫, 제39집 3호, 2005), 「서사의 개정과 의식의 전환」(≪한국여성학≫, 제22권 2호, 2006) 외 다수의 논문이 있다.

▌지은이

고정갑희 _ tanhee@hs.ac.kr

현재 ≪여/성이론≫ 편집주간으로 일하고 있으며 도서출판 여이연 대표로 있다. 1997년에 여러 여성연구자들과 함께 여성문화이론연구소를 열고 몇 년 동안 소장으로 일했다. 현재 한신대학교 교수로도 일하고 있으며, 성정치, 성계급, 성노동과 관련하여 성을 이론화하고자 한다. 『페미니즘, 어제와 오늘』 등 공저와 논문들이 있다.

양현아 _ hyang@snu.ac.kr

현재 서울대학교 법과대학에서 법여성학 및 법사회학을 담당하는 교수로 재직하고 있다. 서울대 사회학과에서 석사과정을 마친 후 미국의 The New School for Social Research에서 박사학위를 받았다. 주 관심사는 가족법과 가족제도, 인권유린 피해자의 증언생산 및 그 방법론, 법여성주의 이론계발 등이다. 편저로는 『성적 소수자의 인권』(사람생각, 2003), 『가지않은 길, 법여성학을 향하여』(사람생각, 2004), 『낙태죄에서 재생산권으로』(사람생각, 2005) 등이 있다.

원미혜 _ wwmadam@hanmail.net
이화여대 여성학과 박사과정을 수료했다. 서울대 및 중앙대 대학원 등에서 여성학 강사로, 막달레나의 집 연구위원, 용산 현장지원센터 운영위원장 등으로 활동하고 있다. 연구로는 「성매매 방지를 위한 국외 대안사례 연구」(2001), 「성매수 대상 청소년 심층조사 연구」(2002), 「성매매로부터의 탈주, 전업에 대한 인식조사」(2004, 2005), 「태양을 꿈꾸다: 용산 성매매집결지 삶에 관한 보고서」 등이 있으며, 『섹슈얼리티 강의』(동녘, 1999), 『용감한 여성들, 늑대를 타고 달리는』(삼인, 2002), 『탈영자들의 기념비』(생각의 나무, 2003), 『불안의 시대, 고통의 한복판에서』(생각의 나무, 2004) 등을 공동 저술하며 성매매 관련 활동과 연구를 지속하고 있다.

조영숙 _ heycho@stop.or.kr
현재 2005년 11월 25일에 설립된 여성인권중앙지원센터에서 소장으로 재임하고 있다. 1981년 대학교를 제적당한 후 인천지역에서 노동운동을 하다가 1987년 '인천 일하는 여성의나눔의집' 간사로 여성노동운동에 첫발을 디뎠다. 1988년 인천여성노동자회의 창립멤버로 참여하면서 여성운동에 결합하였고, 1996년부터 한국여성단체연합에서 정책과 국제협력 업무를 담당하면서 본격적으로 여성운동에 참여하였다. 2000년 전북 군산 대명동 화재사건 이후부터는 '성매매방지법' 제정과 국제인신매매 관련 정책을 담당하면서 여성인권운동가로 활동하고 있다. 활동을 하면서 뒤늦게 대학(역사전공)과 대학원(국제정치경제학)을 마쳤다. 2005년 10월까지 한국여성단체연합의 사무총장 직을 역임하였다.

한울아카데미 876

성매매의 정치학

ⓒ 이재인, 2006

엮은이 | 이재인
펴낸이 | 김종수
펴낸곳 | 도서출판 한울

편집책임 | 안광은
편집 | 고현경

초판 1쇄 인쇄 | 2006년 8월 25일
초판 1쇄 발행 | 2006년 9월 7일

주소 | 413-832 파주시 교하읍 문발리 507-2(본사)
      121-801 서울시 마포구 공덕동 105-90 서울빌딩 3층(서울 사무소)
전화 | 영업 02-326-0095, 편집 02-336-6183
팩스 | 02-333-7543
홈페이지 | www.hanulbooks.co.kr
등록 | 1980년 3월 13일, 제406-2003-051호

Printed in Korea.
ISBN 89-460-3566-8 93330 (양장)
ISBN 89-460-3587-0 93330 (학생판)

* 가격은 겉표지에 있습니다.
* 이 도서는 강의를 위한 학생판 교재를 따로 준비하였습니다.
  강의 교재로 사용하실 때에는 본사로 연락해 주십시오.